本著作为首都经济贸易大学2019年度科研启动基金项目"中国海外投资保护国际法体系现代化研究"的研究成果,研究阐释党的十九届四中全会精神国家社科基金重大项目"我国法域外适用法治体系构建研究"的阶段性成果。

中国政法大学仲裁研究文库

丛书主编◎杜新丽
丛书副主编◎姜丽丽

张 建◎著

国际投资仲裁法律适用问题研究

A Study on Choice of Law Problems
In International Investment Arbitration

中国政法大学出版社

2020·北京

声　明　1. 版权所有，侵权必究。
　　　　2. 如有缺页、倒装问题，由出版社负责退换。

图书在版编目（ＣＩＰ）数据

国际投资仲裁法律适用问题研究/张建著.—北京：中国政法大学出版社，2020.9
ISBN 978-7-5620-9667-2

Ⅰ.①国… Ⅱ.①张… Ⅲ.①国际投资法学－法律适用－研究 Ⅳ.①D996.4

中国版本图书馆CIP数据核字(2020)第182404号

书　名	国际投资仲裁法律适用问题研究
	Guoji Touzi Zhongcai Falü　Shiyong Wenti Yanjiu
出 版 者	中国政法大学出版社
地　址	北京市海淀区西土城路25号
邮　箱	fadapress@163.com
网　址	http://www.cuplpress.com (网络实名：中国政法大学出版社)
电　话	010-58908435(第一编辑部) 58908334(邮购部)
承　印	固安华明印业有限公司
开　本	880mm×1230mm　1/32
印　张	10
字　数	225千字
版　次	2020年9月第1版
印　次	2020年11月第1次印刷
定　价	46.00元

总　序

　　仲裁，亦称公断，作为解决争议的一种方法，特指由双方当事人约定将其争议交付第三方居中裁断并作出具有拘束力的裁决的制度。通常认为，仲裁的历史较之于诉讼更为古老，仲裁具有保密性、灵活性、合意性及裁决的可强制执行性等多重优势。由于仲裁当中充分尊重当事人意思自治，且仲裁庭享有广泛的裁决权，故而较好地迎合了商人之间增进合作的需要，颇受青睐。特别是，仲裁是一个敏于适应时代变迁的法律领域，有关仲裁的理论研究也具有较强的实践性特征，其往往发端于纠纷解决的实践，并随着实践的需求而不断完善，最后通过学理反哺于理论。故而，仲裁始终走在时代的最前沿。在中国，仲裁最初属于"舶来品"，《中华人民共和国仲裁法》自1994年颁布以来，迄今已历经二十六载。随着时代的变迁，当事人对仲裁的需求也在悄然发生转变，这对制度的完善提出了考验。

　　习近平总书记多次强调，当今世界正处于百年未有之大变局。相应地，对于中国而言，要想妥善应对世界变局，必须致力于打造市场化、法治化、国际化营商环境。2019年12月，最高人民法院发布《关于人民法院进一步为"一带一路"建设提供司法服务和保障的意见》，其中特别指出：大力支持国际仲裁、调解发展，完善新型国际商事争端解决机制，不断满足共建"一带一路"主体的纠纷解决需求。这意味着，在新的时代语境下，中国仲裁的发展正在经历新的挑战，但同时也面临着新的机遇。近年来，中国的立法机关及司法部门十分重视仲裁发展，关于仲裁司法审查的司法解释也日渐完善。2018年9月，第十三届全国人民代表大会常务委员会公布立法规划，将《中华人民共和国仲裁法》修订列入二类立法规划。由此，仲裁法的修改工作再次成为业内热议焦点。2018年12月，中共中央办公厅、国务院办公厅联合印发《关于完善仲裁制度提高仲裁公信力的若干意见》，为中国仲裁制度的发展与完善进一步指明了方向。

随着实践经验的逐渐积累，境外仲裁机构在中国内地仲裁、中国自由贸易试验区内开展临时仲裁、中国仲裁机构拓展管辖投资者与国家间争端、中国运动员参与国际体育仲裁等热点问题引发社会各界的广泛探讨。对此，国内各仲裁机构通过修订仲裁规则的方式不断推陈出新，在仲裁制度设计方面锐意创新，努力与国际总体趋势接轨。中国国际经济贸易仲裁委员会与北京仲裁委员会分别于2017年与2019年制定关于国际投资争议的仲裁规则，标志着投资者与国家间仲裁正式在中国仲裁的大地上"落地生根"。2020年1月，新冠肺炎疫情的爆发，使境内外仲裁机构开始深入探索并践行网上仲裁的新模式，采取各种技术手段实现"互联网+仲裁"，开创仲裁的新纪元。2020年10月，国际商事争端预防与解决组织（International Commercial Dispute Prevention and Settlement Organization，以下简称ICD-PASO）在中国北京正式成立，引领了国际仲裁的新潮流。同月，世界知识产权组织（World Intellectual Property Organization，以下简称WIPO）仲裁与调解上海中心正式落地，并开启实质化运作，这进一步向世界彰显了中国进一步深化改革开放的信心和决心。

基于以上考虑，中国政法大学仲裁研究院推出仲裁研究系列丛书，旨在打造中国仲裁学术研究的新品牌。这套丛书以仲裁为主题，涵盖了商事仲裁、投资仲裁、体育仲裁、家事争议解决等方面，旨在集中呈现中国政法大学仲裁研究院的研究人员在仲裁领域的最新研究成果，引导法学界关注仲裁理论动态，追踪仲裁法治前沿，探索仲裁实务中揭示的现实问题。我们期待，这套丛书的出版，能够进一步繁荣中国仲裁法治的理论研究。同时，我们真诚地希望，这套丛书能够为沟通国内外仲裁理论与实务架接桥梁。在各界人士的共同推动下，中国仲裁制度必将不断焕发出新的活力，中国仲裁事业必将大有作为！

中国政法大学仲裁研究院
2020年10月31日于北京

序　言

自2013年以来，"一带一路"倡议逐步成为世界上最受欢迎的全球公共产品和最大规模的国际合作平台。在这一倡议的推动下，中国对外直接投资持续增长，实现了以中国智慧凝心，为世界发展聚力的引领作用。在中国投资者开展对外直接投资以及外国投资者对我国投资的过程中，国际投资仲裁为解决外国投资者与东道国政府间的国际争端提供了中立的、非政治化的法律机制。据《2020年世界投资报告》统计数据显示，国际投资仲裁案件近年来持续增长。2019年全年，全球共受理了55起外国投资者基于国际条约提起的投资仲裁案件，这些条约均是在2012年之前签署的。[1]在投资仲裁案件的审理中，仲裁庭适用何种法律确定管辖权及争端的实体问题将直接关乎各方当事人程序及实体权益的实现。以《华盛顿公约》为基础设立的国际投资争端解决中心（The International Center for Settlement of Investment Disputes，以下简称ICSID）投资仲裁庭主要遵循当事人意思自治原则，在当事人未选择准据法时，则适用争端当事方的缔约国国内法（包括其冲突规范）以及可适用的国际法规范，还可按照各方当事人的一致同意依据公平与善良原则裁判争端。在争端当事方的缔约国国

---

〔1〕 UNCTAD, *World Investment Report* 2020: *International Production Beyond The Pandemic*, Geneva: United Nations Publications, 2020, p. 110.

内法与可适用的国际法相互抵触时，应如何处理，《华盛顿公约》未作规定，但长期积累的大量 ICSID 仲裁案例则对此作出了回应。值得一提的是，近年来，中国投资者对外国政府提起的投资仲裁索赔案件与外国投资者对中国政府提起的投资仲裁索赔案件开始进入公众视野，受到理论与实务界的高度关注。

2017 年 5 月 2 日，德国投资者 Hela Schwarz GmbH（以下简称海乐公司）向 ICSID 提出仲裁请求，对中国政府主张索赔。[1] 据悉，本案起因于中国山东省济南市人民政府的土地征收决定。申请人海乐公司的全资子公司济南海乐·西亚泽食品有限公司（以下简称济南海乐公司）于 2001 年获得国有工业土地 50 年使用权，随后在土地上建造厂房，并进行生产活动。2014 年 9 月 11 日，被告济南市人民政府作出济征告字（2014）9 号房屋征收决定公告，内容是：济南市人民政府已作出济征字（2014）9 号房屋征收决定（以下简称 9 号房屋征收决定），决定征收华山片区改造项目国有土地上的房屋，范围为将军路以东，小清河以北，小清河以西，济青高速（北线）以南，决定只限于以上范围中的国有土地，补偿按《华山片区改造项目房屋征收补偿方案》执行。济南海乐公司对上述征收决定不服，遂向中国法院提起了行政诉讼程序，但一审法院与二审法院均未支持其诉讼请求，并于 2017 年 12 月强制拆迁了济南海乐公司的房屋及附属设施，拆迁工作于 2018 年 2 月 1 日完成。[2] 随后，海乐公司向 ICSID 提起了本案投资仲裁程序。直至 2020 年 7 月，本案尚未审结。但自 2018 年 3 月 9 日至 2019 年 7 月 29 日，仲裁庭先

---

〔1〕 Hela Schwartz GmbH v. People's Republic of China, ICSID Case No. ARB/17/19.
〔2〕 参见济南市中级人民法院（2016）鲁 01 行初 296 号行政裁定书、山东省高级人民法院（2016）鲁行终 1491 号行政裁定书。

后发布了五项程序令（procedural order），分别就仲裁请求修改、文件提交时间表、临时措施申请、初步反对意见、对管辖权与可受理性的分步审理等具体事宜进行裁断。这一案件受到了国内学者的广泛关注，尤其是本案引发的国际投资仲裁与国内行政诉讼的程序竞合问题，给管辖权及法律适用问题带来了新的挑战。[1]

2019年5月27日，两家中国公司Wuxi T. Hertz Technologies Co. Ltd. 和 Jetion Solar Co. Ltd 对希腊政府提起国际投资仲裁。据悉，这两家企业均为太阳能发电厂部件生产商，他们在希腊北部设立了一家子公司BRITE Hellas AE。2012年，BRITE Hellas AE启动了价值2亿400万欧元的太阳能光伏电站项目，作为希腊政府授权的"战略项目"，BRITE Hellas AE有权按照"快车道"程序获取相应的许可。然而，在BRITE Hellas AE实施该计划时，遭遇到了一系列障碍，致使计划未能成功启动，主要原因在于希腊出现金融危机以及欧洲光伏法律制度不稳定。2019年5月，两家中国公司根据1992年《中华人民共和国政府和希腊共和国政府关于鼓励和相互保护投资协定》[2]向PCA提

---

[1] 参见杜涛："从'海乐·西亚泽诉中国案'看投资者与国家争议解决中当地诉讼与国际仲裁的竞合问题"，载《经贸法律评论》2019年第3期。

[2] 该协定第10条规定了投资者与东道国之间的争议可通过仲裁方式解决："二、如该争议在自任何一方要求友好解决争议之日起6个月内未解决，该投资者既可将争议提交缔约一方有管辖权的法院，如果争议涉及第4条所述的补偿款额，也可提交国际仲裁庭。投资者和缔约一方的任何其他争议只有经双方同意，才可提交国际仲裁庭。缔约任何一方在此声明接受该仲裁程序。在后一种情况下，第9条第3款到第8款经细节上作必要修改应予以适用。尽管如此，仍应请求'解决投资争端国际中心'秘书长作出必要的任命，仲裁庭应当按照当时有效的联合国国际贸易法委员会的仲裁规则决定其仲裁程序。裁决应当具有拘束力并且按照国内法执行。三、在仲裁或执行裁决过程中，争议涉及的缔约一方不应对缔约另一方的投资者有关全部或部分的损失按照保险合同所得的补偿提出异议。四、如缔约双方均成为1965年3月18日华盛顿《解决国家和他国国民之间投资争端公约》成员国，本条第1款所述缔约任何一方和缔约另一方投资者间的争议，经双方同意，可提交'解决投资争端国际中心'通过调解或仲裁解决。"

出仲裁申请并向希腊政府发送了仲裁通知，声称希腊政府就涉案太阳能项目施加的种种限制导致项目流产，已经构成征收，故应承担赔偿责任。2019年12月，据公开资料显示，仲裁申请人撤回了其依据《UNCITRAL仲裁规则》提出的仲裁索赔，撤回请求已经被PCA批准。投资者撤回投资仲裁程序的原因，主要是考虑到希腊近期将通过立法，为该项目的许可证发放开辟道路。不过，并无迹象显示双方达成了和解协议，也不排除今后事态有反复的可能及中国投资者重新开始投资仲裁程序。[1]

2020年5月17日，IARporter报道，英国投资者Jason Yu Song依据1986年5月《中华人民共和国政府和大不列颠及北爱尔兰联合王国政府关于促进和相互保护投资协定》（以下简称中英BIT）中的仲裁条款[2]，对中国政府提起国际投资仲裁索赔。[3]本案是继Hela Schwarz v. China（ICSID Case No. ARB/17/19）、Ansung Housing v. China（ICSID Case No. ARB/14/25）和Ekran v. China（ICSID Case No. ARB/11/15）三起案件之后，第

---

〔1〕 Wuxi T. Hertz Technologies and Jetion Solar v. Greece, https://www.garrigues.com/en_GB/new/international-arbitration-newsletter-december-2019-regional-overview-asia-pacific, last visited on June 30th, 2020.

〔2〕 该协定第7条规定了投资者与东道国之间的争议可通过仲裁方式解决："一、缔约一方的国民或公司与缔约另一方之间有关征收补偿款额的争议，在提出书面通知该项争议之后6个月内未能友好解决，应提交国际仲裁。二、如将争议提交国际仲裁，有关的国民或公司和缔约另一方可同意将争议提交：（甲）争议双方指定的一个国际仲裁员；（乙）依照争议双方间的一项专门协议指定的专设仲裁庭；（丙）依照联合国国际贸易法委员会仲裁规则设立的专设仲裁庭。三、如按上述第2款将争议提交仲裁后3个月内没有就任一可选择的程序达成协议，争议双方有义务依照当时有效的联合国国际贸易法委员会仲裁规则将争议提交仲裁。争议双方可书面同意修改规则。四、本条内的国民或公司包括第5条第2款所述的国民或公司。"

〔3〕 Lisa Bohmer, "China Faces New Investment Arbitration, With A Tribunal Already in Place", https://www.iareporter.com/articles/china-faces-new-investment-arbitration-with-a-tribunal-already-in-place/, last visited on July 1st, 2020.

四起针对中国政府提起的国际投资仲裁案件。目前可知的公开信息显示,本案是于 2019 年提起的,由常设仲裁法院(Permanent Court of Arbitration,以下简称 PCA)适用《UNCITRAL 仲裁规则》进行审理,目前尚未审结。值得一提的是,中英 BIT 签订于 20 世纪 80 年代,属于中国的第一代 BIT,其中的投资争端解决条款在可仲裁事项范围上较窄,仅限于征收补偿款额的争议,本案在管辖权与法律适用方面都面临着早期条约的更新换代问题,是否能够根据国际投资实践的发展对条约作出与时俱进的解释,值得关注。[1]

2020 年 6 月 29 日,据 GAR 报道,日本投资者 Macro Trading 公司在 ICSID 对中国政府提起国际投资仲裁索赔。该案起因于在中国建筑行业的投资项目,投资者提起国际投资仲裁的条约依据是 1988 年《中华人民共和国和日本国关于鼓励和相互保护投资协定》(以下简称中日 BIT)。[2]值得注意的是,尽管中国、日本、韩国已经于 2012 年 5 月签署了新的三边投资协定,即《中华人民共和国政府、日本国政府及大韩民国政府关于促进、便利和保护投资的协定》(以下简称"中日韩协定"),但本案投资者并未据此主张索赔,而是援引了更早的中国与日本

---

[1] Jason Yu Song v. People's Republic of China, UNCITRAL, PCA Case No. 2019-39.

[2] 该协定第 11 条第 2 款规定了投资者与东道国之间的争议可通过仲裁方式解决:"缔约任何一方或根据其法律和法规其他承担补偿义务者和缔约另一方国民或公司关于第 5 条第 3 款所述的补偿价款的争端,如果当事任何一方提出为解决争端进行协商的 6 个月内未能解决,则根据该国民或公司的要求,可提交参考 1965 年 3 月 18 日在华盛顿签订的《关于解决国家和他国国民之间投资争端公约》(以下称"华盛顿公约")而组成的调解委员会或仲裁委员会。缔约任何一方和缔约另一方国民或公司关于其他事项的争端,可根据当事双方的同意,提交如上所述的调解委员会或仲裁委员会。"

BIT，本案的法律适用问题，有待进一步跟踪和观察。[1]

此外，网络上还报道了其他与中国投资者、中国政府有关的投资仲裁案件信息。例如，中国铁建与中国南车股份有限公司对墨西哥政府提起的国际投资仲裁案件。2014年11月，中国铁建与中国南车股份有限公司及四家墨西哥本土公司组成的联合体参与了墨西哥城至克雷塔罗高速铁路项目的投标，并成功中标。按照投标文件，联合体的总报价为墨西哥比索589.5亿元，折合人民币约270.16亿元；其中由中国铁建承担的合同额为墨西哥比索389.552亿元，折合人民币约178.53亿元。然而，在中标3日后，墨西哥发布了取消该项目中标结果的消息，并决定重启投标程序。中国铁建第一时间表示，公司将继续与业主方保持联系，进行沟通，如有重大进展将及时公告。2015年1月31日凌晨，墨西哥在其官方网站发布公告称，在国际原油价格大幅下降的背景下，财政和公共信贷部为改善预算状况，将对2015年公共财政支出包括石油、电力、交通等方面的开支进行总额为1243亿比索的调整，其中将无限期暂停墨西哥城至克雷塔罗高速铁路项目的招标。2015年2月3日，中国铁建公告回应，公司此类拟投标的项目甚多，且该项目招标的搁置是一孤立的个别事件，此事对公司的海外经营活动没有大的影响。关于该项目的索赔问题，公司仍在与墨方交涉，如有重大进展将及时公告。根据墨西哥媒体报道，墨西哥政府2019年为三起投资的法律服务进行招标。这三起争端投标为Vento Motorcycles与墨西哥、Primero Mining与墨西哥、中国铁路建设集团公司和

---

[1] Jack Ballantyne, "China Faces Claim from Japanese Trading House", https://globalarbitrationreview.com/article/1228369/china-faces-claim-from-japanese-trading-house, last visited on July 1st, 2020.

中国铁路建设集团国际与墨西哥。IAReporter 报道也显示：2015年，中国铁路建设集团公司和中国铁路建设集团国际正式通知墨西哥政府，将依照中墨双边投资协定提起投资仲裁。据报道，中国铁路建设集团公司和中国铁路建设集团国际认为墨西哥当局的措施缺乏诚信、透明度和正当程序，已构成间接征收，并要求 6 亿美元赔偿。根据中墨双边投资协定的规定，投资者可以依据 ICSID 规则、ICSID 辅助便利规则或 UNCITRAL 规则提起仲裁。但协定附件要求投资者在提交仲裁请求前至少 4 个月之前通过东道国国内行政诉讼程序维护权益。[1]

另据万邦法律报道，2018 年，新加坡磷矿公司 Asiaphos 有限公司拟对中国提起投资仲裁，原因是该公司在中国四川省的采矿权延期申请被驳回。Asiaphos 有限公司公开宣布，四川省有关部门已经认定其磷矿之一坐落于位于规划的熊猫保护区的区域内，因此，政府基于"公众利益考虑"驳回了该公司采矿权延期申请。据悉，采矿权于 2018 年 2 月 28 日到期。2017 年 6 月，该公司表示收到了绵竹市环保部门的通知，要求其停止在该地区的两处矿山的运营，并经过水土保持计划审批。绵竹市进一步向该公司告知，其中一处矿山位于伐木场森林保护区，该部分必须腾空。2017 年 11 月，Asiaphos 有限公司宣布，四川省地方政府已经发出了一个非正式的要求，要求完全撤离和修复这两处矿场，理由是它们位于"九鼎山自然保护区"内。该公司表示，这并不是一项具有法律约束力的通知，但"可能是有关两矿开采和勘探许可证撤出的正式谈判的前奏"。该公司表

---

[1] 万邦团队：“中企发起第四宗投资仲裁！目标：墨西哥”，载"万邦法律"公众号，https://mp.weixin.qq.com/s/1llBHC8OHSzZKVJKgA8JBQ，最后访问日期：2020 年 6 月 30 日。

示不会按照政府的非正式要求去做。Asiaphos 有限公司指出,其已注意到四川省地方政府具有和解的意愿,双方也就退出磷矿开采的补偿等解决方案进行了会谈。但该公司明确表示,可能根据依照国际法主张其权利:"本公司认识到中华人民共和国在其领土拥有主权权利,有权征收境内资产,但本公司也清楚征收必须依照法律的正当程序,并给予充分、及时和有效的补偿。"2018 年 1 月,该公司宣布委托美国律师事务所 King & Spalding LLP 就依照 1985 年《新加坡—中国双边投资协定》(该条约允许投资者对"因征用而产生的赔偿金额的争议"申请国际投资仲裁)或 2009 年《东盟全面投资协定》提出索赔提供法律意见。如果未能达成满意的和解方案,该公司将在适当时候就是否提起进行仲裁做出决定。事实上,该公司目前正与 TPF 资助者就可能提起的投资仲裁案进行谈判。[1]

以上争端解决的实践表明,国际投资仲裁与外国投资者的私人利益、东道国的社会公共利益紧密相关,应予以高度重视。与此同时,鉴于各国对外缔结的双边投资条约在外资待遇、保护标准、争端解决等方面参差不齐,随着资本跨境转移模式渐趋复杂,理性的投资者开始借助"挑选条约"(treaty-shopping)行为进行投资筹划,以期适用对其最优惠的国际投资条约,最大化地寻求投资保护。对于这类现象,国际投资仲裁庭应如何有效应对?此外,法律适用的核心在于法律解释,在确定案件所适用的国际条约后,对争端各方所持的不同条约解释意见,仲裁庭应如何进行取舍?在"一带一路"建设过程中,中国投

---

[1] 何以堪:"大熊猫引发的对中国第四起投资仲裁案是什么情况?",载"万邦法律"公众号,https://mp.weixin.qq.com/s/k0ik0snW1XRm3VGM9e-5sw,最后访问日期:2020 年 6 月 30 日。

资者与外国政府、外国投资者与中国政府将不可避免地产生各类争端，如何从我方当事人的立场出发，寻求最优的法律适用取向，将成为未来参与国际投资仲裁最为关切的议题。对上述问题，本书将以实证案例为基础进行详尽探讨，以期对从事国际仲裁理论研究与实践的业内人士提供建言。

张　建
于东交民巷 27 号
2020 年 7 月 6 日

目 录

001 | 引 言

018 | 第一章
国际投资仲裁法律适用问题概述
第一节 国际投资仲裁的独特性 /019
第二节 国际商事仲裁法律适用的一般规则 /027
第三节 国际投资仲裁法律适用的特殊规则 /042
本章小结 /055

057 | 第二章
国际投资仲裁法律适用的方法
第一节 当事人意思自治原则 /058
第二节 东道国国内法在投资仲裁中的适用 /066
第三节 国际法律规范在投资仲裁中的适用 /076
本章小结 /116

118 第三章
最惠国待遇条款在国际投资仲裁中的适用
第一节　最惠国待遇条款的法律涵义与适用方式 /119
第二节　适用最惠国待遇条款的投资仲裁案例评述 /126
第三节　涉华投资仲裁案件中最惠国待遇条款的适用 /138
本章小结 /147

149 第四章
国际投资仲裁中的"挑选条约"现象及其规制
第一节　国际投资仲裁中"挑选条约"的法律界定 /150
第二节　国际投资仲裁中"挑选条约"的实践反思 /158
第三节　国际投资仲裁中"挑选条约"的规制方法 /167
本章小结 /200

202 第五章
涉华国际投资仲裁法律适用问题及实践评述
第一节　中国缔结的投资条约中对法律适用的规定 /203
第二节　涉华国际投资仲裁实践中的法律适用问题评述 /212
第三节　中国中央政府缔结的投资条约适用于港澳特别行政区的争议及解决 /219
第四节　国际投资仲裁中的国有企业及其法律适用 /243
本章小结 /266

268 结　语

272 | 参考文献

280 | 附件一
中国关于投资者与国家间争端解决机制改革的建议文件

287 | 附件二
ICSID 投资仲裁撤销案件统计表

300 | 后　记

引 言

一、研究背景

在我们当下生活的时代，经济全球化进程已经达到了前所未有的高度。近年来，尽管英国"脱欧"、中美贸易摩擦、美国退出《巴黎协定》、世界贸易组织（World Trade Organization, WTO）上诉机构法官遴选受到阻挠等事件对多边国际法治与全球治理形成了一系列挑战，但全球范围内国际贸易与投资法律合作不断增强的趋势是不可逆转的。在国际经贸争议解决中，国际法与国内法这两类法律秩序时而相互碰撞、冲突，时而相互弥合、补充，二者共同服务于构建人类命运共同体这一基本方略，为国家间交往与合作提供坚实的法治保障。在和平解决国际争端的法律框架内，为处理外国投资者与东道国政府间投资争端而发展起来的国际投资仲裁机制是多元化争议解决理念在跨国投资合作这一领域的缩影，而国际法律秩序与国内法律秩序的碰撞与融合在国际投资仲裁这一体系内体现得淋漓尽致。借助于学术史的回顾与梳理，我们不难发现，国际投资仲裁这一领域早已为不少国内外专家学者所反复研究，其中许多方面已形成了颇有见地的真知灼见。然而，由于投资仲裁天然具有实践性特质，因此很多具体的问题仍然处于动态发展过程中，没有形成众所公认的学界公论，法律适用问题即为一例。

法律适用这一表述，在法理学与部门法学、国际法学与国内法学、国际仲裁与国内诉讼等不同场合都被谈论和阐述。在不同的语境下，法律适用这一措辞所指代的涵义有所差异：在谈及法律规范的解释与适用时，法律适用特指司法三段论这一逻辑公式中运用的"涵摄"模式，即将抽象的法律规范运用于个案的具体事实，使静态的法律转化为具有生命力的判决结果这一过程。在国际私法学科内，讨论法律适用实则在讨论法律选择，即准据法的确定过程，特指法官根据冲突规范的指引确定将何国法律作为本案的准据法这一问题。在国内法层面，法律适用更多指的是法官根据案件事实和当事人的诉求来确定裁判规则并解释裁判规则的过程，即法官在纷繁复杂的法律体系中寻找具体法律规范，在解释其涵义的基础上运用于个案并作出判决的整个流程，可以简要概括为"选法——找法——释法——用法"四个相互依托、有序进行的裁判环节。事实上，虽然法律适用这一概念在不同的学科框架内存在不同的界定，但是各类界定之间亦不乏共性，即法律适用是指拥有裁判权的主体遵循"以事实为根据，以法律为准绳"这一基本价值要求而寻找法律、解释法律并运用法律的过程。基于此，便不难解释为何在国内民事诉讼、国内刑事诉讼、国际商事仲裁、国际投资仲裁甚至某些替代性争议解决机制中都会探讨法律适用这一基本问题了。所谓国际投资仲裁中的法律适用，即仲裁庭确定适当的准据法并对其进行理解与运用的过程，目的在于解决仲裁过程中可能出现的各类法律问题，无论是程序问题抑或实体问题。

《华盛顿公约》体系下的 ICSID 仲裁机制，是最为成熟的国际投资仲裁模式，其与私人间国际商事仲裁之间存在非常明显的差异。相比于非 ICSID 投资仲裁，ICSID 投资仲裁在管辖权、法律适用、裁决的撤销、裁决的承认与执行方面具有特殊性。依据《华盛顿公约》第 25 条第 1 款，中心管辖缔约国或缔约国指派到中心的该国任何组成部分或机构与另一缔约国国民之间因投资而产生并经双方书面同意提交给中心的任何法律争议，任何一方不得单方面撤销其同意。这意味着，ICSID 仲裁庭的管辖权需要同时符合主体要件、客体要件、主观要件。在仲裁庭有权管辖的客体上，仅限因投资而产生的法律争议，对投资概念的界定排除了投资以外的争议，而对法律争议的理解则排除了单纯的利益冲突，争议必须是关于法律权利义务关系的存在与否及其范围，或者是因违反法律义务而引起的赔偿及其范围。[1] 为了界定哪些法律争议允许当事人提交 ICSID 投资仲裁庭管辖，需要进一步结合法律适用问题予以思辨。依据《华盛顿公约》第 42 条第 1 款，仲裁庭应依照双方当事人可能同意的法律对争端作出裁决，若双方当事人未就准据法达成一致，则仲裁庭应适用东道国的法律（包括冲突法）以及可以适用的国际法规则。可见，在国际投资仲裁的法律适用方面，国际法与国内法相互交错，当事人根据意思自治原则选择准据法的权利与仲裁庭的仲裁权贯穿于整个仲裁程序，东道国的实体法与冲突法在 ICSID 仲裁中都存在可适用的空间，认真研究国际投资仲裁的法律适用，对于从微观个案层面推动全球治理的法治化，具有重要意义。鉴于此，笔者选择以国际投资仲裁作为制度框架，以法律适用过程中的核心关切作为中心议题，在国内外学界现有研究成果的基础上，对相关问题给出自己的思考。

---

[1] 郭玉军：《国际贷款法》，武汉大学出版社 1998 年版，第 341 页。

二、国内外研究综述

(一) 国内研究综述

国内学者对国际投资仲裁法律适用问题的探讨集中于国际商事仲裁法及国际投资法的相关论著中。在早期的著作中,学者的探讨重点为国际商事仲裁法律适用的一般原理,从当事人意思自治原则、仲裁地冲突规范、最密切联系原则等角度对仲裁准据法进行阐述。[1]随着中国法院适用《纽约公约》承认与执行外国仲裁裁决的司法经验逐渐丰富,我国学者研究国际仲裁的视野得以开拓:有学者注意到了国际商事仲裁的"非当地化"理论及其对仲裁程序法律适用的现实影响;[2]有学者意识到了强行法及公共秩序对国际商事仲裁法律适用的限制,并特别述及中国仲裁中的法律适用制度及其完善意见;[3]有学者从商业社会的运作原理出发,对意思自治原则在仲裁法律适用中的地位进行了深入的剖析;[4]部分学者立足于仲裁庭的仲裁权,以此视角来探讨当事人意思自治缺位时仲裁庭确定准据法的自由裁量权及其主要考虑;[5]另有学者结合仲裁与司法的内在关

---

[1] 参见朱克鹏:《国际商事仲裁的法律适用》,法律出版社1999年版;赵秀文:《国际商事仲裁及其适用法律研究》,北京大学出版社2002年版。

[2] 参见谢新胜:《国际商事仲裁程序法的适用》,中国检察出版社2009年版;张美红:《国际商事仲裁程序"非国内化"研究》,上海人民出版社2014年版;陈燕红:《"非内国化"理论及其对国际商事仲裁一体化的影响》,中国政法大学出版社2015年版。

[3] 参见张圣翠:《国际商事仲裁强行规则研究》,北京大学出版社2007年版;寇丽:《现代国际商事仲裁法律适用问题研究》,知识产权出版社2013年版。

[4] 参见林一:《国际商事仲裁中的意思自治原则:基于现代商业社会的考察》,法律出版社2018年版。

[5] 参见乔欣:《仲裁权论》,法律出版社2009年版;胡荻:《国际商事仲裁权研究》,法律出版社2015年版。

系，主张应在充分尊重当事人自治权的前提下对其选法自由加以合理的限制和干预，并允许仲裁地法院对国际仲裁进行司法审查与监督。[1]尽管这些研究的主题是国际商事仲裁，而并没有突出国际投资仲裁的特殊性，但鉴于学者在早期的研究中未曾明确投资仲裁相比于商事仲裁的独特性，因此这些论述对研习国际投资仲裁的法律适用具有参鉴意义，尤其是关于当事人意思自治原则、"非当地化"仲裁理论、国际商事仲裁权、仲裁司法审查、强行法对当事人自治权的限制等论述，为开展投资仲裁的研究奠定了扎实的基础。

随着改革开放的不断深入，中国政府对外缔结了大量的双边投资条约，并于1993年正式成为《华盛顿公约》缔约国。2007年，中国当事人首次参与了ICSID投资仲裁，这些逐步发展着的实践，为中国学者研究国际投资仲裁的法律适用问题提供了一手素材。早在20世纪80年代，就有学者从国际投资争议的解决方法入手，探讨了外交保护、用尽当地救济、国际投资仲裁、国际商事仲裁、国际民事诉讼之间的关系，并反思了中国加入《华盛顿公约》的必要性及该公约与中国国内法的衔接机制。[2]在加入《华盛顿公约》之后，又有学者对国际投资争端解决的典型案例、仲裁规则、国际公约等进行了扎实的学术

---

[1] 参见赵健：《国际商事仲裁的司法监督》，法律出版社2000年版；汪祖兴、郑夏：《自治与干预：国际商事仲裁当事人合意问题研究》，法律出版社2016年版；朱科：《中国国际商事仲裁司法审查制度完善研究》，法律出版社2018年版。

[2] 参见周成新：《国际投资争议的解决方法》，中国政法大学出版社1989年版；陈安主编：《"解决投资争端国际中心"述评——专论·文档选要》，鹭江出版社1989年版。

研究。[1]有学者着眼于ICSID仲裁机制，结合《华盛顿公约》的核心法律条款，对仲裁庭的管辖权、法律适用、仲裁员选任、仲裁裁决撤销、承认与执行等进行了全面的评介。[2]有学者注意到了国际投资仲裁所具有的混合属性，并将投资仲裁的法律适用与私人间国际商事仲裁、国家间公法仲裁的法律适用进行了各方面比较。[3]

就内容而言，国内经典的国际投资法著作虽然会就投资争端解决问题予以专门讨论，但其较少关注国际投资仲裁中的法律适用问题。部分论著将国际投资争端解决中的法律适用问题限定为投资合同争议的法律适用，论述从自然联系或最密切联系角度对投资合同当事人选择准据法的自由进行限制的必要性。通过援引美国、委内瑞拉、沙特阿拉伯、哥伦比亚的立法及司法实践，有学者试图说明投资合同当事人选择法律的自由不得突破强制性规定及法院地公共秩序的限制，同时指出，英国、法国、瑞典等欧洲国家在合同准据法的确定问题上采用尽可能认定合同有效（in favorem validitatis）的法律。[4]总体来看，尽管中国学者在国际商事仲裁及国际投资争端解决的著述中已经对投资仲裁的法律适用问题有所讨论，但由于法律适用仅仅是争端解决和仲裁程序中的一个环节，因此已有的论述并不具有足够的针对性，多是从宏观视角出发对ICSID仲裁机制本身进

---

[1] 参见陈安主编：《国际投资争端案例精选》，复旦大学出版社2001年版；陈安主编：《国际投资争端仲裁——"解决投资争端国际中心"机制研究》，复旦大学出版社2001年版；龚柏华、伍穗龙主编：《涉华投资者—东道国仲裁案述评》，上海人民出版社2020年版。

[2] 参见李万强：《ICSID仲裁机制研究》，陕西人民出版社2002年版。

[3] 参见王鹏：《论国际混合仲裁的性质：与国际商事仲裁和国家间仲裁的比较研究》，人民出版社2007年版。

[4] 参见王贵国：《国际投资法》，法律出版社2008年版，第416页。

行评介，在法律适用方面欠缺专业性和系统性考量，对相关投资仲裁案例的评述也不够深入。

我国第一部系统研究国际投资仲裁法律适用问题的专著出版于2014年，该书系乔慧娟博士在其学位论文的基础上修改而成的。相较于其他著作中零星的探讨，本书以《华盛顿公约》第42条为主线，较为系统而全面地展现了ICSID投资仲裁在法律适用问题上的争议点和典型案例，具有较强的针对性，且观点正确、资料详实、内容丰富。尤其值得一提的是，在界定研究对象的过程中，乔慧娟博士准确地指出，国际投资仲裁中的法律适用不仅包括实体问题的法律适用，还包括程序问题（例如仲裁庭管辖权、投资者国籍、当事人诉讼能力）的法律适用，且仲裁中的法律适用错误很可能导致仲裁裁决撤销程序的启动。[1]作者以ICSID投资仲裁案件为例，区分了"未适用准据法"与"错误适用准据法"两类情况，前者可能被认定为《华盛顿公约》中规定的"仲裁庭明显越权"而导致裁决被撤销，后者则指仲裁庭已经适用了准据法的情况下犯有法律解释等方面的错误，属于实体事由，不会导致裁决被撤销。[2]不过，由于本书成书较早，而国际投资仲裁的发展日新月异，因而其并未能够囊括一些极具争议的法律适用难题，譬如"挑选条约"及最惠国待遇条款的扩张适用问题等，殊为遗憾。此外，这部著作的研究对象聚焦于ICSID仲裁，对ICSID以外的其他投资仲裁关注不多，尤其是依据《联合国国际贸易法委员会仲裁规则》进行的投资仲裁以及我国

---

[1] 乔慧娟：《私人与国家间投资争端仲裁的法律适用问题研究》，法律出版社2014年版，第21页。

[2] 乔慧娟：《私人与国家间投资争端仲裁的法律适用问题研究》，法律出版社2014年版，第28页。

的贸仲、北仲在投资仲裁方面的最新推动。再者，该著作在探讨国际条约、国际习惯、一般法律原则等不同法律渊源在国际投资仲裁中的适用时，未能充分展开，也没有过多地论述国际投资条约以外的其他国际法（如国际人权法、国际环境法等）在投资仲裁中的适用。这虽略显遗憾，但却给其他学者的研究提供了充分的可供探讨的空间，具有较强的启发性。

时代的变迁与实践的发展为我国学者研究国际投资仲裁的法律适用问题提供了源头活水。鉴于国际投资仲裁庭不时会适用非投资类国际法律规范，因此有学者关注到了国际投资仲裁与国际环境法、国际人权法、WTO法、国际知识产权法等不同规范的交叉与融合关系。[1]有关的学术辩论层出不穷，相关成果百家争鸣，为繁荣国际投资法与其他学科的交叉研究提供了新的智识。简言之，基于国内学术文献的梳理、观察，笔者发现，无论是研究国际商事仲裁抑或研究国际投资法的学者，都充分意识到法律适用问题在国际投资仲裁中的独特性及其对裁决结果的重要意义，但多数学者对此缺乏系统性、完整性、体系化的思考，研究主题的"碎片化"现象较为明显。此外，我国学术界已经意识到了从事实证研究的重要性，以陈安、万猛、张正怡等为代表的国际经济法学者开始对国际投资争端解决的

---

[1] 参见何艳："投资协定视阈下知识产权与公共健康的冲突与协调——由两起'菲利普·莫里斯案'引发的思考"，载《法商研究》2013年第6期；胡晓红："论美国投资条约中的环境规则及其对我国的启示"，载《法商研究》2013年第2期；韩秀丽：《中国海外投资的环境保护问题研究——国际投资法视角》，法律出版社2013年版；吴岚：《国际投资法视域下的东道国公共利益规则》，中国法制出版社2014年版；张庆麟主编：《公共利益视野下的国际投资协定新发展》，中国社会科学出版社2014年版；张光：《国际投资法制中的公共利益保护问题研究》，法律出版社2016年版。

具体个案进行译介和剖析,这是方法论方面的重要进步。[1]这些已有的研究文献,对本书结构的安排和文本的写作具有重要的启发意义。

(二) 国外研究综述

正如同现代的国际商事仲裁滥觞于西方一样,国际投资仲裁作为解决投资者与国家间争端的一种法律机制也并非中国的本土法制产物,而是自域外引进的制度舶来品。基于此,欧美国家对国际投资仲裁的研究明显地早于中国学者,对有关国际条约及仲裁实践的掌握也更为充分。早在20世纪60年代ICSID刚刚成立之际,即有学者对《华盛顿公约》体系下投资仲裁的法律适用问题进行了初步的分析和预测。[2]通过回溯《华盛顿公约》的起草过程,有学者专门对该公约第42条列明的法律适用方法进行了逐一分析,在肯定当事人意思自治原则对确定仲裁准据法的重要意义的基础上,专门论述了意思自治缺位时国际法所具有的填补国内法漏洞的功能。[3]有学者对《华盛顿公约》第42条第1款中的"可适用性"进行了语义分析,在此基础上探讨了当事人选择准据法与当事人没有选择准据法时仲

---

〔1〕 参见陈安主编:《国际投资争端案例精选》,复旦大学出版社2001年版;万猛主编:《国际投资争端解决中心案例导读》,法律出版社2015年版;张正怡等译:《能源类国际投资争端案例集:能源宪章条约争端解决机制20年》,法律出版社2016年版;梁咏:"国际投资仲裁中的涉华案例研究——中国经验和完善建议",载《国际法研究》2017年第5期;银红武:《ICSID公约理论与实践问题研究》,中国政法大学出版社2016年版。

〔2〕 See Phillipe Kahn, "The Law Applicable to Foreign Investments: The Contribution of the World Bank Convention on the Settlement of Investment Disputes", *Indiana Law Journal*, Vol. 44, No. 1, 1968, pp. 1~32.

〔3〕 See Antonio R. Parra, "Applicable Law in Investor-State Arbitration", in Arthur Rovine, ed., *Contemporary Issues in International Arbitration and Mediation*, Martinus Nijhoff Publisher, 2008, p. 3.

庭确定法律适用问题的不同方法,并对东道国国内法或国际法发生变化时给投资仲裁法律适用造成的影响提出了应对策略,与其他学者不同的是,其特别分析了国际投资条约中的具体条款在投资仲裁实践中如何理解与适用的问题。[1]

总体来看,国外学者早期的研究主要是将法律适用问题作为对 ICSID 投资仲裁机制整体的一个方面来进行探讨的,并没有对国际投资仲裁法律适用问题的独特性进行专门且充分的阐释。[2]不过,早期的研究确实提出了一些值得重点关注的问题,例如:当事人有权选择 ICSID 仲裁的准据法,此种意思自治是绝对的还是相对的?对当事人选择准据法的权利有无限制,即当事人选择的准据法是否应与投资交易有实质性联系?选择法律的方式是否仅限于明示,抑或也承认默示选择的合法性?在当事人未选择准据法时,仲裁庭可适用的法律包括东道国国内法和可适用的国际法规范,国际法规范与国内法规范的关系如何确定?[3]此类问题,已经受到学者的高度关切,这表明《华盛顿公约》本身的法律条款在适用于个案时存在不周延性,只有将研究视野投放到仲裁实践中才能得出有益的答案。

由克里斯托弗·朔伊尔(Christoph H. Schreuer)等人合力完成的《ICSID 公约评论》一书被称为国际投资法中的"圣经",该书体系宏阔,逐条对公约的文本、措辞及典型案例进行

---

[1] See Yas Banifatemi, "The Law Applicable in Investment Treaty *Arbitration*", in Katia Yannaca-Small ed., *Arbitration Under International Investment Agreements: A Guide to the Key Issues*, Oxford University Press, 2010. pp. 191~210.

[2] Moshe Hirsch, *The Arbitration Mechanism of International Centre for the Settlement of Investment Disputes*, Oxford University Press, 1993, p. 125.

[3] Joy Cherian, *Investment Contracts and Arbitration: the World Bank Convention on the Settlement of Investment Disputes*, Cambridge University Press, 1975, p. 115.

了系统性的评注。针对《华盛顿公约》第42条这一法律适用条款,作者用了近100页的篇幅进行了详尽的阐释,足见对这一问题的高度重视。[1]

英国利兹大学的苏里亚·苏贝迪(Subedi)教授写就的《国际投资法:协调政策与原则》一书,试图对国际投资法中最为前沿的待决问题进行讨论。该书以问题意识作为导向,选取了国际投资仲裁法律适用实践中最为困惑的一些具体问题,例如国际环境规则、国际人权规则、国际反腐败公约在投资仲裁中的适用,以及挑选条约、保护伞条款、最惠国待遇在投资仲裁实践中的理解与适用等。尤其值得一提的是,该书对国际投资仲裁作了广义的理解,不仅包括ICSID仲裁,也包括根据《联合国国际贸易法委员会仲裁规则》进行的投资者与国家间仲裁,这有助于拓宽研究者的思路,且符合国际仲裁的实践。[2]

国际投资法权威学者、新加坡国立大学索纳拉贾(Sornarajah)教授所著的《关于外国投资的国际法》一书中,按照外资准入、设立、运营、保护、退出、争议解决的基本流程探讨了国际投资法中的核心问题。在该书中,作者专章探讨了东道国的管制、双边投资条约、关于外国投资的多边公约、以合同为基础的仲裁、以条约为基础的仲裁(管辖权、诉因、征收、国有化赔偿)、责任抗辩等内容,全书思路清晰、行文流畅、引经据典、思考深入。虽然该书并未以国际投资仲裁法律适用作为标题,但对国际投资仲裁中法律适用的方方面面都进行了有深

---

[1] Christoph H. Schreuer, Loretta Malintoppi, August Reinisch and Anthony Sinclair, *ICSID Convention: A Commentary*, Cambridge University Press, 2009, pp. 545–640.

[2] Surya P. Subedi, *International Investment Law: Reconciling Policy and Principle*, Hart Publishing, 2008, p. 212.

度的讨论，为其他学者的相关研究提供了极为丰富的素材。[1]

由海格（Hege）博士所著的《投资者与国家间仲裁中的准据法：国内法与国际法的互动》一书，论述视角颇为独特。在区分领土化（territorialized）仲裁庭与国际化（internationalized）仲裁庭的基础上，作者分析了法律选择规则对投资仲裁庭的选法引导功能，结合投资仲裁案例对国际投资仲裁中的法律适用问题进行了评述，分步骤逐一讨论了在国内法优先适用时国际法规范的角色、国际法规范优先适用时国内法的角色、国际法规范与国内法规范的并行适用及其内在一致性，该书论证有力、层次清晰，符合对国际仲裁法律适用问题进行学理阐述的内在逻辑，具有较强的启发性。[2]

当国际投资仲裁庭在处理法律适用问题时出现错误，能否通过撤销机制或承认与执行程序进行法律救济，这一问题备受国际仲裁实务人士的关注。伦敦玛丽女王大学的多克·毕夏普（Doak Bishop）与西尔维亚·玛兹丽（Silvia Marchili）教授在其所著的《ICSID 公约体系下的撤销机制》一书中论述仲裁庭越权仲裁时，专门探讨了仲裁庭法律适用错误的认定及其救济问题，这给从事国际投资仲裁学术研究的理论与实务人士提供了一种思路，即仲裁庭对法律适用问题的处理意见并不一定是终局的，当审理撤销案件的机关对仲裁庭的法律适用意见不满时，可能会对此作出不同的认定结论并导致裁决因法律适用错误而被撤销。[3]

---

[1] See M. Sornarajah, *The International Law on Foreign Investment*, Cambridge University Press, 2010.

[2] See Hege Elisabeth Kjos, *Applicable Law in Investor-State Arbitration*, Oxford University Press, 2013.

[3] R Doak Bishop and Silvia M Marchili, *Annulment Under the ICSID Convention*, Oxford University Press, 2012, p. 89.

由 ICSID 主办的官方出版物《国际投资争端解决中心评论——外国投资法学刊》(ICSID Review-Foreign Investment Law Journal)是国际投资法和国际投资争端解决领域的最古老和最权威的顶级专业期刊。该刊物自1987年以来已出版三十多卷,每年四期,这本期刊探讨的议题聚焦于国际投资仲裁的方方面面,且根植于仲裁实践,其中有相当一部分比例的文章探讨投资仲裁中的法律适用问题,这为笔者的研究提供了跟踪前沿的重要资料。

相比于我国国内同一主题的研究,国外学者的研究起步较早,因此具有一定的"先发优势",但从论述的方法、探讨的问题、法理与案例的结合来看,国外的现有研究与国内的研究成果存在着同样的缺陷:一方面,由于对法律适用本身缺乏准确的界定,因此论述的体系化不够完善;另一方面,对最新的焦点问题没有敏锐地纳入进来。此外,国外的研究没有专门关注涉华投资仲裁案件法律适用的独特性。鉴于此,作者在写作本书时,试图努力在这些方面做出一定的改善。

三、研究目标与意义

在国际投资仲裁实践中,准确判定法律适用的方法,不仅直接决定着仲裁庭审理程序及实体问题的准据法,而且仲裁庭适用哪一条约确立管辖权、仲裁裁决根据哪一法律规则申请承认与执行,都属于广义上的法律适用问题。综观国际仲裁机构及其仲裁规则,理论与实务界关于法律适用的问题形成了不同的学说、设置了不同的标准,争论甚多。[1] 鉴于此,《华盛顿公约》第42条确立了统一的法律适用规范,作为 ICSID 仲裁庭选

---

〔1〕 参见袁雪:《法律选择理论研究》,哈尔滨工业大学出版社2012年版,第1~10页。

择法律的准绳。[1]根据该条第 1 款,仲裁庭应依照双方可能同意的法律规则裁判争端,如无此种协议,仲裁庭应适用作为争端一方的缔约国的法律(包括其关于冲突法的规则)以及可能适用的国际法规则。根据该条第 2 款,仲裁庭不得以法律没有规定或含义不清为由拒绝处断案件。该条第 3 款则规定,前述两款不得损害仲裁庭在双方同意时依公允及善良原则(ex aequo et bono)裁断案件之权。总体来看,国际投资仲裁庭所适用的法律包括:其一,当事双方选择适用的法律;其二,争端当事国的国内法;其三,可能适用的国际法规则;其四,公允及善良原则。本书将对这几类法律渊源逐一展开阐述。在此基础上,作者将探讨最惠国待遇条款、"挑选条约"等特殊法律适用问题的处理在构建国际投资法律秩序进程中的重要作用。

就研究意义而言,作者希望借助于本书的讨论,为我国学者研究国际投资仲裁开拓思路,使理论与实务界关注到国际投资仲裁管辖权、裁决承认与执行之间更为重要的法律适用问题。同时,关于最惠国待遇条款的适用、"挑选条约"现象的认识及处理等问题,虽然学界一直不乏讨论,但是没有将其与法律适用的宏观问题相结合,笔者试图将其充分联系起来,实现研究的体系化。再者,在已有的学术研究中,通常将涉华国际投资仲裁的研究集中于个案的论述,而没有将其嵌入国际投资仲裁研究的整体语境下,难免将割裂案例探讨与具体问题的比较研究。为此,作者试图将具体案例与相关的章节融合在一起加以论述,以强化个案与整体间的联系。

---

[1] 姚梅镇:《国际投资法》,武汉大学出版社 2011 年版,第 399 页。

四、研究方法与重点

在法学领域，对纠纷解决的研究最初从两个向度加以展开：一个是依附于民事诉讼的非诉讼或替代性纠纷解决方式；另一个是注重经验与实证研究的法社会学视角，探求实践中运作着的"活法"。[1]伴随着社会学、经济分析、人类学等社会科学方法与法学研究的相互融合与反作用，对纠纷解决的研究开始关注到跨学科问题，使得决策者、政府部门、执法者、社会团体参与其中，以双边投资条约为基础的国际投资仲裁尤其如此。而针对纠纷解决开展的研究方法，本身就是多元化的，既有建立在概念逻辑之上的纯理论模式的研究，也有完全建立在调查和数据分析上的实证研究；既有从现象和实际出发的法人类学的田野调查，也不乏以史料文献为素材的历史或法文化研究。但概括来讲，无非是规范研究与实证研究的融合。本文的写作拟采用下列方法：

第一，文献研究法。文献研究法主要指搜集、鉴别、整理文献，并通过对文献的研究，形成对事实科学认识的方法。笔者通过查阅和阅读国内外相关期刊、专著、会议论文集等文献资料，了解和收集关于国际投资仲裁法律适用方面的主要资料。同时查阅了联合国国际贸易法委员会（以下简称贸法会）等联合国性质的文件，并登陆投资条约仲裁法（investment treaty arbitration law, italaw）等专业的数据库了解部分资料，对国际投资仲裁中所涉及的法律适用问题有了较为全面的了解和认识，尤其是对"挑选条约"中法律的适用、最惠国待遇条约的适用

---

[1] 范愉：《纠纷解决的理论与实践》，清华大学出版社2007年版，第11页。

等专门性问题进行了探索。

第二,规范分析法。规范分析法是对事物运行状态做出是非曲直的主观价值判断,力求回答"应该是什么"的方法。在通过文献研究法收集资料的过程中,笔者发现世界上多数的国际投资条约都对投资者与国家间争端解决作出了明确的界定,但是对仲裁庭应当适用什么法律的问题却没有给出明确的说明,因此导致了各仲裁庭对此问题的处理办法不一。笔者从国际投资仲裁出发,重视从《华盛顿公约》第42条的解构及投资条约中仲裁条款等角度界定法律适用并对其实然规范进行重新梳理和总结。

第三,实证分析法。据联合国贸易与发展会议(United Nations Conference on Trade and Development,UNCTAD)统计,截至2019年1月1日,已知的根据国际投资协定提起的投资者与国家间仲裁案件已达942起,有117个国家至少在一起案件中被推上被申请人的席位,单在2018年新增的71起案件中就有41个国家遭遇国际投资仲裁索赔。[1]如此大量的仲裁案例为本文的研究提供了一手素材,但同时也提出了难点:如何对这些案例中所涉的法律适用问题进行归类和筛选,通过"合并同类项"的手法对同类问题寻求一般性的解决规律,成为研究法律适用时必须回应的问题。法律适用问题是在经济全球化时代应运而生的,并在国际投资争端解决的实践中逐步形成和发展,所以对其研究时需要与国际间交易往来的实际相联系。笔者拟通过对若干国际投资仲裁的真实案例进行研究与归纳,以避免单纯理论性探讨造成的空泛,力争做到从实际出发,实证考察,避免伪问题的产生。

---

[1] UNCTAD, *IIA Issues Note: Fact Sheet on Investor-State Dispute Settlement Cases in 2018*, Issue 2, 2019, p.1.

第四，比较分析法。比较分析法是社会科学研究的常用方法之一。本文通过对若干仲裁庭在法律适用过程中形成的学说、规范、裁决进行对比和分析，总结出相同点并分析不同点，更加全面细致地了解有关问题的概念、性质、特征及相关立法和实践。最终，在比较研究中找寻到具有普遍适用性的保护投资人利益的途径，为投资仲裁的法律适用创造实际、健全的保护体系。

第一章
国际投资仲裁法律适用问题概述

国际投资仲裁为解决外国投资者与东道国政府间的国际争端提供了中立的、非政治化的法律机制。在案件审理中，仲裁庭适用何种法律确定管辖权及争端的实体问题将直接关乎各方当事人程序及实体权益的实现。以《华盛顿公约》为基础设立的 ICSID 投资仲裁庭主要遵循当事人意思自治原则，在当事人未选择准据法时，则适用争端当事方的缔约国国内法（包括其冲突规范）以及可适用的国际法规范，还可按照各方当事人的一致同意依据公平与善良原则裁判争端。当争端当事方的缔约国国内法与可适用的国际法相互抵触时，应如何处理，《华盛顿公约》未作规定，但长期积累的大量 ICSID 仲裁案例则对此作出了回应。近年来，资本跨境转移模式渐趋复杂，鉴于各国对外缔结的双边投资条约在外资待遇、保护标准、争端解决等方面参差不齐，理性的投资者开始借助"挑选条约"（treaty-shopping）行为进行投资筹划，以期适用对其最优惠的国际投资条约，最大化地寻求投资保护。对于这类现象，国际投资仲裁庭应如何有效应对？此外，法律适用的核心在于法律解释，在确定案件所适用的国际条约后，对争端各方所持的不同条约解释意见，仲裁庭应如何进行取舍？在"一带一路"建设过程中，中国投资者与外国政府、外国投资者与中国政府将不可避免地产生各类争端,如何从我方当事人的立场出发寻求最优的法律适用取向,将成为中国未来参与国际投资仲裁最为关切的议题。对上述问题,本书将以大量实证案例为基础进行详尽探讨,以期对从事国际投资仲裁理论研究与实践的业内人士提供建言。

第一节 国际投资仲裁的独特性

一、国际投资争端的解决方法

正如私人之间可能产生国际商事争议、国家之间可能产生主权争端一样,外国投资者与东道国政府也可能因为利益冲突、投资监管或对某种特定的法律上的权利义务关系理解不一致而产生国际投资争端。国际投资争端的存在,对正常的国际投资合作将构成障碍,如解决不当,可能会上升为国家间争端。因此,运用各种合理的方法,及时、公正地化解国际投资争端,对促进国家间投资合作以及国际经济社会发展具有重大意义。

解决国际投资争端的方法,既有政治性的,又有法律性的;既有国内解决方法,又有国际解决方法;既有公力救济(如司法)、私力救济(如和解),又有社会救济(如仲裁)。[1]就政治性的解决方法而言,谈判与协商、斡旋与调停、调解与和解最为常用。[2]就法律性的解决方法而言,由投资者母国行使外交保护、在投资东道国用尽当地救济、向投资者母国或第三国的法院提起索赔诉讼、向国际仲裁庭提请投资仲裁最为常用。

---

[1] 漆彤主编:《中国海外投资法律指南》,法律出版社2019年版,第180页。
[2] 曾令良主编:《国际公法学》,高等教育出版社2016年版,第441页。

这些方法凭借其特定的功能相互协调，为满足国际社会主体多元化的程序体系需求而存在，并形成了动态调整的多元化争端解决系统。[1]

当下，国际投资仲裁作为一种行之有效的解决外国投资者与东道国政府之间投资争端的法律方法，已经被广泛运用于国际投资全球治理。当国际投资争端产生后，外国投资者在向第三方寻求中立的解决方法时，往往倾向于选择国际仲裁，而尽量避免诉诸国内法院诉讼，这与国际投资仲裁本身所具有的混合属性及"非内国化"特征是分不开的。

二、国际投资仲裁的混合属性

作为一种以和平手段解决国际投资争端的法律方法，国际投资仲裁中的双方当事人分别为私人海外投资者与东道国政府，前者具有商人自治的元素，后者则象征着主权者的权威，这种主体的不对等性使国际投资仲裁兼具商事性与主权性色彩，从而形成了混合属性的特质。具体而言，国际投资仲裁虽然滥觞于国际商事仲裁，但具有较强的独特性，这种独特性根植于投资仲裁中争端当事双方主体的不对称性。[2] 换言之，国际投资仲裁中的一方为主权国家，另一方为私人投资者，前者多为仲裁程序中的被申请人，后者则多为提起仲裁索赔主张的申请人。前者希望借助于外资监管权对投资事项予以规制和管理，却可能因监管不当而违背其根据国际法或投资合同所承担的义务，因而引发投资争端。相比之下，后者则基于自身的投资权益，

---

[1] 范愉:《纠纷解决的理论与实践》，清华大学出版社2007年版，第221页。
[2] 蔡从燕:"国际投资仲裁的商事化与'去商事化'"，载《现代法学》2011年第1期。

希望能够在外资准入、设立、运营、退出方面享受来自国际法、东道国国内法及投资合同的全方位保护，一旦其权益遭受损失或威胁，便寻求通过仲裁方式向东道国索赔。如此，双方当事人的利益立足点不同，这便使国际投资仲裁中同时糅杂了主权性与商事性因素。20世纪中叶，国际投资仲裁因其独特性而从国际商事仲裁中析出，但是在仲裁程序与实体诸多方面仍然保留了商事仲裁的色彩，这使国际仲裁理论界与实务界开始吁求投资仲裁"去商事化"。[1]

事实上，在国际商事仲裁中，关于"商事"的界定本身就存在一定的争议。联合国国际贸易法委员会（United Nations Commission on International Trade Law，UNCITRAL）制定的《国际商事仲裁示范法》规定：对"商事"一词应作广义解释，使其包括不论是契约性还是非契约性的一切具有商事性质的关系所引起的种种事情。在我国，仲裁领域关于"商事"的定义初现于1987年《最高人民法院关于执行我国加入的〈承认及执行外国仲裁裁决公约〉的通知》第2条。该条规定，根据我国在加入《纽约公约》时提出的商事保留声明，我国仅对按照我国法律属于契约性和非契约性商事法律关系所引起的争议适用公约。所谓"契约性和非契约性商事法律关系"，具体是指由于合同、侵权或有关法律规定而产生的经济上的权利义务关系等，但不包括外国投资者与东道国政府之间的争端。[2] 由此可知，在我国的仲裁实践中，自始即将国际商事仲裁与国际投资仲裁区分处理，投资者与国家间争端被排除在"商事"的定义之外，

---

[1] 贺辉："基于实践分析国际投资仲裁去商事化的必要性"，载《郑州大学学报（哲学社会科学版）》2018年第5期。

[2] 常英主编：《仲裁法学》，中国政法大学出版社2013年版，第191页。

致使二者泾渭分明,适用不同的法律规范调整,国际投资仲裁裁决不能依据《纽约公约》在我国法院申请承认与执行。

当然,即便国际投资仲裁与国际商事仲裁存在明显的区分,但前者不可避免地受到后者的思维模式及价值取向的影响,这首先体现在国际投资仲裁庭的裁判理念上。众所周知,商事仲裁得以萌芽并发展,与政治国家与市民社会的二元界分息息相关,尤其是中世纪"商人法"(lex mercatoria)更是成为仲裁早期重要的裁判依据。尽管仲裁逐步从原始的、基于道德规范约束的仲裁向现代的、依靠法律强制力保障实施的形态转变,但其内核仍在于就当事人的商事权利义务纠纷进行裁断,在这一过程中,平等主体的私人权益保护属于仲裁的内在价值之一。这一点也影响到了投资争端的解决,具体体现在投资条约的法律解释方法中贯彻了私人权益神圣不可侵夺的取向。在部分ICSID投资仲裁案件中,仲裁庭表露出明显的偏袒投资者的倾向,这不仅体现在管辖权方面,也体现在法律适用层面。具体而言,在管辖权方面,某些ICSID仲裁庭扩张自身的管辖权,同时不遗余力地否认东道国的内国管辖权;在法律适用方面,《华盛顿公约》第42条在措辞上将东道国法律规范与国际法规范摆在同等地位,两者平起平坐、并列适用,但中心出版物《ICSID解释手册》则将该公约第42条解释为:如果争端当事国根据其国内法所采取的行动不符合国际法,仲裁庭将适用国际法裁判。[1]实践中,某些仲裁庭倾向于根据国际法的标准对东道国的国内法予以审查、纠正甚至否定,这无形中对东道国的法律适用权甚至外资规制权构成了明显的限制,以至于有学者称巨额的投

---

〔1〕 陈安主编:《国际经济法学》,北京大学出版社2017年版,第345页。

资仲裁索赔对东道国造成了外资方面的"监管恐惧"（regulatory chill）乃至"寒蝉效应"（chilling effect）。[1]鉴于此，从国际投资仲裁法律适用的角度出发，平衡商事元素与主权元素的合理配置，强化投资仲裁庭对东道国公益的尊重，甚为必要。

三、国际投资仲裁的"非内国化"

（一）ICSID 仲裁与非 ICSID 仲裁的主要差异

实践中，研究者通常根据争端解决程序是否具有自洽性而将国际投资仲裁区分为 ICSID 仲裁与非 ICSID 仲裁。[2]尽管两类投资仲裁均可解决国际投资争端，但具有鲜明的差异：

第一，ICSID 仲裁具有更强的国际性，其仲裁程序与仲裁裁决原则上不受任何国家国内法院的司法审查，其只适用内部监督机制，如 ICSID 专门委员会的撤销程序。相比之下，ICSID 以外的国际投资仲裁程序类同于国际商事仲裁程序，其具有一定的属地性，仲裁程序与仲裁裁决分别受到仲裁地及裁决执行地国内法院的司法审查，内国法院在仲裁协议的效力认定、仲裁临时措施的申请与审查、仲裁裁决的撤销、承认与执行方面享有审查权。

第二，在仲裁庭管辖权方面，ICSID 仲裁须同时满足双重管辖权标准，加入《华盛顿公约》本身并不意味着缔约国同意了中心仲裁管辖权，而是需要另外作出书面的仲裁同意，此类同

---

[1] 近年来，东道国监管权接连不断遭遇外国投资者的挑战，促进和保护投资的目标能否与维护公共健康和安全、保护劳工及环境等价值相兼容，引发理论界的深度思考。参见钱嘉宁、黄世席："国际投资法下东道国监管权的改革——基于可持续发展原则的分析"，载《北京理工大学学报（社会科学版）》2018 年第 4 期。
[2] Piero Bernardini, "ICSID Versus Non-ICSID Investment Treaty Arbitration", in M. A. Fernandez-Ballesteros and D. Arias, eds., *Liber Amicorum Bernardo Cremades*, La Ley, 2010, p. 159.

意常见于投资者母国与东道国政府签署的双边投资协定（bilateral investment treaty，BIT）、投资者与东道国订立的投资契约或东道国的国内立法中。[1]相比之下，在非 ICSID 仲裁中，只要存在有效的仲裁协议，仲裁庭即可取得合法的管辖权基础。

第三，在仲裁裁决承认与执行的法律依据上，依据《华盛顿公约》第 53 条、第 54 条，ICSID 裁决可在缔约国领土内获得自动承认与执行。而 ICSID 以外的投资仲裁裁决，则主要依据《纽约公约》向缔约国法院申请承认与执行，缔约国法院在经过司法审查后，如发现存在该公约第 5 条所规定的情形时，有权拒绝承认与执行该裁决。

第四，在国家管辖豁免问题上，ICSID 仲裁具有独特的优势，根据《华盛顿公约》第 26 条，争端当事双方同意中心管辖，应视为同意排除任何其他救济方法，这可以理解为东道国同意 ICSID 仲裁即放弃了管辖豁免。相比之下，被诉东道国在非 ICSID 仲裁中能否援引国家豁免的抗辩，取决于执行地法院所属国的立场，美国 FG 公司诉刚果（金）案即为典型案例。

第五，在仲裁员的资格要件与行为规范方面，ICSID 仲裁与非 ICSID 仲裁也存在一定差异。《华盛顿公约》第 14 条要求指派到 ICSID 仲裁员名册中的人员应具备较高的道德品质，且在商业、法律或金融方面具有公认的资格，可以被信赖作出独立的判断。除此之外，《华盛顿公约》第 39 条还对仲裁员的国籍作出了限制，仲裁庭的多数成员不能与争端当事一方具有相同国籍或者属于争端当事国的国民，除非独任仲裁员或仲裁庭的

---

[1] 例如，1993 年《阿尔巴尼亚外国投资法》第 8 条第 2 款、1985 年《刚果投资法典》第 4 条。参见王海浪：《ICSID 管辖权新问题与中国新对策研究》，厦门大学出版社 2017 年版，第 42 页。

每一位成员都是双方合意任命的,则不受此限。相比之下,非ICSID投资仲裁中的仲裁员资格主要取决于当事人双方的协议约定以及仲裁规则的要求。在多数仲裁规则中,并不对仲裁员的国籍作出积极或消极的强制限定,但通常要求仲裁员需同时具备独立性与公正性。[1]在判定仲裁员的独立性与公正性时,国际律师协会制定的《关于国际仲裁中利益冲突问题的指引》对当事人与仲裁庭具有重要的参考价值。[2]

此外,应予明确的是,在ICSID内进行的仲裁案件特指机构仲裁,这不仅包括依照《ICSID仲裁规则》进行的仲裁程序,还涵盖按照《ICSID附加便利规则》进行的仲裁程序,对于附加便利仲裁,应比照非ICSID仲裁确定司法审查事宜。相比之下,非ICSID仲裁案件不仅包括机构仲裁,如常用的国际商会(International Chamber of Commerce, ICC)仲裁、斯德哥尔摩商会仲裁院(SCC)仲裁、香港国际仲裁中心(HKIAC)仲裁、新加坡国际仲裁中心(SIAC)仲裁等,还包括国际通行的临时仲裁,尤其是根据《UNCITRAL仲裁规则》进行的专设仲裁。

(二)ICSID投资仲裁的"非内国化"

综观ICSID仲裁与非ICSID投资仲裁的上述差异,不难发现,其核心分歧在于ICSID的国际自治性。具体而言,对于ICSID仲裁案件,仲裁员选任、仲裁庭管辖权、仲裁法律适用、仲裁裁决的承认与执行等各项事宜均由《华盛顿公约》调整,整

---

[1] 例如,2006年修订的《联合国国际贸易法委员会国际商事仲裁示范法》第11条第1款规定:除非当事人另有协议,不应以所属国籍为由排除任何人担任仲裁员。2010年《UNCITRAL仲裁规则》第12条第1款规定:如果存在任何可能对仲裁员的独立性或公正性产生正当理由怀疑的情况,均可申请仲裁员回避。

[2] 徐伟功编著:《国际商事仲裁理论与实务》,华中科技大学出版社2017年版,第227页。

个仲裁程序具有更强的"非内国化"特色。所谓国际仲裁的"非内国化"（denationalization），亦称"非当地化"（delocalization），系针对属地原则而言的。如上文所言，在非 ICSID 仲裁中，仲裁地的概念具有重要的法律涵义：仲裁地常被视为决定仲裁裁决国籍的标准；在仲裁协议、仲裁程序、争议事项可仲裁性、仲裁员选任等具体问题的法律适用上，仲裁地法发挥了重要作用；在涉及法院对仲裁的司法支持与协助、裁决撤销案件的审查等方面，仲裁地法院具有首要的管辖权。[1]而在 ICSID 仲裁中，仲裁地这一法律概念的功能有所弱化，争端当事方选定在某地仲裁可能主要是出于便利或其他偶然因素考量，ICSID 程序并不当然受制于仲裁地的法律和仲裁地法院的审查，而这正是"非内国化"理论的本质特征。具言之，"非内国化"理论的支持者认为：国际仲裁不应附着于一国的仲裁程序法而存在，国际仲裁程序必须服从自治的国际规则，这种国际规则的基础是当事人意思自治及仲裁庭的自由裁量权，并兼顾各国法制有关正当程序原则的最低标准。[2]依据该理论，仲裁地法院的监督功能（如撤销仲裁裁决）应予摒弃，而应由国际秩序来监督和制约仲裁程序，以保障公正且独立的裁判结果。

尽管"非内国化"理论在国际商事仲裁中遭遇了各方的批判，但在 ICSID 投资仲裁中，"非内国化"理论得到了较好的诠释，这也是 ICSID 投资仲裁与非 ICSID 投资仲裁相比最为本质的特性。不过，"非内国化"并不意味着 ICSID 仲裁庭只能适用国际法规则，也并不意味着国内法规则在仲裁庭的法律适用中可

---

[1] 赵秀文：《国际商事仲裁现代化研究》，法律出版社 2010 年版，第 147 页。
[2] 张志：《仲裁立法的自由化、国际化和本土化——以贸法会仲裁示范法为比较》，中国社会科学出版社 2016 年版，第 73 页。

以被漠视,恰恰相反,国际法与国内法二者在国际投资仲裁的法律适用中往往充分地实现灵活互动。那么,应如何协调国际法与国内法二者在国际投资仲裁法律适用中的不同角色?仲裁庭又应当如何确定投资仲裁准据法?对此,有必要先回顾并梳理国际商事仲裁法律适用的一般规则,并在此基础上重点考察国际投资仲裁法律适用的独特规则,在此基础上确定问题的争论焦点何以产生,以及通过什么思路加以解决。

第二节 国际商事仲裁法律适用的一般规则

一、国际商事仲裁法律适用的独特性

在解决国际商事争议的方法选择上,国际商事仲裁与国际民事诉讼是最为常用的解决机制。在 ICSID 成立之前的很长一段时间内,学理上普遍认为国际投资仲裁属于国际商事仲裁中的一种特殊形态,即国际投资仲裁系国际商事仲裁的具体分支之一,前者与后者系种属关系。即使在 ICSID 成立后,非 ICSID 投资仲裁仍然在很大程度上援用国际商事仲裁的法律框架。[1] 这意味着,对国际投资仲裁法律适用问题的研究必须首先立足于对国际商事仲裁法律适用问题的研究。

在国际商事仲裁实践中,法律适用问题不仅关系到仲裁协议的成立与否,而且影响着仲裁程序的进行,不仅对裁决的实体结果起着决定作用,而且在裁决跨国承认与执行阶段也发挥着重要作用,因此这一问题的妥当处理至关重要。具言之,国

---

[1] 蔡从燕:"国际投资仲裁的商事化与去'商事化'",载《现代法学》2011 年第 1 期。

际商事仲裁中的法律适用问题涵盖仲裁协议的法律适用、仲裁程序问题的法律适用、仲裁实体问题的法律适用。就国际商事仲裁的实体而言,待解决的问题包括当事人在谈判合同过程中所达成的共同意思表示、合同是否成立并满足有效性要件、当事人根据合同所享有的权利和承担的义务、一方不履行合同所应承担的法律责任等。国际商事仲裁中,仲裁庭将根据特定法律体系的规定,确定当事人的权利和义务,判明争议的是非曲直并作出裁决,实现解决或处理当事人提交仲裁的争议的目的。仲裁庭据以作出裁决的实体法被适用于解决争议当事人之间的利害冲突,直接关系当事人的利益。因此,确定可适用于解决当事人之间争议的实体法,是整个仲裁过程中一项非常关键的环节。[1]

相比于在一国法院进行的国际民事诉讼,国际商事仲裁在确定实体法律适用问题上具有诸多的独特性,主要表现在以下方面:

第一,各国冲突规范的立法多采用"诉讼中心主义",即法律适用规范默认为是供法官在涉外案件中确定准据法时所援引的。尽管学理上存在冲突规范任意性适用的主张,但总体来看冲突规范对法院地的法官而言具有强制约束力。[2]这意味着,原则上,一国法院必须根据法院地冲突规范的指引而确定实体问题的准据法。但在国际商事仲裁中,并没有专门针对仲裁庭的冲突规范,仲裁庭也没有强制义务必须适用仲裁地国家的冲突规范。恰恰相反,仲裁庭可以基于当事人的授权,无需借助任何冲突规范而直接确定实体问题应适用的法律。

---

〔1〕 韩德培主编:《国际私法新论》,武汉大学出版社 2003 年版,第 540 页。
〔2〕 徐鹏:"论冲突规范的任意性适用——以民事诉讼程序为视角",载《现代法学》2008 年第 4 期。

第二，在国内法院审理的国际民事诉讼案件中，当事人能否合意选择准据法受制于法院地法的授权，如果法院地的冲突规范中没有授权当事人选择准据法，则当事人即使约定了法律选择条款亦不能支配仲裁庭的法律适用决定。[1]相比之下，当事人意思自治原则在国际商事仲裁中的适用更为充分，受到的限制更少，意思自治原则既适用于契约性国际商事仲裁案件，也适用于非契约性国际商事仲裁案件，这与国际民事诉讼殊为不同。当然，这一区分并非绝对，尽管法院在审理涉外商事争议时需要依据法院地的冲突规范确定准据法，但由于冲突规范普遍承认了当事人的意思自治，这就相当于以法定确认约定的形式，实现了诉讼与仲裁在此方面的实质接近。[2]不过，必须承认的是，国际商事仲裁中实体规则的适用比诉讼更为自由和灵活，特别是在友好仲裁的情况下，当事人甚至可以授权仲裁员按照公允及善良原则裁断，而无须依凭实体法律规则裁判。

第三，一国法院在审理国际民事诉讼案件时，有义务适用法院地所缔结或参加的国际条约，而仲裁庭则没有义务适用仲裁地国家缔结或参加的国际统一实体法条约。

第四，在国际民事诉讼中，管辖法院根据冲突规范适用的准据法通常为某一特定国家的国内法，而在国际商事仲裁中则常常适用国际法规则，或者根据案件需要而适用"并存法"，即将国际法或一般法律原则同特定国家的国内法结合适用。

此外，内国法院在审理国际民事诉讼案件时所适用的法律

---

〔1〕 高晓力：“最高人民法院《关于适用〈中华人民共和国涉外民事关系法律适用法〉若干问题的解释（一）》解读”，载《法律适用》2013年第3期。

〔2〕 汪祖兴、郑夏：《自治与干预：国际商事仲裁当事人合意问题研究》，法律出版社2016年版，第85页。

通常是严格意义上的实体法律规范,而国际商事仲裁庭除了适用国际法或国内法中的严格法律规范外,还可能适用商人法、非内国法、国际惯例以及根据当事人的选择而并入协议的合同条件、价格术语等;而仲裁庭适用的法律要更为宽泛,仲裁庭的法律适用权限也更为灵活。总之,国际商事仲裁中实体法律适用比国际民事诉讼中的实体法律适用要更为灵活、特殊和复杂。[1]厘清国际商事仲裁中法律适用的基本方法,对解决非ICSID投资仲裁中的法律适用问题具有直接的可适用性。

二、根据当事人意思自治原则确定准据法

国际商事仲裁具有跨国性,在实体问题上必须要考虑由何种法律来解决争议。仲裁庭在确定争议实体的法律适用问题时,通常区分为两类情况:一种是当事人在合同中约定了法律选择条款,选择了具体的法律作为准据法;另一种是当事人没有对法律适用问题作出具体约定,由仲裁庭确定特定的法律作为准据法。[2]

当事人意思自治原则的存在,要求仲裁庭应尊重当事人所选择的法律。作为国际私法在解决合同法律冲突过程中所确立的一项重要原则,意思自治原则在国际范围内受到普遍的承认。[3]仲裁作为一种民间性、自治性争议解决方式,仲裁庭的仲裁权源自于当事人双方在仲裁协议中的授权,仲裁作为争议解决方式的特殊性和仲裁权的来源决定了仲裁庭应尊重当事人选择准据法的合意,除非当事人所选择的法律规则违背了相关国家法律

---

〔1〕 霍政欣:《国际私法》,中国政法大学出版社 2017 年版,第 339 页。

〔2〕 [美]加里·B. 博thorn:《国际仲裁:法律与实践》,白麟等译,商务印书馆 2015 年版,第 310 页。

〔3〕 李凤琴:《国际合同法律适用发展趋势研究——以意思自治原则为中心》,安徽师范大学出版社 2013 年版,第 1 页。

的禁止性规定。为了验证当事人意思自治原则在国际商事仲裁法律适用中的普遍适用性，笔者整合了国内外主要的仲裁规则，这些规则几乎毫无例外地认可了当事人拥有选择仲裁实体准据法的自由，且仲裁庭应当尽可能尊重当事人的选法合意。

表1-1：主要国际仲裁机构仲裁规则中的法律适用条款一览表

仲裁规则	法律适用条款
2013年版《UNCITRAL仲裁规则》	第35条：①仲裁庭应适用各方当事人指定适用于实体争议的法律规则。各方当事人未作此项指定的，仲裁庭应适用其认为适当的法律。②只有在各方当事人明确授权仲裁庭的情况下，仲裁庭才应作为友好和解人或按照公平合理的原则作出裁决。③所有案件中，仲裁庭均应按照所订立的合同条款作出裁决，并应考虑到适用于有关交易的任何商业惯例。
2018年版《HKIAC仲裁规则》	第36条：①仲裁庭应根据当事人约定的法律规则裁决实体争议。除非另有说明，指定某一司法辖区的法律或法律体系，应理解为直接指此司法辖区的实体法，而不包括其冲突法规则。若当事人未指定，仲裁庭应适用其认为适当的法律规则。②只有在各方当事人明确授权时，仲裁庭才能以友好公断人身份或依公允善良原则裁决争议。③在任何情况下，仲裁庭均应按相关合同条款裁决争议，并可考虑交易所适用的商业惯例。
2017年版《SCC仲裁规则》	第27条：①仲裁庭应在双方当事人约定的法律或法律规则的基础上决定争议的实体问题。在不存在此类协议时，仲裁庭应适用其认为最适当的法律或法律规则。②任何当事人指定的某一特定国家的法律应当被视为指的是该国的实体法，不是其冲突法规则。③只有双方当事人明示授权时，仲裁庭才能依据公允及善良原则或以友好调解人身份裁决争议。

续表

仲裁规则	法律适用条款
2014年版《伦敦国际仲裁院（LCIA）仲裁规则》	第22条第3款：仲裁庭应当按照各方当事人所选择的适用于争议实体的法律或法律规则裁决当事人之间的争议。如仲裁庭认定当事人之间没有作出此类选择，则仲裁庭应当适用其认为适当的法律或法律规则。
2017年版《ICC仲裁规则》	第21条：①当事人应当有权自由约定仲裁庭适用于解决争议实体的法律规则。在不存在此类约定时，仲裁庭应适用其认为适当的法律规则。②如果当事人之间存在任何合同条款或任何相关的贸易惯例，则仲裁庭应当予以考虑。③只有在双方当事人均同意时，仲裁庭才有权作为友好公断人或适用公允及善良原则裁判。
2016年版《SIAC仲裁规则》	第31条：①仲裁庭应当适用当事人指定的法律或法规，作为争议实体的准据法；当事人未指定的，仲裁庭应适用其认为适当的法律或法规。②只有在当事人明确授权仲裁庭的情况下，仲裁庭才可以作为友好公断人或依公允善良的原则作出裁决。③对所有仲裁案件，仲裁庭应当依据合同条款（如有规定）进行裁决，并应当考虑任何适用的商业惯例。
2015年版《中国国际经济贸易仲裁委员会（CIETAC）仲裁规则》	第49条：①仲裁庭应当根据事实和合同约定，依照法律规定，参考国际惯例，公平合理、独立公正地作出裁决。②当事人对于案件实体适用法有约定的，从其约定。当事人没有约定或其约定与法律强制性规定相抵触的，由仲裁庭决定案件实体的法律适用。

续表

仲裁规则	法律适用条款
2015年版《北京仲裁委员会（BAC）仲裁规则》	第69条：①仲裁庭应当根据当事人选择适用的法律对争议作出裁决。除非当事人另有约定，选择适用的法律系指实体法，而非法律冲突法。②当事人未选择的，仲裁庭有权根据案件情况确定适用的法律。③根据当事人的约定，或者在仲裁程序中当事人一致同意，仲裁庭可以依据公平合理原则作出裁决，但不得违背法律的强制性规定和社会公共利益。④在任何情况下，仲裁庭均应当根据有效的合同条款并考虑有关交易惯例作出裁决。

有学者认为，由于国际商事仲裁的自治性和国际性，当事人对法律的选择应该是自由的、不受限制的。但也有观点认为，如果当事人可以通过自由选择实体法来规避国家的强行法，或者法院无权审查仲裁裁决是否违反公共政策，就可能导致仲裁背离基本的公平正义原则，难以维持仲裁的公信力。尽管许多的国际仲裁条约、国内仲裁立法、国内外仲裁规则都承认了意思自治原则在法律适用中的首要地位，但同时也对意思自治施加了各种限制。国际商事仲裁的自治性不是绝对的，因为任何裁决（ICSID裁决除外）的撤销、承认和执行最终都要回归内国法院的司法权。因此，尽管在学术上可以探讨国际商事仲裁的"非内国化"和仲裁当事人意思自治原则的无限性，但在实践中，考虑到裁决执行的现实需要，仲裁庭在法律适用和法律选择上仍然应当注意到相关国内法的限制。[1]具体而言，对国际商事仲裁意思自治原则的限制涵盖三个主要方面：其一，当事

---

[1] 刘晓红、袁发强主编：《国际商事仲裁》，北京大学出版社2010年版，第109页。

人不得通过选择实体法来规避法律；其二，国内公共政策会限制当事人的法律选择；其三，当事人对准据法的选择必须是"诚信的、合法的"，如果此种选择明显不合理、反复无常或选法意图有损于第三方权益，则可能被认定为无效的法律选择。

三、由仲裁庭依其自由裁量权决定准据法

（一）仲裁庭决定准据法的不同授权模式

在国际仲裁中，仲裁庭常会遇到这类情况，即争端当事双方并未选择仲裁的准据法，而是将法律适用的问题留给仲裁庭解决。这可能出于多种原因，譬如争端当事双方忽略或遗漏了法律适用这一重要问题，或是双方经过协商对此无法达成一致意见，因此暂且将准据法问题搁置起来。[1]在当事人未选择仲裁准据法时，仲裁庭则需要根据特定的原则来确定应予适用的法律，仲裁庭对准据法的决定权取决于相关仲裁立法与仲裁规则的授权范围。通过对相关国际条约、国内立法、仲裁规则等规范进行整合，可以发现，仲裁庭确定准据法的决定权可以分为不同的规定模式，有学者将其概括为争端解决的决定权、实体规则的决定权、实体法律规则的决定权、程序法律规则的决定权。[2]

当仲裁立法或仲裁规则赋予仲裁庭关于争端解决的决定权时，其意味着仲裁庭在决定准据法方面几乎享有不受限制的自由裁量权，仲裁庭可以自由地跳出国内法的格局，在国际法和各国法律中自由选择，甚至使仲裁庭摆脱了必须适用法律规则的束缚，而是可以选择适用非严格的实在法，如国际商人法或一般法律原则。

---

〔1〕 刘晓红主编：《国际商事仲裁专题研究》，法律出版社2009年版，第113页。
〔2〕 池漫郊：《国际仲裁体制的若干问题及完善——基于中外仲裁规则的比较研究》，法律出版社2014年版，第170页。

当仲裁立法或仲裁规则授权仲裁庭自由决定适用合适的法律规则时,特指的是仲裁庭依自由裁量权确定某一实体法规则,而不包括冲突法。在法理学或法学方法论的研究中,通常会对法律规则与法律原则进行基本的区分:在语义学的层面上,规则是一种确定性命令,原则属于一种最佳化命令,前者是以"全有或全无"的方式适用于个案的,后者则存在"分量"的向度,从而在不同的情形中以不同的程序被适用;在性质层面,规则被称为"现实应然",原则被称为"理想应然",前者已经考虑到各种现实的可能性,要求直接依照它的要求去做,后者则是一种抽象的、尚未涉及经验与规范世界之可能性的应然;在结构层面,当不同的法律原则之间互有冲突时,需要权衡数个原则之间的相对分量并决定哪一个具有优先性,而在规则与原则互有冲突的情况下,原则要想在个案中优先适用,必须证明为何该原则如此重要以至于可以偏离权威机关透过规则所作的决定。[1]

当仲裁立法或仲裁规则赋予仲裁庭按其认为适当的方式进行仲裁程序时,这种赋权实际上仅给予仲裁庭决定程序问题的自由,而并没有赋予仲裁庭自由决定实体法律适用问题的权限。这种授权是相对较为狭义的程序裁量权的授予,旨在为仲裁庭确立推进仲裁程序的权限基础,但程序的具体进行并不能突破正当程序原则的最低限度。

(二)仲裁庭确定准据法的法律适用方法

如上所述,在当事人没有选择准据法或法律选择条款被认定为无效时,国际仲裁条约、国内仲裁立法或国际仲裁规则往往授权仲裁庭确定法律适用问题。实践中,仲裁庭常用的法律

---

[1] 舒国滢、王夏昊、雷磊:《法学方法论》,中国政法大学出版社2018年版,第154~160页。

适用方法主要包括两类：仲裁庭依据某一冲突规范确定准据法；仲裁庭不依据任何冲突规范，直接确定实体法。

在依据冲突规范确定准据法时，仲裁地国家的冲突规范被视为首要选择之一。所谓仲裁地，目前主流观点认为应将其界定为国际商事仲裁法律意义上的所在地，在当事人没有特别约定的情况下，仲裁程序应受该地法律的管辖，并受该地法院的监督以及获取相应的司法支持。可见"仲裁地"是一个法律概念而非地理概念，其重要意义在于其决定了仲裁协议效力的适用法律、仲裁程序的适用法律以及裁决的国籍。[1] 在国际商事仲裁中，仲裁受制于仲裁地法约束是国际私法中"场所支配行为"这一古老法则的直接体现，这一观点被国际法学会通过的《关于私法仲裁的决议》第11条采纳。实践中，适用仲裁地的冲突规范确定准据法，将保证法律适用的统一性、可预见性和稳定性，国际商会仲裁庭曾在多起案例中援用仲裁地国家的冲突规范决定仲裁适用的实体法。

作为例外，部分国际规范也允许仲裁庭按照其认为适当的冲突规范确定准据法。多数学者主张，在当事人未选择法律的情况下，应当赋予仲裁员广泛的自由裁量权，允许仲裁员依据其认为适当的或可以适用的冲突规范确定仲裁实体法。当案件所适用的国际条约或国内仲裁法允许仲裁员如此时，则仲裁员可以在不同国家的国际私法体系、国际条约、国际惯例、仲裁与司法判例等相当大的范围内寻找适当的可适用的冲突规范。[2] 根据《国际商事仲裁示范法》第28条，仲裁庭应按照当事各方选择的适用于争议实体的法律规则作出决定，除非另有表明，指定适用某一

---

[1] 姜秋菊："仲裁地的确定及其法律意义"，载《商法》2019年第2期。
[2] 刘晓红、袁发强主编：《国际商事仲裁》，北京大学出版社2010年版，第112页。

国家的法律或法律制度应认为是直接指该国的实体法而不是其冲突规范；如果当事各方没有选择，则仲裁庭应适用其认为可适用的冲突规范所确定的法律；仲裁庭只有在各方当事人明示授权的情况下，才应当依照公平善意原则或作为友好仲裁员作出决定；在任何情况下，仲裁庭都应当按照合同条款并考虑到适用于该项交易的贸易惯例作出决定。

表1-2：国际商事仲裁中法律适用的一般规则

法律选择方法		具体类型	注意事项
当事人选择实体法		当事人明示的意思自治、默示的意思自治、仲裁庭根据其他合同要素推断当事人的意思自治	部分国家的合同冲突法要求当事人选择的法律须与交易具有合理联系，且不得规避
当事人无明确选择时由仲裁庭确定实体法	仲裁庭依冲突规范确定仲裁实体法	仲裁员本国的冲突规范	依冲突规范确定的准据法的适用不能违背仲裁地法律的强制性规定，且须考虑适用于当事人之间交易的惯例及通常做法
		裁决执行地国家的冲突规范	
		国际私法公约中的冲突规范	
		仲裁员认为适当的冲突规范	
		与争议有密切联系国家的法律	
	仲裁庭直接确定仲裁实体法	不经冲突规范指引而确定可予解决争议的实体法	既可能适用国际法，也可能适用一方当事人的国内法或交易行为地的法律

实践中，仲裁庭可能适用于国际商事合同的冲突规范包括仲裁员本国的冲突规范、最密切联系原则、国际公约中针对合同确立的冲突规范、其他国际通行的冲突规范等。尽管各类冲突规范可能互有差异，但作为通行规则，合同订立地法、合同谈判地法、合同履行地法、标的物所在地法，以及当事人的住

所、居所、国籍、公司成立地及营业地法等，都在不同国家的法律实践中有所运用。[1]随着美国冲突法革命的展开，开放性、自治性法律选择方式逐步获得认可，在意思自治原则之外，最密切联系原则被《美国第二次冲突法重述》第188节纳入。[2]特别值得一提的是，在法国的涉外合同准据法确定的国际私法实践中，若当事人一方具有主权国家身份，则以该主权国家的国内法作为案件审理的准据法，这早在1932年的司法实践中就有所阐释。然而，法国的上述立场在后续的案件中有所改变。在法国国家诉卡拉泰奥多里案（Etat Francais c. Caratheodory）的判决中，法国最高法院民事庭指出：如果一个国家与外国国民订立的合同无论根据其性质还是根据其订立方式都属于个人之间订立的私法合同，则对该合同不适用任何特别推定。根据该判决，对国家为一方当事人的合同，也应当依国际私法的一般规则确定其场所，而不应直接适用该国家的法律，只有当合同的其他标志基本对等时，才应适用该国家的法律。[3]事实上，各国有关涉外合同争议的国际私法实践，对国际商事仲裁乃至国际投资仲裁庭解决法律适用问题提供了极具启发性的思路。

（三）仲裁庭直接确定实体法规则

在当事人未作法律选择的场合，传统的方法是依有关冲突规则确定仲裁实体法。但是，依据冲突规范确定实体法存在着一些弊端，如程序上比较复杂、缺乏灵活性和可预见性、可选择的实体法范围相对狭窄等。随着实践的发展，越来越多的仲

---

[1] 李旺主编：《国际私法》，高等教育出版社2015年版，第157页。

[2] 马志强：《国际私法中的最密切联系原则研究》，人民出版社2010年版，第100页。

[3] 王军、陈洪武：《合同冲突法》，对外经济贸易大学出版社2003年版，第130页。

裁规则授权仲裁员直接适用其认为适当的准据法,在此种授权下,仲裁员开始抛开冲突规范直接选择实体法,这种方法的优势在于:法律适用过程相对简易、法律适用结果更具合理性、确定适当实体法规则方法具有多样性。[1]具体而言,在摆脱冲突规范束缚的基础上,仲裁员可以不必固守某一类特定的、僵化的规则体系,而是可以有机会同时采用或分别采用不同理论方法,譬如实体结果比较方法、利益分析方法、特征履行方法、最密切联系方法等。通过运用法律适用的自由裁量权,仲裁庭可以适用的法律包括有关仲裁程序及合同实体问题的国际条约、国际商事惯例、一般法律原则等各类规范,甚至还可能是不具法律拘束力的示范法、民间组织编纂的商人习惯法、标准格式合同等,这样有助于在国际商事仲裁法律适用环节实现更为充分的多维治理,促进国际商事秩序的形成,从而维护国际商事共同体的整体利益。

四、国际商事仲裁法律适用中的强制性规则

国际私法中的强制性规则,亦被学者称为直接适用的法,特指关系到一国的重大公共利益,无须冲突规范的指引而可直接适用于涉外民商事判裁中的实体法。[2]对于这一概念的界定、其与冲突规范的关系及其在涉外民商事案件法律适用中的地位,我国学者早有研究,但现有的研究更多是集中于国内法院的涉外民事诉讼语境下,而较少关注这一概念在国际商事仲裁这一不同场景下的应

---

[1] 刘晓红、袁发强主编:《国际商事仲裁》,北京大学出版社2010年版,第115页。

[2] 刘仁山:"'直接适用的法'在我国的适用——兼评《〈涉外民事关系法律适用法〉解释(一)》第10条",载《法商研究》2013年第3期。

用。[1] 我国《涉外民事关系法律适用法》引入了强制性规定这一制度，但是对其与相邻概念（如公共秩序保留、法律规避、单边冲突规范）的关系却存在争论。有学者主张，强制性规定制度可以与公共秩序保留实现共存，二者虽然均以关涉重大公共利益作为必要条件，但前者具有内国实体法直接适用而排除冲突规范指引的效果，近似于法律适用中的"矛"，后者则是在冲突规范指引的域外法作为准据法可能损及法院地公益时具有排斥该域外法适用的效果，近似于法律适用中的"盾"，后者的援引仅限于危及中国核心法律价值与秩序的情况，前者则无此限制。[2]

在国际商事仲裁领域，内国法院一般在两种场合需要考虑强制性规则与公共政策的适用：其一，在双方当事人存在仲裁协议，一方当事人向法院提起诉讼的场合，法院必须要对仲裁协议的有效性进行审查并作出管辖权决定，为此，法院必须考虑本国仲裁法中的强制性规则，是否否定了争议事项的可仲裁性及当事人订立仲裁协议的行为能力；其二，在内国法院被请求承认与执行外国裁决时，法院必须审查争议是否可提交仲裁、仲裁当事人是否具备行为能力、仲裁程序是否正当并合法、裁决是否违背法院地公共政策等。仲裁的性质实际上是研究仲裁实体问题是否适用强制性规则的理论前提，仲裁员是否具备适用强制性规则的义务与对仲裁的性质认识息息相关。[3] 与内国法院不同，国际仲裁庭不是国家机构，它既非按照仲裁地国内

---

〔1〕 徐冬根："论'直接适用的法'与冲突规范的关系"，载《中国法学》1990年第3期。

〔2〕 肖永平、龙威狄："论中国国际私法中的强制性规范"，载《中国社会科学》2012年第10期。

〔3〕 王立武：《国际私法的强制性规则适用制度研究》，中国人民大学出版社2015年版，第290页。

法所组成，也不必然按照仲裁地的国内法行使职权，国际商事仲裁实属当事人为了解决其争议而作出的契约性安排。[1]对于仲裁性质的争议，主要包括三类观点，即契约论、司法权论、混合论。如前文所言，无论国际商事仲裁，抑或国际投资仲裁，都具备一定的"非内国化"色彩，国际仲裁员不必然忠于任何一个主权国家的国内法，也就无义务适用任何国家的强制性规则，国际仲裁庭也不必像内国法院那样适用法院地法。不过，这绝不意味着，国际仲裁员可以为所欲为、完全忽视有关国家法律体系中的强制性规则，也并不意味着强制性规则在国际商事仲裁中毫无适用的余地。实际上，仲裁员虽然没有义务必须适用仲裁地的国内法，但是其有义务尊重并实现仲裁当事人的合理期待，为了防止裁决作出后被法院撤销或拒绝执行，仲裁员应考虑仲裁地法中的强制性规则对正当程序的最低限制。实际上，各国仲裁立法中的适用范围条款、仲裁规则中的法律适用条款、仲裁地法院监督及干预仲裁的实践大多通过法律的途径为仲裁员确立了遵守强制性规则的法律适用义务，这些强制性规则涵盖了争议事项可仲裁性、当事人的仲裁行为能力、仲裁协议有效性、仲裁员独立性与公正性，以及仲裁裁决撤销、仲裁裁决承认与执行的各类规定。[2]值得追问的是，如果仲裁当事人选择了非仲裁地国家的法律作为仲裁程序法，该程序法所规定的强制性规则与仲裁地的强制性规则互有抵触时，应以何者优先？如果仲裁地的强制性规则不能优先适用，则仲裁庭

---

[1] 肖永平、朱克鹏："论强制性规则与公共政策对国际商事仲裁的影响"，载《国际贸易问题》1997年第9期。

[2] 张圣翠：《国际商事仲裁强行规则研究》，北京大学出版社2007年版，第52页。

所作出的裁决的效力堪忧；如果当事人所选择的程序法中的强制性规则不能适用，则仲裁当事人意思自治原则将被架空。有学者认为，是否允许当事人意思自治、是否允许仲裁庭适用当事人所选择的程序规则，归根结底仍然受到仲裁地的制约，仲裁地的强制性规则具有根本性和不可突破性，裁决一旦违背仲裁地的强制性规则，将面临被撤销的风险，而根据《纽约公约》的规定，裁决如果被仲裁裁决作出地的国内法院撤销，原则上无法在其他国家得到承认与执行，这便使当事人选择仲裁解决争议的基本期望落空，而违反当事人所选择的程序法中的强制性规定，并不会对裁决的有效性及拘束力产生实质性的损害。[1]围绕着当事人选择仲裁的合理期望与选择域外程序法的意思自治权之间的冲突与协调，上述论述似乎颇为合理，但是在国际投资仲裁的法律适用中，是否仍然遵循类似的逻辑判断，则需进一步深思。

第三节 国际投资仲裁法律适用的特殊规则

一、国际投资仲裁法律适用问题微观解构

通常认为，法律适用是个宏大的命题，解决法律适用问题是国际投资仲裁程序进行中的一个重要环节，准确地确定、解释并适用仲裁的准据法，不仅关系到程序正义，更影响实体正义的实现。然而国际投资仲裁是以实践为基础所构建的法律学科，任何宏大的命题都离不开微观的叙事。若从微观层面审视，国际投资仲裁中的法律适用问题主要包括三个维度：其一，国

---

[1] 谢新胜：《国际商事仲裁程序法的适用》，中国检察出版社2009年版，第177页。

际投资仲裁协议的法律适用,其要解决的问题是争端当事方之间是否达成了有效的仲裁合意、仲裁庭是否具有合法的管辖权,判断仲裁协议的法律适用,即确定究竟适用哪一国际条约或国内规则来认定仲裁协议的有效性,以及根据有关投资条约的争端解决条款确定可仲裁事项的宽窄界限,还包括保护伞条款、岔路口条款等对投资仲裁管辖权的影响等问题;其二,国际投资仲裁程序的法律适用,即根据某项国际法或国内法对仲裁程序之进行予以规范,具体涵盖仲裁庭如何组成、已组成的仲裁庭应遵守何种程序规则推进案件审理、证据如何运用、事实如何查明、裁决如何作出等;其三,国际投资仲裁实体法的适用,即遵照何种法律规则确定争端当事双方的实体权利义务关系,例如适用哪项投资条约来确定受保护的投资者及投资的范围、外资保护的待遇标准、征收事实与补偿责任的认定标准等。

事实上,国际商事仲裁、国家间仲裁也需要解决法律适用问题,但前者更多地受制于国内法体系的约束,后者更多地取决于国际法规范的适用,而在国际投资仲裁中,法律适用的混合性与"非内国化"特征为国际法与国内法的博弈提供了绝佳的"战场"。有学者通过观察大量的 ICSID 仲裁庭实践,发现 ICSID 仲裁庭在准据法的认定问题上普遍存在着自由裁量权扩张、对东道国法的不信任及裁决缺乏一致性等现象。[1] 从法律适用角度考察,国际投资仲裁中造成上述困惑的成因是多方面的,但总体可以简化为两个角度:其一,国际公约及仲裁规则对仲裁庭适用法律的指引不够清晰,《华盛顿公约》第 42 条第 1

---

[1] 周园:《ICSID 仲裁中的准据法问题研究》,武汉大学 2015 年博士学位论文,第 182 页。

款在国际法与国内法规则中间采用的连接词"and"具有多重解释可能性,条文措辞中对两类法律体系的适用顺序不明,为仲裁庭作出不同解读留下隐患,而仲裁庭对该条款中权力划界的漠视,则导致仲裁庭不断扩张其自由裁量权;其二,现有机制对于国际投资仲裁庭的法律适用错误没有构建起切实有力的监督与制约机制,众所周知,ICSID 仲裁中唯一的救济制度是裁决撤销制度,但撤销的法定理由中没有明确区分未适用准据法和错误适用准据法、未陈述理由和未充分陈述理由这两组重要概念,以至于难以判定仲裁庭的法律适用错误是否构成明显越权和裁决未陈述其所依据的理由。[1]

表1-3:国际投资仲裁规则中关于仲裁庭法律适用的主要规定

仲裁规范	法律适用条款
1965 年《华盛顿公约》	第42条:①仲裁庭应依据当事人双方协议的法律规则处断争议。如无此种协议,仲裁庭应适用作为争端当事国的缔约国的法律(包括它的法律冲突规范)以及可适用的国际法规范。②仲裁庭不得借口法律无明文规定或含义不清而拒绝作出裁决。③前两款的规定不得损害仲裁庭在双方同意时依据公允及善良原则裁断争议的权力。
2006 年《ICSID 附加便利规则》	第54条:①仲裁庭应适用当事人选择适用于争端实体的法律规则。在当事人没有此种指定时,仲裁庭应当适用 a. 根据其认为适当的冲突法规范指定的法律,以及 b. 仲裁庭认为可适用的此类国际法规则。②如果当事人已经明示授权且仲裁所适用的法律允许如此,则仲裁庭可以依据公允及善良原则裁判。

---

[1] 周园:《ICSID 仲裁中的准据法问题研究》,武汉大学2015年博士学位论文,第124页。

续表

仲裁规范	法律适用条款
2017 年版《SIAC 投资仲裁规则》	第28条：①仲裁庭应适用各方当事人指定的适用于争议实体的法律规则。在当事人不存在此种指定时，仲裁庭应适用其认为适当的法律或法律规则，包括任何国家的任何相关的国内法、任何相关的国际条约、国际习惯及一般法律原则。②只有在各方当事人明确授权时，仲裁庭才能以友好公断人身份或适用公允及善良原则裁判。
2017 年版《CIETAC 国际投资争端仲裁规则》	第46条：①当事人对案件实体应予适用的法律或法律规则作出约定的，从其约定。当事人没有约定或其约定与法律强制性规定相抵触的，由仲裁庭决定案件实体应予适用的法律或法律规则，包括有关国家的国内法、可适用的国际法律规则和商业惯例。②除非当事人明确授权，仲裁庭不得依据公允及善良原则作出裁决。
2019 年版《BAC 国际投资仲裁规则》	第40条：①当事人对于仲裁案件的实体问题所应适用的法律或法律规则作出约定的，仲裁庭应从其约定。当事人未作约定的，仲裁庭可以适用其认为合适的法律或法律规则。仲裁庭在确定适用法律规则时，应考虑案件的相关情形，包括但不限于当事人国籍、争议措施的性质、所指控的违反等。②除非当事人明确授权，仲裁庭不得担当友好调解人或依据公允及善良的原则作出裁决。
2018 年版《ICSID 附加便利规则》（修改草案）	第68条：①仲裁庭应适用当事人选择适用于争端实体的法律。在当事人没有此种指定时，仲裁庭应当适用：a. 其认为可适用的法律；b. 其认为可适用的国际法规则。②如果当事人已经明示授权且仲裁所适用的法律允许如此，则仲裁庭可以依据公允及善良原则裁判。

二、国际投资仲裁中法律适用错误的独特救济机制

相比于诉讼,仲裁能够跻身于国际投资争端解决机制的优势之一体现为"一裁终局"原则,即仲裁庭的裁决一经作出即具有法律效力。"一裁终局"原则是仲裁追求高效率的集中体现,也因而赋予了仲裁在多元化纠纷解决体系中的独特地位。[1]不过,"一裁终局"并不能当然表明仲裁庭所作出的结果必定公正无误,如果仲裁庭在裁决过程中存在程序上、事实上或法律上的错误,将导致裁决结果缺失公正性,如果不能为当事人提供有效的裁决救济机制,将使仲裁公信力面临合法性冲击。

在国际商事仲裁中,仲裁地及仲裁裁决承认与执行地的国内法院可以借助于司法监督与司法审查机制对裁决中的错误予以纠正,对符合法定条件的错误裁决予以撤销或不予执行,以此对受到错误裁决不利影响的当事人提供救济。国际商事仲裁中的这一司法审查方法同样适用于国际投资仲裁中的非 ICSID 仲裁程序,对于非 ICSID 投资仲裁中存在的错误,当事人可以向仲裁地法院或裁决承认与执行地的法院寻求救济。不过,各国国内的民事诉讼立法及仲裁立法通常存在不同程度的差别,多数国家的立法对撤销的法定要件及不予执行的法定要件通常作严格的限缩规定,仅允许法院对仲裁中的程序性错误进行审查,如当事人无行为能力、仲裁协议无效或不存在、仲裁庭之组成方法违反当事人约定或仲裁规则、仲裁庭无权或越权仲裁、

---

〔1〕 刘晓红主编:《仲裁"一裁终局"制度之困境及本位回归》,法律出版社 2016 年版,第 31 页。

仲裁违反正当程序原则等。[1]相比之下，只有少数国家的立法规定将事实认定错误和法律适用错误等实体事项作为撤销裁决或不予执行裁决的法定事由，这些国家的法院有权据此对仲裁庭的法律适用错误予以审查，其中，英国和美国最为典型。

英国作为强调司法权绝对至上的国家，曾经长期坚持的观点是当事人对仲裁裁决的任何不满均可上诉至法院，即法院不仅可以审查仲裁程序是否正当，而且应对仲裁庭的事实认定和法律适用进行司法监督。英国《1979年仲裁法》第1条第2款对此作出了规定，这种双重审查制在英国《1996年仲裁法》中仍然保留，但作了根本性的改变。根据英国《1996年仲裁法》第69条，当事人如欲就仲裁裁决的法律问题上诉至法院，必须得到其他当事人的同意或者取得法院的许可，且仲裁协议的当事人有权事先排除对法律问题进行上诉的权利。[2]这种变化，使英国的仲裁实现了充分的自治发展，立法对法院的仲裁监督职能进行了适当的合理限制，在英国进行的非ICSID投资仲裁在法律适用问题上具有更充分的自主性，当事人意思自治原则在确定仲裁准据法方面具有支配地位。那么，在当事人未选择准据法时，仲裁庭应依据什么原则对案件的实体事项进行法律适用？对此，国际知名仲裁员F. A. 曼恩先生曾指出：正像法官必须适用法院地的国际私法那样，仲裁员也必须适用仲裁地的国际私法，任何其他裁决方式都将导致仲裁庭无视法律的结论。在英国进行的国际仲裁中，仲裁庭常常将当事人对仲裁地的选

---

〔1〕 杜新丽主编：《国际民事诉讼与商事仲裁》，中国政法大学出版社2009年版，第271页。

〔2〕 王荣国："论《纽约公约》下英国仲裁就法律问题上诉裁定的认定与解读"，载《北京仲裁》2015年第1期。

择解释为默示选择了仲裁地法,从而适用仲裁地的冲突规范确定准据法。[1]但是,随着英国法院对仲裁干预的削弱,仲裁庭在仲裁程序中的权力得以拓展,在英国进行的非ICSID国际投资仲裁案件中,仲裁庭有权力自由选择是否适用英国冲突法,但并没有义务像英国法院那样必须适用国内冲突法确定法律适用问题。

在美国法院对仲裁进行司法审查的法律方面,《纽约公约》《美国联邦仲裁法》《巴拿马公约》都没有明确规定允许法院仅仅因为仲裁庭的事实认定或法律适用错误而拒绝执行仲裁裁决。恰恰相反,美国法院曾经公开宣称:即使仲裁员在事实认定和适用法律方面犯有严重错误,也不能成为拒绝执行裁决的理由;只要仲裁裁决所处理的争议在仲裁协议范围之内,且包含了仲裁员在经过公正和充分审理后所得出的诚实的决定,那么法院就不会因为法律或事实错误而撤销裁决。[2]可见,就一般立场而言,美国法院在法律和事实问题上对仲裁员的决定给予了高度的尊重。然而,实践中,却没有法官愿意执行他们确信显然错误的仲裁裁决,于是,美国法院在司法实践中通过对《美国联邦仲裁法》第10条进行阐释,发展出了一项拒绝确认显然错误的仲裁裁决的普通法事由,即仲裁庭显然漠视法律(manifest disregard of law)。[3]作为美国国际商事仲裁实践中发展出来的一项撤销裁决的非成文法事由,显然漠视法律的适用必须达到以

---

〔1〕 罗楚湘:《英国仲裁法研究》,武汉大学出版社2012年版,第179页。

〔2〕 丁颖:《美国商事仲裁制度研究——以仲裁协议和仲裁裁决为中心》,武汉大学出版社2007年版,第278页。

〔3〕 在Wilko v. Swan案中,美国最高法院在附带意见中指出:"在未作限制的仲裁协议下……仲裁员对法律的解释,不同于对法律的显然漠视,不会因解释错误而受到联邦法院的司法审查。"

下要求：①被漠视的法律是明确的、可以清楚适用于案件的；②实际适用的法律是错误的，并且这种法律适用的错误导致了错误的仲裁裁决；③仲裁员明知被漠视的法律而故意不予适用或无视之。[1]这种较高的证明门槛，致使实践中以法律适用错误为由撤销裁决的案件并不多见。

对于 ICSID 投资仲裁，因为其并不隶属于任何一国的国内法律体系，因此任何国家的国内法院均不能对裁决的错误予以直接审查，只能求诸 ICSID 内部的救济机制。对 ICSID 仲裁裁决的异议与审查，《华盛顿公约》仅规定了三类途径：其一，该公约第 52 条确立了仲裁裁决撤销制度及五类法定的撤销事由，即仲裁庭组成不当、明显越权、仲裁员受贿、背离基本程序规则、未陈述裁决理由；其二，该公约第 49 条规定了针对漏判事项进行补充以及针对技术性错误进行更正的程序；其三，该公约第 51 条设置了为应对裁决作出后新情况的出现而予以修改的制度。那么，仲裁庭法律适用错误是否属于可救济的事由？在《华盛顿公约》起草过程中，代表们曾经就法律适用错误是否涵盖在"仲裁庭明显越权"项下而适用撤销程序进行过针锋相对的激烈辩论。对此，中国代表主张，既然当事人有权就法律适用达成合意，如果仲裁庭未适用当事人所选定的准据法，就导致当事人的选法目的落空了，因此"仲裁庭越权"应修改为"包括未适用可适用的法律在内的仲裁庭越权"；菲律宾代表则另辟蹊径，主张中国代表所设定的问题可以通过"裁决未陈述所依据的理由"进行解决；印度代表建议，公约草案中应将"法律适用明显错误"确立为独立的撤销法定事由，该主张得到伊朗代

---

[1] 刘晓红、袁发强主编：《国际商事仲裁法案例教程》，北京大学出版社2018 年版，第 237 页。

表的支持,但却在表决程序中被否决。最终,起草委员会主席 Aron Broches 总结,如有必要在公约框架内解决准据法适用错误问题,应通过裁决的撤销机制而非修改机制,如果仲裁庭未适用当事人所选定的法律或适用错误,则应当允许当事人以仲裁庭"违反仲裁协议"为由主张"明显越权"情势的出现。

根据《华盛顿公约》第52条第1款,任何一方当事人在裁决作出后的一定期限(120日)内,可以根据以下一项或数项理由,向秘书长提出撤销仲裁裁决的书面申请:仲裁庭组成不当、仲裁庭明显越权、仲裁庭成员有受贿行为、仲裁程序存在严重违反规则的情形、裁决未说明所依据的理由。ICSID 行政理事会主席在接到撤销裁决的请求后,须立即从仲裁员名单中任命3人组成专门委员会,负责审查此项申请,并作出是否撤销裁决的决定。裁决被撤销后,经任何一方请求,应将争端提交依据《华盛顿公约》所重新组建的仲裁庭重审。在部分仲裁庭看来,就"仲裁庭越权"这一撤销事由本身的解释而言,应当将凡仲裁庭背离当事人的仲裁协议者皆定性为越权。正如 Vivendi 案的专门委员会所称:ICSID 仲裁庭不仅会因为行使其不具有的管辖权而构成越权,也可能因为怠于行使既有的管辖权而构成越权。从广义的"越权"加以理解与适用,仲裁庭不按当事人的约定适用法律当属越权无误,但如果仲裁庭适用了应当适用的法律,但因为理解偏差导致法律适用错误,是否仍然落入可撤销的事由,则尚未见定论。在国际海运代理公司案中,仲裁庭本应适用几内亚法律《统一法国民法典》,但却错误适用了《法国民法典》第1134条,该案撤销程序中的专门委员会主张:由于几内亚《统一法国民法典》第1134条与《法国民法典》第1134条的条目与规定完全相符,因此仲裁庭并不属于越权行为,更不构成明显越权。

总之,与传统的国际商事仲裁相比,尽管投资仲裁的撤销事由中同样有"仲裁庭明显越权"的规定,但二者的内涵与外延相去甚远,尤其体现在将法律适用错误纳入仲裁庭越权的基本内容,在一定程度上为实体审查留了开口,成为确保ICSID裁决公正性的最后一道防线。

三、国际投资仲裁中的禁止拒绝裁判原则

事实上,之所以国际投资仲裁庭要千方百计地确定准据法并裁判争议案件,是因为禁止拒绝裁判这一基本原则在投资仲裁中的反映。根据《华盛顿公约》第42条第2款,仲裁庭不得借口法无明文规定或规定含糊而裁定不予处断。这一原则在学理上被称为禁止拒绝裁判原则,其雏形源于《法国民法典》第4条。[1] 从法学方法论的角度分析,无论仲裁抑或诉讼,裁判者应在查清事实且准确适用法律的基础上定纷止争。但就作为司法三段论大前提的法律规范而言,或由于立法者之疏忽、未预见,或由于情况变更,致某一本应规范之事项未设规定时(即违反计划的不圆满性),裁判者应探求规范目的,采取目的性限缩或扩张、类推适用、创造性补充等手段就此漏洞加以补充,而不应以法律无规定而拒绝裁判,致当事人"投诉无门"。[2] 从准据法消极冲突的角度也可以解释一二:某一先例法宣告了R规则,该规则可明确调整X问题,现裁判者面临一个争点为Y

---

[1] 1804年《法国民法典》第4条:"审判员借口没有法律或法律不明确不完备而拒绝受理者,得依拒绝审判罪追诉之。"参见李浩培等译:《拿破仑法典》,商务印书馆1979年版,第1页。

[2] 杨仁寿:《法学方法论》,中国政法大学出版社2013年版,第191页。

的案件,但 Y 问题显然不在 R 规则的效力范围之内。由于 X 问题与 Y 问题并不完全一致,因而从形式逻辑上看,区别处理可能更符合要求。然而裁判者认定,对这两类问题的区别处理将造成司法推理的不一致,因为可适用的社会命题和深度规则都不足以证明区别处理两类案件具有正当性,因此裁判者会通过将其一般化而重新阐释这项已宣告的规则,以此解决手头的案件。[1] 作为解决国际投资争端的重要方式,在投资仲裁中引入禁止拒绝裁判原则,有助于推进争议的顺利解决,不至于因相关法律的缺位而阻却实质性裁决的作出。

《华盛顿公约》第 42 条引入禁止拒绝裁判原则,是立法者基于外国投资者与东道国政府间投资争端特殊性的现实考量,也是在意识到相关国际法与国内法规则在处理这方面争议时具有局限性的基础上所作出的现实安排,不失为明智的法律规定。正因如此,该条款在《华盛顿公约》起草时几乎没有引起各方的争论,未遭到任何反对即订入了该公约的最终文本中。根据《华盛顿公约》第 48 条第 3 款,仲裁裁决中应处理当事人提交至仲裁庭的每一个问题,并说明裁决所依据的理由,只有依据该公约第 42 条第 3 款进行友好仲裁时才可以依据非法律标准作出裁决。据此,ICSID 仲裁庭适用特定法律作出裁决(即依法仲裁)是争端解决的常态,而在争端当事方共同同意的基础上适用公允及善良原则作出裁决(即友好仲裁)则属于例外形态。当案件所适用的准据法对争端所涉的具体问题没有规定或规定不明确时,该公约第 42 条第 2 款的存在可解释为允许仲裁庭适用一般法律原则,即从各国国内法体系和国际法体系中抽离出

---

[1] 葛洪义:《法律方法讲义》,中国人民大学出版社 2009 年版,第 168 页。

适当的一般原则而予以适用。这也使得 ICSID 仲裁庭有机会在广义的国际法范围内发展出适宜调整国际投资关系的法律原则，这类法律原则不仅可以供 ICSID 投资仲裁庭适用，还可以在非 ICSID 投资仲裁庭处理类似的国际投资争端时作为参考。

四、友好仲裁在国际投资争端解决中的运用

作为依法仲裁的对立概念，友好仲裁在国际商事争议解决中具有悠久的历史，其内在的合理元素也被国际投资仲裁所借鉴。根据《华盛顿公约》第 42 条第 3 款，无论是在有法可依、无法可依或法律规定不明确的情形下，当事人均可授权仲裁庭本着公允及善良原则进行裁决。究其核心，友好仲裁意味着仲裁庭可以抛开某些特定的法律规则，而在公正、善意与合理等非法律规则的基础上作出有约束力的裁判。《华盛顿公约》虽然授权仲裁庭进行友好仲裁，但必须征得双方当事人的同意，否则会构成仲裁庭越权而使仲裁裁决面临被撤销的风险。同时，友好仲裁不等于随意仲裁或仲裁员个人的主观评价，而是必须基于公允及善良原则，且尊重基本的法律原则，即仲裁庭可以不依据任何具体的法律条款，但必须根据公允及善良原则进行裁决。

国际争议解决中的公允及善良原则由来已久，在许多的国际公约、国际条约、国内仲裁立法以及国际常设仲裁机构的规则中均可发现友好仲裁的类似表述。公允善良原则的特征在于，为了公平和正义的需要，仲裁庭可以置法律的规定于不顾，作出不同于严格依法的裁判结论。仲裁庭进行友好仲裁并不意味着可以任意专断行事，如果要超出所适用的法律范围之外行事，必须基于公平和正义的客观考虑出发。[1]对于国际投资仲裁庭而言，友好仲裁赋予仲裁庭较为宽泛的权限，使仲裁庭可以摆脱所适用的法律进行裁决，类似于西班牙法律中的友好调停人（amiagables composedores）和法国法上的友好公断人（amiables compositeur）的权限。具体而言，这种权限使仲裁庭可以基于公平交易和诚实信用的考虑，独立于法律之外，甚至与法律背道而驰，但按照公允及善良原则仲裁并不是强迫仲裁庭这样做，而是允许仲裁庭这样做，仲裁庭甚至可以要求当事人放弃依据法律的权利。但是，这种考虑大多是出自仲裁员个人主观的评价，当达到不能利用合理依据来解释他的结论时，仲裁庭便难以自圆其说。[2]

在国际投资仲裁实践中，已有适用友好仲裁的具体事例。例如，在 Benenuti and Bofant 诉刚果案中，仲裁庭在当事人存在明示同意的基础上依公允及善良原则作出裁决，并阐明此类同意可以在仲裁程序进行过程中达成。[3]仲裁实践中，多数国家仲裁立法为友好仲裁的适用确立了两项前置要件：一是须经当事人授权，二是不违反仲裁地法的规定，盖因公允善良原则的模糊性与抽象性，与法律程序所要求的明确性与稳定性存在一定偏差，非经当事人自愿让渡不宜直接适用。[4]在非 ICSID 投资仲裁实践中，也存在对友好仲裁合法性的确认，但要求必须经

---

[1] 黄进主编：《国际商事争议解决机制研究》，武汉大学出版社2010年版，第445页。

[2] 姚梅镇：《国际投资法》，武汉大学出版社2011年版，第410页。

[3] Benvenuti and Bonfant v. Congo, Case No. ARB/77/2, Award of 15 August 1980, at para. 342.

[4] 乔慧娟：《私人与国家间投资争端仲裁的法律适用问题研究》，法律出版社2014年版，第176页。

过双方当事人的同意。例如,《UNCITRAL 仲裁规则》第 33 条第 2 款、《德国仲裁法》第 1051 条第 3 款、《意大利仲裁协会国际仲裁规则》第 22 条第 2 款、《比利时仲裁协会仲裁规则》第 24 条第 3 款、《北京仲裁委员会仲裁规则》第 69 条第 3 款等均规定,只有在当事人作出专门授权时,仲裁员方可以友好仲裁的方式行使仲裁权,否则仍应依法仲裁。[1]

本章小结

国际投资仲裁在和平解决外国投资者与东道国政府间争端的各类方法中独占头筹,这与其自身的独特性紧密相联。与传统的外交保护、用尽当地救济等方式不同,国际投资仲裁具有较强的法律色彩,淡化政治色彩。与国际商事仲裁不同,国际投资仲裁因为有主权国家的参与而具有混合属性和"非当地化"的特征。在国际投资仲裁的体系内,ICSID 仲裁是最为专门化的选项,但 ICSID 之外也有大量的国际投资仲裁机构、国际投资仲裁规则及临时仲裁可供投资者选择。在运用国际投资仲裁方法解决争端时,仲裁管辖权、法律适用、裁决的承认与执行是最为主要的几项核心议题。其中,国际投资仲裁的法律适用具有较为鲜明的特殊意义,其脱胎于国际商事仲裁法律适用的一般规则,但是又具有独特性。在国际商事仲裁的法律适用中,当事人意思自治原则、仲裁庭自由裁量权、仲裁地法等具有重要影响,在当事人意思自治缺位时,国际私法上的冲突规范发挥了指引准据法的引导性功能,而且仲裁庭适用有关法律所得

---

[1] 林一飞:"中国公司约定境外仲裁若干法律问题",载《北京仲裁》2014 年第 3 期。

出的裁判结果，不得逾越强制性规定的界限。在国际投资仲裁的法律适用中，《华盛顿公约》《ICSID 仲裁规则》等提供了一般的解决方案，但是因措辞模糊而遗留了较多的待决问题有待仲裁庭在实践中给出回应。值得一提的是，当仲裁庭在处理法律适用问题的过程中出现错误时，《华盛顿公约》体系下的 ICSID 仲裁程序为此设置了独特的救济机制。由于国际投资争端解决过程中不允许仲裁庭以法无明文规定为由拒绝裁判，因此仲裁庭在长期的案件审理实践中发展出了友好仲裁机制，这为我国《仲裁法》实现国际化提供了有益的借鉴元素。

第二章
国际投资仲裁法律适用的方法

任何一项国际投资仲裁程序，无非涵盖三个关键环节：仲裁庭的管辖权、仲裁中的法律适用、仲裁裁决的承认与执行。其中，对法律适用问题的分析又可具体细分为两个阶段，即法律选择与法律解释，前者系关于仲裁庭适用何种法律规则对案件所涉的各类争议进行裁判的问题，是裁判者寻找及确定准据法的过程，后者是在已经确定并查明准据法的前提下对准据法进行解释从而适用于具体个案事实的过程，意即法律适用的"涵摄"过程。法律选择、法律查明、法律解释相互联结，在逻辑上存在先后一致的内在规律，构成国际投资仲裁法律适用的核心环节。若对投资仲裁中的法律适用作进一步分析，还应注意区别处理实体争议的法律适用与处理程序争议的法律适用，前者旨在确定支配和调整双方当事人实体权利义务关系的法律，后者则旨在寻找相关程序法律规则，以确定仲裁案件审理中所涉的具体程序事项（如管辖权、证据规则、仲裁时效、第三方参与等）。[1]基于论述结构的安排，本章的讨论着眼于国际投资

---

[1] Yas Banifatemi, "The Law Applicable in Investment Treaty Arbitration", in Katia Yannaca-Small, ed., *Arbitration Under International Investment Agreements: A Guide to the Key Issues*, Oxford University Press, 2010, p. 192.

仲裁中实体争议的法律适用,特此说明。

在国际投资仲裁实践中,准确判定法律适用的方法,不仅直接决定着仲裁庭审理程序及实体问题的准据法,而且决定了仲裁庭适用哪一条约确立管辖权、仲裁裁决根据哪一法律规则申请承认与执行,这些都属于广义上的法律适用问题。综观国际仲裁机构及其仲裁规则,理论与实务界关于法律适用的问题形成了不同的学说、设置了不同的标准,争论甚多。[1]鉴于此,《华盛顿公约》第42条确立了统一的法律适用规范,作为ICSID仲裁庭选择法律的准绳。[2]根据该条第1款,仲裁庭应依照双方可能同意的法律规则裁判争端,如无此种协议,仲裁庭应适用作为争端一方的缔约国的法律(包括其关于冲突法的规则)以及可能适用的国际法规则。根据该条第2款,仲裁庭不得以法律没有规定或含义不清为由拒绝处断案件。该条第3款则规定,前述两款不得损害仲裁庭在双方同意时依公允及善良原则(ex aequo et bono)裁断案件之权。总体来看,国际投资仲裁庭所适用的法律包括:其一,当事双方选择适用的法律;其二,争端当事国的国内法;其三,可能适用的国际法规则;其四,公允及善良原则。本章将对这四个方面的法律渊源逐一展开阐述。

第一节 当事人意思自治原则

一、依当事人合意确定准据法的理论溯源

《华盛顿公约》第42条第1款明确承认了根据当事人意思

---

[1] 参见袁雪:《法律选择理论研究》,哈尔滨工业大学出版社2012年版,第1~10页。

[2] 姚梅镇:《国际投资法》,武汉大学出版社2011年版,第399页。

自治原则确立准据法的优先地位，这可以被理解为投资仲裁法律适用中的主观主义。就学术溯源来看，国际投资仲裁中的当事人意思自治原则，发轫于合同法中的契约自由原则。从广义理解，契约自由原则不仅包括缔约自由（是否缔约）、选择相对人的自由（与谁缔约）、确定合同内容的自由（作出什么约定）、订立合同方式的自由（如何缔约），还包括选择国际合同准据法的自由。[1]在国际投资仲裁中，争端当事方不仅可以合意选择仲裁机构、仲裁地、仲裁程序事项，还可以通过意思自治对仲裁庭的法律适用作出约定。如果合同当事方事先约定其投资争端所适用的法律，可大大增强投资关系各方当事人的信心，因为一旦确定了准据法，无论将来发生的争端是在哪个法院或哪个仲裁庭审理，各方均可预见到裁判机构所应遵循的原则和规定。

就历史发端来看，选择准据法的自由根源于西方国家，最初体现为16世纪的法国国际私法学者杜摩兰（Dumoulin）所阐述的法则区别说，他曾极力倡导扩大"人法"的范围，并主张当事人具有选择法律的权利，在合同实体问题领域，当事人的意志具有最高的权力。[2]作为契约自由原理的直接体现，法律适用中的主观主义符合促进经济发展的基本目标。根据西方法学家的主张，虽然每个国家都有权对其领土内的商业活动或涉及其国民的商业活动加以规范，但这并不意味着东道国国内法可以无所例外地适用于所有跨国投资法律关系。给予当事各方选择法律的自由，从长远来看有助于促进经济的活跃，使有能力和

---

[1] 韩世远：《合同法总论》，法律出版社2018年版，第45页。
[2] 方杰：《国际私法学说史》，中国法制出版社2017年版，第71页。

可自由缔结投资合同的当事人被赋予相当大的契约自由。[1]

不过,争端当事方选择法律的自由并非毫无限制,许多国家的法律、判例或学者著述均主张其所选择的准据法应当与争端当事方及合同具有自然联系。[2]构成自然联系的因素包括合同谈判地或订立地、争端当事双方的住所地、合同义务履行地等。此种规定的目的在于避免争端当事方滥用选择法律的自由,规避某些法律的强制性或禁止性规定。

二、当事人意思自治原则的适用限制

(一) 选择法律的方式

在 ICSID 投资仲裁中,当事人选择法律的方式包括明示与默示两类。所谓明示的法律选择,即当事人在签署投资协议时订立准据法条款,或者在仲裁程序开始后的适当时间就准据法达成协议。而关于投资仲裁的当事人能否默示选择准据法,理论与实践中存在争论。ICSID 首任秘书长布罗什(Broches)认为:《华盛顿公约》第 42 条第 1 款的法语文本中关于法律选择的相应措辞为"仲裁庭应根据当事人双方采用(adopt)的法律规则处断争议……","采用"一词足以表明当事人选择法律的方式必须是明示的、确定的、积极的。[3]然而,布罗什的继任者即第二任 ICSID 秘书长希哈塔(Shihata)则认为:如果坚持当事人选择法律的约定必须明示,可能导致仲裁庭轻易地无视

---

[1] 王贵国:《国际投资法》,法律出版社 2008 年版,第 413 页。

[2] 例如,《美国统一商法典》第一章第 105 条规定:有关货物买卖合同,当事人可以任意选择其他州或国家的法律,但这些国家或州的法律必须与合同有合理的联系。

[3] Aron Broches, *Selected Essays: World Bank, ICSID and Other Subjects of Public and Private International Law*, Martinus Nijhoff Publishers, 1995, p. 227.

当事人的真实意愿，因此仲裁庭应受到默示协议的约束，对默示选法意愿的推定必须基于当事方之间关系的具体事实和情形，即根据默示协议推定的准据法应满足合理确定性的要求，而不宜任意推断。[1]有观点主张，争端当事方协议约定将某争议提交至某仲裁地审理，这一事实意味着双方愿意接受该地法律的约束，此即所谓的默示法律选择，是从缔约各方的行为及合约本身的规定来推断当事各方关于选择法律的意愿。[2]在默示法律选择理论的基础上，派生出了合同准据法的重力中心说（center of gravity），按照该理论，假如缔约各方未曾明示选择契约的准据法，则对该契约的解释应参照与该合约具有排他性密切联系的法律，而与排他性密切相关的因素包括争端各方所在地、契约谈判和签订地及契约履行地等。重力中心说已经被法国、希腊、瑞士、德国、匈牙利以及一些北欧国家采用，英国及一些欧共体国家虽然不强调重力中心说，但法院在审理案件时基本尊重合同重心论的思想。[3]对此，笔者认为，国际投资仲裁庭在确定法律适用问题时，应以当事人明示的法律选择作为首要准则；作为例外，尽管双方当事人并没有达成法律选择的合意，但在仲裁程序中均基于同一法律体系提出仲裁请求与抗辩主张，且对方未提出法律适用异议的，则仲裁庭可以认定双方已经对准据法达成了一致选择，进而适用该准据法裁判案件。

---

[1] Ibrahim F. I. Shihata and Antonio R. Parra, "Applicable Substantive Law in Disputes Between States and Private Foreign Parties: The Case of Arbitration under the *ICSID Convention*", *ICSID Review—Foreign Investment Law Journal*, Vol. 9, 1994, p. 190.

[2] Marta Requejo, "Implied Choice of Law in International Contracts", http://conflictoflaws.net/2012/implied-choice-of-law-in-international-contracts/, last visited on May 11th, 2019.

[3] 王贵国：《国际投资法》，法律出版社2008年版，第415页。

学界通常认为，亚洲农产品公司（Asian Agricultural Products Ltd, AAPL）诉斯里兰卡案是 ICSID 仲裁庭审理的第一起投资者基于 BIT 申请索赔的"无默契仲裁"案件。[1]本案中，香港公司 AAPL 在斯里兰卡境内投资建设养虾场，斯里兰卡安全部队在遏制泰米尔叛乱分子的过程中，摧毁了投资者的养虾场，并杀死了超过 20 名员工。[2]尽管争端当事双方并没有通过明示选择的方式对准据法达成合意，但双方均基于 1980 年英国与斯里兰卡 BIT 对其各自的申辩进行讨论和解释。于是，仲裁庭据此推断双方默示选择以该条约作为处断他们之间争议的准据法，并根据英国与斯里兰卡 BIT 中的最惠国待遇条约对政府方通过"转致"（renvoi）适用国际法上的国家责任规则。[3]根据英国与斯里兰卡 BIT 中的充分保护及安全条款，仲裁庭认为斯里兰卡政府由于未能采取避免杀人和毁坏投资者财产的全部措施，因而违反了其条约义务，应向投资者支付相应的赔偿。[4]不过，这一案件并不表明默示的法律选择必然具有合理性，仲裁庭在根据有关因素推断当事人的选法合意时，需要进行斟酌与判断，尽可能贴近当事人的真实意愿，避免越俎代庖、将自己的意志强加于当事人。

（二）选择法律的对象

传统的国际商事仲裁理论也将当事人意思自治原则作为仲裁庭确定法律适用问题的主要方法，但《华盛顿公约》体系下的

---

〔1〕 杨彩霞、秦泉杨："国际投资争端解决中的无默契仲裁初探"，载《比较法研究》2011 年第 3 期。

〔2〕 Asian Agricultural Products Ltd. v. Republic of Sri Lanka, ICSID Case No. ARB/87/3, Final Award, 27 June 1990.

〔3〕 李万强：《ICSID 仲裁机制研究》，陕西人民出版社 2002 年版，第 103 页。

〔4〕 Houthoff Buruma, "Protecting Chinese Investments in Africa and Elsewhere in the World", http://www.techlaw.org/wp-content/uploads/2010/07/Houthoff-Protecting-Chinese-Investments-in-Africa-and-Elsewhere-in-the-World-2013.pdf, last visited on May 11th, 2019.

ICSID 仲裁对当事人意思自治原则的支持程度更为充分。具体而言，传统的意思自治原则允许当事人就适用于他们之间交易的"法律"作出约定，而《华盛顿公约》第 42 条第 1 款中的措辞是"法律规则"。有学者解释称，"法律规则"这一用语表明，公约并不要求当事人的选择只能限定于作为完整体系出现的国内法或国际法，现行有效的、已经失效的、尚未生效的条约或国内法中的规则、统一法、示范法、仅在特定时间内存续的法律以及国际化条款均可成为选择的对象。[1]也有学者认为，如果当事人选择的规则不能实现自给自足，即所选的规则无法用于裁判投资争端中的所有问题时，将触发《华盛顿公约》第 42 条第 2 款，因此，这种情况下所谓的"法律规则"应仅具有"契约条款"的效力。

在传统国际私法理论述及合同法律适用规则时，意思自治原则的适用通常受到来自各方面的限制，例如当事人所选择的准据法必须与当事人或商事交易存在实质性联系、当事人不得通过意思自治进行法律规避、当事人所选择的准据法的适用不得违背仲裁地的公共秩序或强制性规定等。[2]但在《华盛顿公约》第 42 条中，并没有对当事人选择准据法的权利施加类似的限制。事实上，当事人根据意思自治原则选择的法律如果与交易并不存在实质性联系，反倒更有利于保持准据法的中立性，ICSID 投资仲裁中的意思自治与传统的合同法律适用理论之所以不同，其深层次的原因正在于国际投资仲裁的"非内国化"特

---

〔1〕 Hirsch, *The Arbitration Mechanism of the International Centre for the Settlement of Investment Disputes*, Martinus Nijhoff Publishers, 1993, p. 119.

〔2〕 李凤琴：《国际合同法律适用发展趋势研究——以意思自治原则为中心》，安徽师范大学出版社 2013 年版，第 86 页。

征,仲裁程序本身不隶属于任何国家的属地管辖,且仲裁裁决属于不具有任何单一国家国籍的"浮动裁决",因此当事人在选择法律时并不受到内国强行法和公共秩序的审查。当然,尽管国际投资仲裁中的法律适用具有"非内国化"特征,但这并不意味着其不受任何限制,当事人所选择的法律不能突破国际社会所公认的强行法及国际公共政策的制约,例如习惯国际法中的"国际最低标准"就被视为确定国际强行法规则的圭臬,因此构成对当事人意思自治原则的有效限制。[1]

三、稳定条款对确定投资仲裁准据法的作用

外国投资者在东道国境内的投资项目是否会受到东道国法律变动的影响,被视为海外投资规划中应当重点考量的因素之一。为了防范东道国通过修改法律的方式消除投资者设立外资时的合理预期,投资者往往通过与东道国政府部门订立稳定条款(stabilization clause)的方式来缓和这一问题。

具体而言,法律天然具有滞后性,而这要求立法者随着社会现实的变化而适时修订法律,新旧法律的更替必然产生时际法律冲突的问题,此种冲突既包括新旧实体法的冲突,也包括新旧冲突法的冲突。在当事人选择某国法律作为投资仲裁的准据法时,如果订约后该国的法律进行了修订,就给仲裁庭提出了时际法律适用的难题,即仲裁庭究竟应当适用当事人订约时该国的国内法,抑或争端解决时已经过修订的新法。实践中,如果当事人没有约定稳定条款,则适用时际私法来确定准据法,一般以新法是否具有溯及力作为首要标准,如果新法明确规定

---

[1] 李万强:《ICSID 仲裁机制研究》,陕西人民出版社 2002 年版,第 100 页。

自身没有溯及力,则按照"法不溯及既往"的原则确定应适用的法律。[1]鉴于此,在外资合同中订入稳定条款,将有效解决这一难题。所谓稳定条款,也被称为"冷冻条款",其存在正是为了使投资准入时既存的情势稳定下来,避免因外资管理的变动而产生的非商业风险,尤其是政策、法规、财政方面导致的法律变动。[2]换言之,在争端当事方选择了某国法律作为投资仲裁准据法的情形下,即使该国的法律频频修订,一旦投资合同中订有稳定条款,仲裁庭仍然应当适用缔约时的旧法,而非修订过的新法。从投资者的角度出发,稳定条款被视为风险转移的工具;而从东道国的角度出发,稳定条款则属于吸引外资并为投资者提供良好投资环境的保障方式,当投资者处于相对优势的谈判地位时,东道国更有可能接受将此类条款订入投资合同中。在20世纪60、70年代,受《国家自然资源永久主权宣言》与《国际经济新秩序宣言》的影响,在石油和采矿业的外国投资项目中兴起了资产国有化风潮。而对稳定性条款的讨论,也正是在这种风潮下得到关注,国际投资仲裁庭也针对投资合同中的稳定性条款作出了若干典型的仲裁裁决。20世纪90年代,学界对稳定性条款的研究兴趣逐渐消退,而将注意力集中到数量激增的双边与区域性投资条约的缔结与解释问题上。近年来,因发展中国家与转型国家对外资的政策由限制转向鼓励,在一定程度上使得理论界对稳定性条款的研究又提升到新的层面。

有学者根据投资者目标的实现路径,将稳定性条款区分为

---

〔1〕 杜新丽、宣增益主编:《国际私法》,中国政法大学出版社2017年版,第86页。

〔2〕 M. Sornarajah, *The International Law on Foreign Investment*, Cambridge University Press, 2010, p. 281.

三类：其一，传统的稳定性条款，即东道国承诺不实施国有化或未经对方当事人同意，不单方面修改或终止合同，典型案例如科威特政府诉美国独立石油公司（Aminoil）案，涵盖传统的隐性条款、传统的冻结条款、一致性条款；其二，经济平衡性条款，传统的稳定性条款以约束东道国立法主权进而稳定投资合同签订时的法律制度为核心，而经济平衡性条款则试图通过再协商以恢复因合同的变更而偏离合同签订之初的经济平衡性，协商未果时则给予投资者以赔偿；其三，现代混合稳定性条款，即要求东道国须使外国投资者恢复到法律修订之前的合同地位，而避免排除东道国后续立法权本身，从而糅合了前两类条款各自的优势。[1] 笔者认为，东道国国内法的变动是难以避免的，法律本身始终随着社会的发展而不断变迁，而东道国的立法主权很难受到某一投资者私人行为的抑制。但是，如果在投资条约或法律选择协议中订入稳定条款，无疑将增强投资者对法律适用的预见性，避免因法律的变动而遭受难以克服的损失。相较之下，现代的混合稳定性条款可以使投资者据此要求投资处于法律修订前的保护地位，缓和立法变动所带来的不利后果，应鼓励投资者采用此类条款以应对投资风险。

第二节　东道国国内法在投资仲裁中的适用

一、对国际法与国内法关系的争辩

在《华盛顿公约》的制定过程中，对于双方当事人未选择

---

[1] 单文华主编：《中国对外能源投资的国际法保护——基于实证和区域的制度研究》，清华大学出版社2014年版，第149～159页。

解决投资争端的准据法时的补缺规则，发展中国家主张适用缔约国国内法，尤其是东道国的国内法，其根据是属地优越权、投资者默示同意理论以及最密切联系原则等。[1]而发达国家则针锋相对，坚持应适用传统的国际法。作为双方观点折中的产物，《华盛顿公约》第42条规定，如双方当事人无选择法律的协议，仲裁庭应适用作为争端当事国的缔约国的法律（包括其冲突规范）以及可适用的国际法规范。在此种情况下，若与案件有关的东道国国内法与国际法发生抵触时，应如何处置？有学者称，在国际投资争端解决中，国内法与国际法的关系实际上是国家主权与全球治理相互平衡的集中反映，这一问题的妥当解决涉及国际法与国内法的关系这一基本论题。[2]从国际法理论上审视，国际法与国内法的关系问题主要指的是：两者究竟属于一个法律体系，还是属于两个不同的法律体系？在二者的关系中，何者具有优先的地位和效力？西方学者根据主张的不同形成了一元论的"国内法优先说"和"国际法优先说"，以及二元论的"国际法与国内法平行学说"。[3]很多国家在宪法中对国际法与国内法的关系作出了原则性的规定，但我国在《宪法》和《立法法》等法律法规中并没有彻底解决这一问题，原有的1986年《民法通则》第142条曾对民商事领域的国际条约与国际惯例在中国的适用等级作出规定，但这一规定在2017

---

〔1〕 吕岩峰、何志鹏、孙璐：《国际投资法》，高等教育出版社2005年版，第259页。

〔2〕 沈虹："论国际投资条约及仲裁中的'国内法'问题"，载《中国社会科学院研究生院学报》2011年第4期。

〔3〕 马呈元主编：《国际法》，中国人民大学出版社2015年版，第28页。

年制定的《民法总则》中却付之阙如。[1]这就引发了有关争论,即国际法与国内法之间究竟系何种关系？实践中,部分国际法规范必须经过国内立法程序的"转化"方可在国内得以适用,而部分国际法规范无须经过"转化"而直接被"纳入"为东道国国内法体系的一部分,这要取决于东道国对国际法的定位如何。笔者认为,根据《华盛顿公约》第42条第1款的措辞,在ICSID国际投资仲裁中并不能径直得出国际法与国内法何者优先的结论,二者是相互并行的规则体系,当两类规范均具有可适用性但彼此的规定存有冲突时,在当事人缺乏选法合意的状况下,应由仲裁庭来判定究竟何者应予适用。从支持全球治理体系化与和谐化的角度出发,仲裁庭应当考虑案件所涉的国际法规范,但并不能忽视东道国国内法的适用在支持与实现国家经济主权方面所扮演的重要角色。

国际投资仲裁庭对东道国国内法的适用,可以为实现东道国外资规制权提供合法性抗辩。以ICSID投资仲裁中的征收认定为例,征收原本指的是东道国剥夺或夺取外国投资者的资产,但自20世纪中叶以来,传统上的直接征收逐步被间接征收取代。有学者提出,间接征收特指东道国利用其立法权和监管权制定有关措施,减少投资者合理的预期投资收益,但并不改变投资者的合法所有权或减少他们对投资的控制。[2]随着相关仲裁实践的丰富,国际投资仲裁庭扩大了征收的范围和外延,东道国的国内立法及监管措施都可能构成外国投资者申请仲裁的

---

〔1〕 霍政欣:"论全球治理体系中的国内法院",载《中国法学》2018年第3期。

〔2〕 Jeswald Salacuse, *The Law of Investment Treaties*, Oxford University Press, 2010, p. 297.

对象，仲裁裁决中衍生出"蚕食性征收"（creeping expropriation）、"管制性征收"（regulatory expropriation）等概念，这导致东道国在进行国内立法时不得不慎重考虑，以避免有关立法举措遭遇投资者的国际仲裁索赔。在涉及管制性征收的投资仲裁实践中，仲裁庭审查的对象多是东道国基于特殊管制目的而实施的有关立法措施，这些措施的主要目的在于保证当地的公共安全、秩序、健康、道德、环境、文化等因素，一旦投资者的索赔请求成立，则东道国将不得不取缔此类立法或就此向投资者支付赔偿，这难免在一定程度上引发"监管恐惧"或"寒蝉效应"（chilling effect）。[1]鉴于此，在国际投资仲裁庭处理法律适用问题时，正确定位东道国国内法，将为东道国的监管自由预留合法空间，同时也有益于维护国际投资仲裁中投资者权益与东道国公共利益的平衡。

二、东道国国内法在投资仲裁中的准据法地位

在传统的国际商事仲裁程序中，仲裁庭往往依据仲裁规则的指引解决法律适用问题。《国际商会仲裁院仲裁规则》《联合国国际贸易法委员会仲裁规则》等通行的国际规则均规定，在当事方未就准据法作出选择时，应适用仲裁庭认为适当的法律，而不具体指明何种法律应予适用。相比之下，《华盛顿公约》第42条明白无误地指明应适用东道国国内法及可适用的国际法规则，这比其他规则更为直接地指明了准据法的范畴所在。相比于国际法，东道国的国内法往往与外国投资者的整个投资项目具有更为紧密的关联，无论是外资的准入、设立、运营，抑或

---

[1] 何芳：《国际投资法律体系中的外资管辖权研究》，法律出版社2018年版，第169页。

外资的转让、退出乃至争议解决,都离不开东道国法律的监管与支持,而对东道国国内法准据法地位的认定需要回归对该公约第 42 条的解读。

有学者认为:在对《华盛顿公约》第 42 条第 1 款进行文义解读时,应以法律渊源在条款中出现的先后顺序来界定其在法律适用中的优先地位,据此,第 42 条确定的法律适用先后次序如下:①当事双方选择适用的法律;②缔约国的国内法;③国际法规则。[1] 不过,其他学者对这种理解存在不同认识,根据第 42 条第 1 款第 2 句的语言结构和条文措辞,意思自治原则优先并无歧义,但是,在当事人没有达成准据法选择的协议(不存在当事人意思自治或当事人意思自治无效)时,应由仲裁庭决定适用东道国国内法(包括其冲突法规则)以及可能适用的国际法规则,但是由于东道国国内冲突规范的适用可能指向投资者母国或第三国实体法,因而意思自治缺位时,实际上国内法体系与国际法体系都存在适用的可能性。进一步讲,由于公约原文使用的连词是"and"(及),因此无法从文义本身解读出本国法、外国法、国际法均可适用时相互之间的优先顺序。[2]

从投资仲裁的实践切入,该问题的回答无法单纯从解释《华盛顿公约》第 42 条本身得以自洽,而需要考虑有关缔约国之间的特别法,即 BIT 所作的具体表述。部分 BIT 仅规定包括 BIT 本身在内的国际法为准据法,部分 BIT 则将东道国国内法与

---

[1] 龚柏华、何力、陈力:《"一带一路"投资的国际法》,复旦大学出版社 2018 年版,第 110 页。

[2] Emmanuel Gailliard, Yas Banifatemi, "The Meaning of 'And' in Article 42 (1), Second Sentence, of the Washington Convention: The Role of International Law in the ICSID Choice of Law Process", *ICSID Review-Foreign Investment Law Journal*, Vol. 18, 2003, pp. 375–411.

国际法相结合,即列明东道国国内法、BIT 及其他条约、所有与投资有关的合同、一般国际法均可同时得以适用。对二者的关系,存在三类缔约实践。

第一类实践,主张东道国法律与可适用的国际法存在互补关系。在 Antoine Goetz 诉布隆迪案中,仲裁庭明确提出必须适用布隆迪法律,因为比利时与布隆迪的 BIT 中明确将布隆迪法列为准据法,但同时应当适用国际法。原因在于:一方面,布隆迪法纳入了国际法,因此得以直接适用;另一方面,布隆迪作为缔约国加入了投资保护条约,因而应当受到条约义务的拘束。[1]

第二类实践,主张国际法是对国内法的补充(在国内法未作规定时)和矫正(在国内法与国际法出现全面矛盾时)。ICSID 起草委员会早期的观点是,国际法的适用仅得作为国内法的补充或矫正,并不能替代国内法而成为优先适用的法律。[2] 在 Amco 诉印度尼西亚案的撤销程序中,专门委员会指出:根据《华盛顿公约》第 42 条第 1 款,仅当国内法存在漏洞时,仲裁庭才得以适用国际法以填补该漏洞;若国内法规则与国际法规则发生冲突,仲裁庭应优先适用国际法。[3] 在 Klöckner 案中,考虑到当事人并没有就法律适用作出明确约定,仲裁庭直接适用了国际法规则,但在撤销程序中被专门委员会否决,专门委员会提出:尽管《华盛顿公约》第 42 条授权仲裁庭适用国际

---

〔1〕 Antoine Goetz et consorts v. République du Burundi, ICSID Case No. ARB/95/3, Award, 10 February 1999, at para. 98.

〔2〕 ICSID, Documents Concerning the Origin and Formulation of the Convention, Vol. II, p. 803.

〔3〕 Amco Asia Corporation and others v. Republic of Indonesia, ICSID Case No. ARB/81/1, Decision on Annulment, 16 May 1986, at para. 20.

法，但并不意味着仲裁庭可以任意选用国际法或国内法规则，国际法的适用仅具有两类作用，即补充与矫正作用。[1] 此类实践的关键在于，非经对国内法进行深入探讨并适用有关规则，不得适用国际法，因此第 42 条明确否定了仲裁庭单纯适用国际法规则或原则裁断。[2]

第三类实践，部分仲裁庭赋予国际法高于辅助或次要准据法的地位，主张国际法规则的优先适用，甚至否定国内法的适用。例如被撤销后重新审理的 Amco 诉印度尼西亚案，仲裁庭严肃指出：《华盛顿公约》第 42 条第 1 款同时设定了东道国国内法与国际法的可适用性，庭审时应将二者进行比较，若存在冲突，后者优先。因此，国际法具有完整的可适用性，而绝非仅仅是对国内法的补充或矫正。[3] Wena 诉埃及案撤销程序中，专门委员会更进一步强调：《华盛顿公约》第 42 条措辞"及"表明国际法与国内法都必须起到作用，因此国内法可以与国际法共同适用，国际法也可单独适用，仲裁庭可以根据具体案情，在两个平等的准据法体系中选择适用国际法，而不必先行确定国内法是否存在空白或缺陷。[4]

目前，一些国家的法律或政策规定，与国家政府签订的投资契约必须适用政府所在地的国内法，即东道国法律。例如，

---

[1] Klöckner Industrie-Anlagen GmbH and others v. United Republic of Cameroon and Société Camerounaise des Engrais, ICSID Case No. ARB/81/2, Decision on Annulment, 3 May 1985, at para. 122.

[2] 池漫郊："刍议国际混合仲裁的法律适用——兼论 ICSID 仲裁庭在'谢业深案'中的法律适用"，载《国际经济法学刊》2010 年第 3 期。

[3] Amco Asia Corporation and others v. Republic of Indonesia, ICSID Case No. ARB/81/1, Award, 5 June 1990, at para 40.

[4] Wena Hotels Limited v. Arab Republic of Egypt, ICSID Case No. ARB/98/4, Decision on Annulment, 5 Feb. 2002, paras. 941–943.

1961年《委内瑞拉宪法》规定,与该国利益相关的契约,应适用委内瑞拉法律,除非契约性质使该种规定变得不合理。哥伦比亚的法律亦有类似规定。沙特阿拉伯的法律则明确规定:与沙特政府签订的合同必须受沙特法律管辖。一些坚持卡尔沃主义的拉丁美洲国家也在其法律及政策中订有类似规定。美国等发达国家虽然没有以立法方式规定哪些类型的合同必须适用本国法,但在一些判决中,美国法院常以契约适用的法律违背公共政策为由,拒绝承认其效力。[1]

三、东道国国内法在国际投资仲裁中的适用类别

从法律措辞分析,根据《华盛顿公约》第42条第1款,东道国法律既可能因为当事人的选择而予以适用,也可能因为当事人没有选择法律而作为"候补规则"(residual rule)予以适用,二者存在区别。在前一类情况下,当事人可以选择东道国法律体系中某部特定的法律规则适用于案件;而在后一类情况下,仲裁庭要从整体上适用东道国法律,包括其税法、劳动法、环境法等公法,也包括合同法、代理法、公司法等私法。另一种区别是,在前一类情况下,如果东道国拒绝承认"转致""反致"等国际私法制度,则当事人选择的东道国法律特指其国内实体法,而不包括其冲突法;而在后一类情况下,仲裁庭适用的东道国法律包括东道国的实体法,也包括其冲突法。[2] 换言之,在当事人不存在法律选择的合意时,投资仲裁庭可以适用作为争端当事方的缔约国的法律,此种法律包括东道国的实体法、冲突法,但不包括程序法。

---

[1] 王贵国:《国际投资法》,法律出版社2008年版,第415页。
[2] 李万强:《ICSID仲裁机制研究》,陕西人民出版社2002年版,第105页。

东道国关于外国投资的实体法涵盖了狭义的法律、政策与规定，这些实体法无论是鼓励性还是限制性规定，均是通过直接要求外国投资者改变其投资做法或通过改变对外国投资至关重要的经济因素，以诱使外国投资者按东道国的意愿及模式进行投资。[1]具体而言，东道国制定的关于外资的实体法包括如下类别：对外商投资项目进行各类审查的国内立法；关于外资公司盈利、股权转让、风险承担方面的国内立法措施；国内立法中关于外资企业必须有当地公司参股比例的要求；东道国关于货币和汇率问题的立法；东道国关于外资企业税收优惠的立法；东道国关于环境保护、金融安全、劳动权益、劳动安全的立法等。由于东道国的这些立法与国际投资紧密相关，因此在具体案件中可能会成为投资者申诉的对象或东道国抗辩的法定理由，仲裁庭对这些国内法的适用及认定，有益于澄清双方当事人的争议焦点。但另一方面，由私人组成的国际仲裁庭对东道国的国内立法行为进行评判，也可能会触发国际社会对投资仲裁"合法性危机"（legitimacy crisis）的思考。[2]对此，笔者认为，国际投资仲裁庭对东道国的国内立法进行评判或适用，并不会对东道国的立法权力进行根本性的颠覆。事实上，无论是WTO的争端解决机构，抑或国内法院进行的行政诉讼，都是由私人组建的裁判组织，其裁判对象都是政府行为的合法性，国际投资仲裁并无本质的不同。至于私人裁判国家行为，亦无从论起，当某位个人被争端当事方或仲裁员指定机关选任为仲裁

---

[1] 王贵国：《国际投资法》，法律出版社2008年版，第10页。

[2] Susan D. Franck, "The Legitimacy Crisis in Investment Treaty Arbitration: Privatizing Public International Law Through Inconsistent Decisions", *Fordham Law Review*, Vol. 73, Issue 4, 2005, p. 1586.

员后，其便不再以私人的立场和名义进行争端解决，而是以国际仲裁庭的名义居中裁决，只要其保持足够的独立性和中立性，不存在法律所禁止的利益冲突，则至少在裁判主体上不应质疑其合法性，其适用东道国的权力来源于《华盛顿公约》第42条的授权，既然一国加入了该公约并通过其他行为表达了对ICSID仲裁管辖权的同意，即视为接受仲裁庭在法律适用方面的决定权。

所谓冲突法（conflict rules），意即国际私法中的法律选择规范（choice of law rules），或称法律适用规范（rules of application of law），特指该国制定的或参加的关于涉外民商事关系法律适用的国际私法规则，该类规范用于指明某一涉外民商事关系应适用何种法律调整，属于间接规范而非直接规范。[1]如果作进一步追问，冲突法不仅包括了调整国家间民商事法律冲突的法律适用规则，也包括了调整一国之内不同法域之间法律冲突的法律适用规则，前者多被称为国际私法，后者则被称为区际私法。事实上，在探询古典时期冲突法发展的历史时不难发现，由于早期没有清晰明确的国家主权观念，冲突法发展之初更多是处理城邦国家之间的区际法律适用问题，直至当下，英国、美国的冲突法也主要构建于不同法域之间法律适用规则的基础之上。由此可知，区际法律适用规则是冲突法的重要组成部分。在ICSID投资仲裁实践中，尚未发生仲裁庭经过东道国冲突法的指引而适用第三国国内法的情形，但是却已有仲裁庭适用东道国的区际冲突法处理不同法域间法律冲突的情形。在Klöckner诉喀麦隆案中，被申请人喀麦隆因为历史上的殖民统治而分为

---

[1] 徐冬根：《国际私法趋势论》，北京大学出版社2005年版，第34页。

两个法域，这两个法域分别适用英国法和法国法，仲裁庭基于投资项目所在地及协议签署地均位于法国法区域而适用了在喀麦隆境内生效的法国法，这实际上是对东道国区际冲突法规范的客观适用。[1]

总之，东道国国内法在国际投资仲裁的法律适用中具有重要地位，这包括了实体法，也包括了冲突法。东道国国内法不仅可以经过当事人选择而适用于个案，亦可作为意思自治缺位时的补缺规则。在涉及间接征收、公正公平待遇、充分保护及安全、国民待遇等争议的投资仲裁案件中，东道国法律的准确适用将为东道国实现外资规制权提供必要的空间。不过，鉴于ICSID仲裁不受任何国内法院的司法审查，且ICSID撤销程序的适用要件极为有限，因此当事人对于仲裁庭的法律适用错误难以有效救济。但对于有经验的仲裁员而言，为了使准据法的选择与适用更为准确，应当平等地赋予双方当事人就法律适用充分发表陈述意见的机会，尽量做到客观、全面、公正，以维系投资仲裁的正当性。

第三节 国际法律规范在投资仲裁中的适用

一、国际法规范在投资仲裁中的可适用性

尽管《华盛顿公约》规定了国际法的可适用性，但对于何为国际法及其涵盖的规范表现形式没有作出说明。值得一提的

---

[1] Klöckner Industrie-Anlagen GmbH and others v. United Republic of Cameroon and Société Camerounaise des Engrais, ICSID Case No. ARB/81/2, Award, 21 October, 1983.

是，尽管《华盛顿公约》第75条规定英文、法文、西班牙文均为作准文本，但三种语言文字在第42条第1款第2句的表述上存在微妙差异：英文用语为"rules of international law"，西班牙文用语为"normas de derecho internacional"，二者均可译为"国际法的规则"；而法文用语为"principes de droit international"，只能译为"国际法的原则"。暂且不论法理学中对规则与原则的两分意义，法文措辞显然具有更高程度的概括性与抽象性，但一旦追究其缔约真正意图，竟连负责公约起草的三语委员联席会议也难以说清。[1]更多的仲裁庭依据《国际法院规约》第38条第1款来理解《华盛顿公约》第42条第1款第2句所言"国际法"的外延，即涵盖国际条约、国际习惯、一般法律原则、司法判例、权威学说在内的广义国际法范畴；但 Klöckner 案的仲裁庭似乎并未过多关注法文之外的其他公约文本的措辞，简单将《华盛顿公约》第42条第1款第2句所言"国际法"狭隘地理解为仅包括《国际法院规约》第38条第1款中"为文明各国所承认之一般法律原则"。[2]前一种普遍实践为《ICSID 执行董事会报告》所确认，并用以指导实践。

第一，国际条约。毋庸置疑，条约是 ICSID 仲裁庭最常适用的法律渊源，其中尤为重要者莫过于投资者母国与东道国之间所签订的双边投资协定，而多边区域性公约的缔结也开始发挥关键作用，典型者诸如前述北美自由贸易协议（North American Free Trade Agreement，NAFTA）、能源宪章条约（Energy

---

〔1〕 Christoph H. Schreuer, Loretta Malintoppi, August Reinisch and Anthony Sinclair, *The ICSID Convention: A Commentary*, Cambridge University Press, 2009, p. 603.

〔2〕 Klöckner Industrie-Anlagen GmbH v. United Republic of Cameroon, Decision on Annulment, May 3, 1985, p. 69.

Charter Treaty，ECT)、南方共同市场（South American Common Market，MERCOSUR）等。当然，非投资类条约也会在仲裁庭判定某一具体问题时得到适用，例如在 SPP 诉埃及一案中，作为被申请人的东道国主张其撤销投资者的旅游项目的原因在于履行 1972 年联合国教科文组织《保护世界文化和自然遗产公约》（以下简称《UNESCO 公约》），仲裁庭主张：无论当事人是否合意选择埃及法，均不影响《UNESCO 公约》作为一般国际法的可适用性，且最终仲裁庭认定投资者并不因为东道国依《UNESCO 公约》行事而丧失索赔权。[1]因各方对同一条约的相关条款往往作不同解释，1969 年《维也纳条约法公约》第 31 条也是仲裁中适用频率较高的条款。

第二，习惯国际法。习惯国际法在 ICSID 仲裁庭的适用，突出体现在诸如对外国人及其财产国际最低待遇标准及公正公平待遇的确定、征收与补偿、禁止拒绝裁判原则、对外国人侵权的国家责任等方面。同时，在《华盛顿公约》起草的过程中，亦不乏将习惯国际法以条约法规则的形式订入其中，如用尽当地救济原则、善意履行国际义务原则、缔约必守原则、禁止违背国际公共政策行事原则。

第三，一般法律原则。依据主流观点，一般法律原则被视为通过比较法的手段而确立的为各国法律体系所共有的原则，由于其往往来自于国内法、国际组织或国家与私人组织之间的关系而体现出更少的政治色彩。[2]尽管在法律渊源层面，一般法律原则似乎与条约、习惯无效力高低强弱之分，但在仲裁实

---

[1] SPP v. Egypt, Award, 20 May 1992, paras. 75～78.

[2] Yaraslau Kryvoi, *International Centre For Settlement of Investment Disputes*, Wolters Kluwer Law&Business Press, 2013, p. 70.

践中,一般法律原则频繁用以填补后两者适用中的漏洞,仅当条约或习惯国际法对其规整范围中的特定案件类型欠缺适当规则时方可适用一般法律原则进行漏洞填补,而有意的沉默(qualified silence)则并不构成此处所言"法律漏洞"(gap in law)。[1]另外,当事人合意选择某国的国内法作为仲裁准据法,并不排除一般法律原则的适用。[2]

《华盛顿公约》第42条第1款第2句中的措辞采用"可能适用的国际法规则",言外之意即,并非所有的国际法规则都可以在投资仲裁中适用,那么应如何界定可适用性(applicability)的外延与内涵?从逻辑上分析,似乎没有理由将国际法的可适用性取决于该国际法被东道国经"纳入"或"转化"而适用于其国内,因为文本中"可适用的国际法规则"并未像"其冲突法规则"一样用介词"包括"(including)与东道国国内法相衔接,所以无从武断得出"可适用的国际法"必须依赖于东道国的转化或纳入程序。[3]对可适用性最值得称道的解释存在于《华盛顿公约》第42条第1款的起草历史中,工作文件、草案初稿、第一稿均要求"仲裁庭援引其认为适当的国内法与国际法规则",而起草早期的主流观点是由仲裁庭通过适用普遍接受的冲突法原则来确定准据法,但在后期占上风的观点则转变为国内法的适用不应当取决于仲裁庭的决定,而应当特指东道国的国内法,因此《华盛顿公约》最终定稿中将仲裁庭确定准据

---

[1] Abaclat et al. v. Argentina, Decision on Jurisdiction, August 4, 2011, at para. 551.

[2] Hanessian Grant, "General Principles of Law in the Iran U. S. Claims Tribunal", *Columbia Journal of Transnational Law*, Vol. 27, No. 1, (1989), pp. 309~353.

[3] A. Broches, *The Convention on the Settlement of Investment Disputes between States and Nationals of Other States: Applicable Law and Default Procedure*, Martinus Nijhoff Publishers, 1967, p. 16.

法的表述与涉及国内法适用的语句部分加以分隔,并置于该款末端。相比而言,该公约的法语版本似乎更能贴切地符合法律适用者的逻辑,英文版本中的"as may be applicable"在法文版本中表述的措辞是"en la matière",即"就本案而言"或"就该问题而言"的意思,意即法文措辞并非旨在限制仲裁庭不得适用某些形式的国际法渊源,而只是表达了就特定仲裁案件而言,仲裁庭应当适用与争点问题相关联的国际法规则。这一解释为LG&E案的裁决所证实,该案中仲裁庭否定了"可能适用的国际法规则"这一措辞使得仲裁法律适用变成有条件的观点,重申了可适用性的标准取决于在个案中国际法规则的相关性这类观点。[1]

总之,一方面,根据法律渊源的表现形态不同,投资仲裁中适用的国际法规范包括了国际条约、国际习惯、一般法律原则;另一方面,根据调整对象的不同,投资仲裁中所适用的国际法规范又包括了国际投资法、国际环境法、国际商法、国际人权法等各类不同门类的国际规范。限于篇幅,笔者仅就实践中最为常用的几类国际法规范在投资仲裁中的适用状况进行阐述。

二、国际投资条约在投资仲裁中的适用

(一) 国际投资条约的基本内容

在国际投资仲裁中,国际投资条约是最主要的法律渊源,正是国际投资条约赋予投资者提起仲裁的权利来保护其根据投资条约所享有的利益。因此,当一缔约国的投资者与另一缔约国政府产生投资争端申请仲裁时,仲裁庭首先即须考察案件应

---

[1] LG&E v. Argentina, Decision on Liability, 3 October, 2006, at para. 88.

适用哪项国际投资条约。[1]尽管国际投资条约规则在整体上呈现出碎片化与不成体系化的特征，但不同的国际投资条约在涉及的议题与内容方面呈现出一定的趋同化。一般而言，国际投资条约主要涵盖投资保护、投资准入、公平竞争、争端解决四个方面。

（二）国际投资条约中的投资保护条款及其适用

保护投资者权益是国际投资条约的基石和使命，为了实现这一目标，国际投资条约普遍纳入定义条款与外资待遇条款，前者旨在界定受到国际投资条约保护的主体及其财产类型，后者则旨在界定投资条约保护的水平及其标准。

关于"投资"的定义，一般包括企业、股权、债券、金融衍生品、知识产权、自然资源开发特许权、建设工程合同及其他具有投资特征的资产。关于"投资者"的定义，一般指缔约方的国民或者企业，有些协定还规定，缔约方（国家）或其政府本身也可以作为投资者。这里有一个问题需要注意，就是"控制"的问题，不仅外国投资者直接进行的投资受到保护，其间接拥有或者控制的投资也受到保护。从美国、日本、加拿大、澳大利亚等国家的外资立法来看，也引入了控制标准，将外国投资者拥有或者控制的本国企业视同外国投资者来管理。

所谓外资待遇，是指外国投资者在东道国从事投资活动所享有的权利和承担义务的状况。[2]外资待遇根据是否存在参考标准，又可具体分为相对待遇标准与绝对待遇标准，前者包括

---

[1] 乔慧娟："论国际投资条约仲裁中的法律适用问题"，载《武汉大学学报（哲学社会科学版）》2014年第2期。

[2] 杨慧芳：《外资待遇法律制度研究》，中国人民大学出版社2012年版，第15页。

国民待遇和最惠国待遇,后者则主要指公正公平待遇。所谓国民待遇,是指一国给予外国投资者及其投资不低于其给予本国投资者及其投资的待遇。实践中,一国可以通过给予内外资相同待遇的方式来履行国民待遇义务,也可以根据引资需要给予外资一定的优惠,超国民待遇并不违反国民待遇义务。基于特殊需要,国际投资协定往往规定了国民待遇的例外条款,允许缔约国政府基于国家安全、金融审慎、信息报告等原因采取差异化的措施。所谓最惠国待遇,是指一国给予外国投资者及其投资不低于其现在或将来给予第三国投资者及其投资的待遇,旨在防止东道国对不同国家的外国投资者厚此薄彼,或以投资者的国籍为依据采取歧视性的不公平待遇。关于国际投资条约中的最惠国待遇条款在国际投资仲裁中如何适用,第三章将予以详述,此处不再赘余。

在国际投资仲裁实践中,仲裁庭在适用国民待遇、最惠国待遇条款时存在明确的参照对象,即国民待遇的适用准则为内外资一致,最惠国待遇的适用准则为不低于任何第三国投资者的待遇,这两类外资保护标准均属于典型的相对待遇标准。相对待遇标准的特点在于,它们不要求提供国际层面上一致的待遇,而是强调非歧视。

相比之下,公平公正待遇在仲裁实践中的适用并没有明确的参照坐标,因此被视为无条件的绝对待遇标准,对其进行解释的要点不在于非歧视,而在于对"公平"与"公正"价值的追求。[1]在国际投资仲裁中,公正公平待遇与间接征收是投资者最为常用的诉因,公正公平待遇因其抽象性而著称,被誉为

---

[1] 邓婷婷:《国际投资协定中的公平与公正待遇研究》,法律出版社2017年版。

国际投资法中的"帝王条款"。随着大量投资仲裁实践的逐步积累，公平公正待遇的内涵日渐丰富，仲裁裁决勾勒出了一系列适用公正公平待遇的实际情形：当东道国的投资措施违反投资者的合理期待或善意原则、未给受到侵犯的投资者提供权利救济的司法程序、法令更改或投资措施欠缺透明度、对投资者进行胁迫或骚扰时，都有可能被视为对公正公平待遇的违反。[1]

(二) 国际投资条约中的征收补偿条款及其适用

国际投资条约中除了对外资保护的待遇标准作出规定，还会涉及其他的实体权利义务关系。其中，涉及征收补偿、外汇转移的规定受到投资者的高度关切。就征收补偿而言，主权国家有权对其境内的外资实施征收及国有化措施，但合法的征收必须同时符合特定要件：征收必须出于公共目的、征收措施的采取不能具有任意性和歧视性、征收必须遵循正当程序原则、征收措施必须进行补偿。关于征收的补偿标准，发达国家多采取"赫尔公式"，要求及时、充分、有效的补偿，而发展中国家则呼吁适当的补偿。[2]

外国投资者除了关心投资是否会被非法征收及征收的补偿标准外，还会关心东道国对资金汇入及汇出的限制。一方面，投资者需要向东道国汇入资金以购置生产设施或扩大商业规模，同时，在东道国从事投资活动的投资者通常希望将其本金、收益和其他合法收入兑现为可自由使用的货币并汇回其母国或汇入第三国。另一方面，东道国往往会对其货币及外汇储备实施

---

[1] 张建："国际投资仲裁中的公正公平待遇及其适用"，载《大连海事大学学报（社会科学版）》2016年第3期。

[2] Rudolf Dolzer and Christoph Schreuer, *Principles of International Investment Law*, Oxford University Press, 2012, pp. 100~101.

管理，对外汇的大量流入或流出实施监管和控制，避免因资金的短期突然流动而影响本国金融市场的稳定性。[1]基于此，外汇转移条款往往是国际投资条约的重要条款，缔约方通常以列举的方式规定投资者可以自由转移的资金和款项。近年来，为了保障东道国金融市场的稳定性及必要的外汇监管权，投资条约中开始采取不同的方式限制投资者自由转移资金的权利，这种条款主要采用三类模式：其一，无论何时何地，投资者的短期撤资行为都被一概禁止；其二，在东道国收支严重失衡、对外财政困难及遭遇影响货币政策、汇率的特殊情况时，对投资者的自由转移权加以限制；其三，颇受美国、加拿大、日本青睐，涉及缔约方在特殊时期限制金融服务的权力，规定投资者母国与东道国有权维护本国金融机构的安全性、稳定性、完整性及经济责任。从实践来看，第三类条款对于包含提供金融服务约定的投资条约尤其重要。

（三）国际投资条约中的外资准入条款及其适用

传统的友好通商航海条约及早期的 BIT 往往将条约涵盖的保护对象限定为已经准入的投资，而没有提供给缔约对方的投资者以任何准入前的权利。然而，一些晚近的 BIT，尤其是美国、加拿大与发展中国家缔结的 BIT 以及区域贸易协定（如《美墨加协定》《日本与新加坡自贸协定》）则试图将国民待遇与最惠国待遇的保护范围覆盖到投资的准入与建立阶段，即包含了投资者在东道国试图进行或正在进行投资的阶段。[2]

---

〔1〕［德］鲁道夫·多尔查、［奥］克里斯托弗·朔伊尔：《国际投资法原则》，祁欢、施进译，中国政法大学出版社 2014 年版，第 224 页。

〔2〕［尼泊尔］苏里亚·P. 苏贝迪：《国际投资法：政策与原则的协调》，张磊译，法律出版社 2015 年版，第 103 页。

根据国际法的原则，任何主权国家都有权对其境内的外资进行管理和规制，这既是出于维护国家经济安全的需要，也是规范国内市场管理秩序的应有之义。但总体来看，国际投资条约的发展趋势是不断提升监管透明度、促进投资自由化。其中，实现投资自由化的方式之一即将国民待遇的适用范围从投资准入后的阶段（投资管理、运营、出售和其他处置）延伸至投资准入前的阶段（投资的设立、取得、扩大）。[1]在承诺方式上，通过"负面清单"列明对外国投资者及其投资的特别管理措施，此即"准入前国民待遇加负面清单"的管理模式。同国民待遇一样，最惠国待遇也有准入前和准入后之分。如果一项 BIT 的最惠国待遇条款中含有"设立""取得""扩大"等投资准入阶段，则意味着缔约方承诺给予准入前最惠国待遇。一国如果向第三国开放某一领域的投资市场准入，也要向享受准入前最惠国待遇的国家开放该领域。

在 2013 年之前，我国在 BIT 谈判中并未承诺过给予其他国家的投资者以"准入前国民待遇"，而仅规定"准入后国民待遇"。2013 年 7 月，正在第五轮中美战略与经济对话期间，中美双方同意以"准入前国民待遇加负面清单"为基础开展中美 BIT 的实质性谈判，标志着中国参与国际投资规则制定立场的重大转变。2019 年 3 月，我国第十三届全国人民代表大会第二次会议正式通过了《中华人民共和国外商投资法》，其中第 4 条重申了我国对外资实施"准入前国民待遇加负面清单"的管理模

---

[1] 有学者总结称，在经济全球化趋势下，各国的外资准入立法存在共性特征：准入制度立法方法的自由化；投资领域不断拓宽，投资形式呈现多样化，外资股权逐渐弱化；外资准入的审批程序逐步简化；外资准入推行国民待遇；减少或废止准入方面的投资限制措施和履行要求。焦志勇：《中国外商投资法新论》，对外经济贸易大学出版社 2010 年版，第 90 页。

式，凡在负面清单之外的外资，我国均给予其国民待遇，按照内外资一致的原则进行管理。这一转变，是我国进一步推动投资领域改革开放的重大举措，其对扩大国际投资条约的适用范围，在投资仲裁的法律适用中贯彻平等与法治的理念具有重要推动作用。

（四）国际投资条约中的公平竞争条款及其适用

在资本实现全球化跨国自由流动的过程中，除了要打开外资准入的限制，对权益受损的外资提供符合相应待遇标准的保护外，更主要的是给外资提供公平的竞争环境，不得对外资的设立、运营施加过苛的不合理限制。部分国际投资条约专门规定了禁止业绩要求条款以及国有企业"竞争中立"条款。所谓业绩要求，特指东道国为了管理和引导外资的流向，施加给外资企业的强制性或激励性措施，这些措施会对投资者的市场竞争形成不利影响。例如，部分国家要求以外资企业具备某项业绩（如出口实绩、当地含量、采购国内产品、外汇平衡、技术转让、定向销售等）作为投资者获得投资准入许可或者获得优惠的条件，此类措施既不符合公平竞争的基本要义，也与WTO法律体系内的《与贸易有关的投资措施协议》相违背。鉴于此，国际投资条约的适用将迫使东道国取缔此类业绩要求，以维护本国投资者和外国投资者之间的公平竞争。

此外，针对国有企业在国际投资中的地位问题，理论与实务界争论较大。一些国家认为，国有企业的竞争优势来自于在补贴、市场准入、生产要素获得等方面获得的优惠待遇，扭曲了市场竞争。因此，一些新近签署的条约，如《全面与进步跨太平洋伙伴关系协定》（Comprehensive Progressive Trans-Pacific Partnership，CPTPP）纳入了国有企业"竞争中立"条款，核心是要求政府不得向商业化经营的国有企业提供融资、货物、服务等优惠待遇，旨在推动国有企业和私营企业实现公平竞争。"竞争中立"条款与我国国有企业改革的方向和目标在不少方面存在契合之处。[1]

（五）国际投资条约中的争端解决条款及其适用

在世界范围内，缔约方之间以及投资者与国家间的争端解决条款可以称得上是为数不多的几乎所有投资条约均不可或缺的条款之一。[2]解决国际投资争端的方式有很多种，包括协商、调解、行政复议、行政诉讼、外交保护、国际仲裁等。多数BIT往往规定投资者与东道国发生争端后应当先寻求外交途径或政治协商解决，在协商未果后可以申请国际仲裁。国际社会自20世纪60年代开始探索通过国际投资仲裁方式解决投资争端，并在BIT中订入了投资者与国家间争端解决条款（Investor-State Dispute Settlement，ISDS），将ICSID仲裁及根据《联合国国际贸易法委员会仲裁规则》进行的临时仲裁作为主要选项供当事人运用。但是，不同的投资条约在ISDS条款的具体设计上往往存在差异，例如在各BIT关于国际仲裁的前置协商程序是否具有强制性、仲裁前的协商期限及国内救济期限、是否存在岔路口条款、仲裁员的任命方法等方面均有不同程度的区别，因此国际投资仲裁庭应首先解决法律适用问题，即究竟根据哪一BIT中的ISDS条款确定有关事项。鉴于ISDS条款的法律适用主要针对的是投资仲裁中的程序事项，本节暂不展开，留待后文深入讨论。

---

[1] 李成钢：“改革开放40年来利用外资法律制度的变迁与展望”，载中国人大网，http://www.npc.gov.cn/npc/c541/201902/061c546b82e745bb988389f90d346baa.shtml，最后访问日期：2019年5月11日。

[2] 银红武：《中国双边投资条约的演进——以国际投资法趋同化为背景》，中国政法大学出版社2017年版，第261页。

三、国际环境法在投资仲裁中的适用

(一) 国际环境法的法律渊源

国际环境法是调整国家等国际法主体之间在利用、保护和改善环境的国际交往过程中形成的国际环境法律关系的原则、规则和规则制度的总体。国际环境法规范的法律渊源包括环境保护的国际条约、国际习惯、一般法律原则和国际宣言与决议，除此之外，司法判例和权威公法学家的学说被视为国际环境法的辅助性渊源。[1]

在国际环境保护领域，国际条约是国际司法与仲裁机构裁判国际环境案件时首先适用的法律依据，是保护国际环境所必须遵循的法律规范。但是，与国际法的其他领域有所不同的是，国际环境条约往往难以一次性地对国际关系中各方当事人的权利和义务作出全面且具体的规定，因此各方有时不得不以"框架公约"、国际宣言、方针、建议、行动计划等"软法"方式对已经达成的原则性共识进行记载，避免因具体事项的分歧而影响国际规范的形成。就其优势而言，采用"框架公约"等形式，有利于对条约展开适时修订，不至于因为对议定书或附件所规定的非重大原则条款进行修订而影响整个条约的效力。尽管这些国际环境"软法"文件不具有法律拘束力，但它们的确有力地影响和推动了国际环境法的发展，具有很强的政治和道义影响力，为国际条约的形成创造了有利条件。[2]相比于国际环境条约，有关环境保护的国际习惯的形成必须同时符合物质要素（各国长期反复采取的类似行为或不行为）与心理要素（各国内

---

[1] 林灿铃：《国际环境法》，人民出版社2004年版，第138页。
[2] 马呈元主编：《国际法》，中国人民大学出版社2015年版，第202页。

心形成的认可有关行为方式具有拘束力的法律确信），迄今已经被公认为国际环境法渊源的习惯国际法包括：国家有权按自己的环境政策开发本国主权内的资源、不得损害其他国家或国家管辖范围以外地区环境的原则、环境保护的国际合作义务、共同但有区别的责任原则、风险预防原则和通知义务、可持续发展原则等。

（二）国际投资协定中的环境条款

如前文所言，国际投资条约的谈判往往是东道国外资规制权与投资者自由财产权之间进行相互博弈的过程，这在投资协定中涉及环境的法律规范方面体现得尤其明显：一方面，基于国家对本国境内自然资源享有永久主权的原则，东道国可基于环境利益对外资实施监管；另一方面，国际投资协定往往以市场化、私有化、自由化作为缔约主基调，因此仲裁庭在适用环境条款时不得不在二者间进行协调。从表现方式来看，国际投资协定中的环境条款存在多种立法模式。

第一，部分国际投资协定在条约的序言部分提及环境保护或可持续发展的目标，例如 2004 年及 2012 年美国 BIT 范本的序言。[1]这种在序言中阐述缔约目标的模式，虽然并不能直接为东道国施加有约束力的实质义务，但是以宣言式的条款表明了条约的价值取向及缔约国的基本共识，有助于以此为基础对条约进行解释与适用。

第二，部分 BIT 在间接征收例外条款中提及东道国有权为了保护环境而合法征收投资者的财产，例如 2012 年《中日韩三边投资协定议定书》第 2 条 c 款、中国与加拿大 BIT 附件 B

---

〔1〕 两版美国 BIT 范本的序言中均规定：缔约国期望以与保护健康、安全和环境相一致及促进国际公认的劳工权的方式实现这些目标。

的第 10 条第 3 款。[1]事实上,绝大多数的 BIT 在征收条款中均不排除合法征收,而合法征收的要件之一是相关措施的采取系出于公共利益或公共福利,由于公共利益是个高度抽象和概括的规定,因此其潜在地包含了东道国的环境利益。实践中,对间接征收中公共利益的认定通常采用兼顾效果和目的的双重检验标准,这要求仲裁庭在涉及东道国环境措施的案件中,不仅应考虑环境措施对投资的影响,还要考虑环境措施的目的和性质。

第三,部分 BIT 在一般例外条款中规定了东道国出于环境保护的目的而采取的投资限制措施不受条约义务的约束。换言之,为了环境、健康、道德等目的,东道国有权对外资采取限制措施。例如,2009 年修订的《东盟综合投资协定》第 17 条即全面参考了 1994 年《关税与贸易总协定》第 20 条而纳入了一般例外条款。[2]

第四,BIT 缔约实践中最为常用的一类环境条款是不弱化或降低环境保护义务的条款。例如,《美墨加协定》第 14.16 条规定:本章的任何规定不得解释为防止东道国采取、维持或执行其认为适当的措施,这些措施的目的旨在确保境内的投资活动以不

---

〔1〕 中国与加拿大 BIT 附件 B 第 10 条第 3 款规定:旨在或用来保护公民福利的正当公共目标,诸如健康、安全和环境的规制措施不构成间接征收,只要此类措施是以善意、非歧视并且并不过分严苛的方式实施。

〔2〕 第 17 条规定,如果下列措施的实施不会在情形相同的各缔约方或其投资者之间构成任意的或不合理的歧视,或者对任何其他成员国的投资者及其投资构成伪装的限制,则本协定的任何条款不得解释为妨碍缔约方采取或实行这些措施:①为保护公共道德或维持公共秩序所必需;②为保护人类、动植物生命或健康所必需;③为保证履行与本协定不相违背的法律或法规的实施所必需……⑥与保护可耗竭的自然资源有关。

违反环境、健康、安全或其他管制目标的方式实施。[1]此外，国际可持续发展研究院于2005年制定的《可持续发展国际投资协定范本》第20条亦有类似规定，根据该条，东道国不能通过降低环境标准以吸引外资，鉴于每个缔约方都有权确定国内环境保护水平、可持续发展政策和优先权，有权通过或修改其环境法律法规，每个缔约方应确保其法律法规能提供与其经济和社会条件相应的高水平的环境保护。缔约方不应放弃或损抑环境措施作为对投资者在其领土内设立、收购、扩大或维持投资的鼓励。

（三）涉环境国际投资争端中对环境问题的处理

东道国的环境措施与征收的关系是与环境有关的投资争端的核心问题。以 NAFTA 为例，在《北美自由贸易协定》投资争端解决框架内，美国、墨西哥、加拿大政府的环境措施曾经遭遇过多起外国投资者的仲裁索赔。在其他国家被诉的国际投资仲裁实践中，环境措施也成为间接征收的高频被诉对象。

表2-1：涉环境国际投资争端典型案例列表

年份	案件双方	所涉环境措施	仲裁庭处理结果
1998年	Ethyl 诉加拿大案[2]	出于健康原因，加拿大政府禁止了甲基茂基三羰基锰的进口和省际运输（汽油抗爆剂）。	仲裁庭认定没有证据显示被禁运的物质会对人类健康或环境造成损害，因此判定东道国实施了间接征收应予赔偿。

[1] 该条款与1994年《北美自由贸易协定》第1114条具有异曲同工之妙，NAFTA 第1114条规定：缔约方有权采取并实施与本章相一致的环境措施，缔约方承认通过放松国内健康、安全或环境措施的方式鼓励投资是不适当的，所以缔约方不应放弃或减损此类环境措施以吸引外资。

[2] Ethyl Corporation v. The Government of Canada, UNCITRAL, Award on Jurisdiction, 24 June, 1998.

续表

年份	案件双方	所涉环境措施	仲裁庭处理结果
2000 年	Santa Elena 诉哥斯达黎加案[1]	哥斯达黎加政府为保护生态遗址而扩大国家公园，占用了投资者的地产，双方无法达成一致的补偿方案。	仲裁庭没有采信东道国提交的与保护唯一的生态遗址相关的国际义务的详细证据，径直要求被诉东道国给予高额赔偿。
2000 年	Metalclad 诉墨西哥案[2]	申请人欲在墨西哥开展危险废品处理项目，墨西哥批准了其收购项目。在申请人投入大量投资后，墨西哥未颁发许可证。	仲裁庭裁决墨西哥政府拒绝给予投资者有害废物填埋场许可证的行为构成间接征收，违反公正公平待遇，应予赔偿。
2000 年	S. D. Myers 诉加拿大案[3]	加拿大政府采取措施禁止废弃物出口至加拿大。	仲裁庭认定，东道国政府采取的废物出口禁令措施属于政府规制权，不构成征收。[4]

---

〔1〕 Compañia del Desarrollo de Santa Elena S. A. v. Republic of Costa Rica, ICSID Case No. ARB/96/1, Award, 17 February, 2000.

〔2〕 Metalclad Corporation v. The United Mexican States, ICSID Case No. ARB (AF) /97/1, Award, 30 August, 2000.

〔3〕 S. D. Myers, Inc. v. Government of Canada, UNCITRAL, Award, 30 December, 2002.

〔4〕 胡晓红："论美国投资条约中的环境规则及其对我国的启示"，载《法商研究》2013 年第 2 期。

续表

年份	案件双方	所涉环境措施	仲裁庭处理结果
2003 年	Tecmed 诉墨西哥案[1]	墨西哥政府部门给投资者在墨西哥的子公司颁发了为期一年的危险废物垃圾掩埋许可证，该子公司申请续签许可时遭到拒绝。	仲裁庭认定墨西哥拒绝续签许可证的行为彻底破坏了该公司在有害填埋业务方面的有效经营和经济价值，政府采取的措施与维护公共利益不成比例，构成间接征收。
2004 年	MTD 诉智利案[2]	智利的地方政府因保护环境而拒绝向外国投资者颁发环境许可证，且拒绝批准投资者的环境影响报告，认为其与城市发展政策违背。	仲裁庭认定智利政府拒绝对已经得到其批准的投资授予必要的许可证，违反了案涉BIT 中的公正公平待遇条款，应予赔偿。
2005 年	Methanex 诉美国案[3]	美国加州颁布保护水资源的行政命令，要求取消甲基叔丁基醚作为汽油添加剂。投资者在美国加州设有分公司，其诉称美国实施了"与征收类似的措施"。	仲裁庭详尽审查了加州立法依据的科学研究和其他信息及专家的科学证词，认定加州立法是为了应对普遍存在的甲基叔丁基醚污染水资源现象的合理举措，不构成征收。

---

[1] Técnicas Medioambientales Tecmed, S. A. v. The United Mexican States, ICSID Case No. ARB (AF) /00/2, Award, 29 May, 2003.

[2] MTD Equity Sdn. Bhd. and MTD Chile S. A. v. Republic of Chile, ICSID Case No. ARB/01/7, Award, 25 May, 2004.

[3] Methanex Corporation v. United States of America, UNCITRAL, Final Award of the Tribunal on Jurisdiction and Merits, 3 August, 2005.

续表

年份	案件双方	所涉环境措施	仲裁庭处理结果
2009年	Glamis诉美国案[1]	申请人系加拿大公司,从事贵金属开采业,其诉称美国联邦政府和加州政府的某些限制露天采矿作业的措施导致其在加州的投资被征收,且征收违反了国际最低标准待遇。	仲裁庭恰当适用了比例原则,在对各要素进行综合考量后,认定东道国政府没有实施征收,驳回了投资者的全部仲裁请求。
2010年	Chemtura诉加拿大案[2]	由于注意到林丹这种农用杀虫剂对人类健康和环境具有较高的风险,加拿大害虫管理控制局对杀虫剂的运用及进出口采取了限制措施。	仲裁庭认为,申请人所质疑的投资措施构成东道国对警察权的有效行使,加拿大政府部门在授权范围内以非歧视的方式实施这些措施,不构成征收,无须赔偿。
2011年	Vattenfall诉德国案[3]	德国汉堡市政府对瑞典投资者沿易北河岸在建的烧煤电厂项目施加环境限制,投资者已取得了施工许可仍需取得排水许可,诉称该措施构成征收。	仲裁庭根据争端当事方的和解协议制作了裁决,裁决的内容并未公布,总体上德国做出了妥协与让步,案件以德国政府同意颁发相应的许可而告终。[4]

---

[1] Glamis Gold, Ltd. v. The United States of America, UNCITRAL, Award, 8 June, 2009.

[2] Chemtura Corporation v. Government of Canada, UNCITRAL, Award, 2 August, 2010.

[3] Vattenfall AB, Vattenfall Europe AG, Vattenfall Europe Generation AG v. Federal Republic of Germany, ICSID Case No. ARB/09/6, Award, 11 March, 2011.

[4] 江清云:"环境措施与国际投资争端风险刍议——以瑞典Vattenfall公司诉德国政府为例",载《河北法学》2014年第11期。

续表

年份	案件双方	所涉环境措施	仲裁庭处理结果
2011 年	Commerce Group 诉萨尔瓦多案[1]	投资者从事开矿及相关活动需取得萨尔瓦多政府的开采执照和环境许可证，在已经取得许可证并续展的前提下，萨尔瓦多政府撤销了环境许可证。	仲裁庭因管辖权问题而驳回了投资者的仲裁申请。
2012 年	Marion Unglaube 诉哥斯达黎加案[2]	投资者主张，哥斯达黎加采取的建立国家公园以保护濒临灭绝的棱皮龟栖息地的措施干涉了其在普拉亚格兰德海滩的旅游项目。	仲裁庭认定哥斯达黎加政府的措施对投资者的财产构成了征收，应予补偿，但地块的所有权应转移给东道国政府。
2016 年	Pac Rim Cayman 诉萨尔瓦多案[3]	由于投资者拟开采的金矿对水和农业将造成重大影响，并且由于金矿所在社区的反对，萨尔瓦多政府拒绝批准投资者的环境影响评估和开采许可证。	仲裁庭认定东道国政府系基于环境规制权而采取的合理措施，不构成间接征收，无需支付赔偿，因此驳回了申请人关于责任与赔偿的请求。

---

[1] Commerce Group Corp. and San Sebastian Gold Mines, Inc. v. The Republic of El Salvador, ICSID Case No. ARB/09/17, Award, 14 March, 2011.

[2] Marion Unglaube v. Republic of Costa Rica, ICSID Case No. ARB/08/1, A-ward, 16 May, 2012.

[3] Pac Rim Cayman LLC v. Republic of El Salvador, ICSID Case No. ARB/09/12, Award, 14 October, 2016.

续表

年份	案件双方	所涉环境措施	仲裁庭处理结果
2016年	Windstream Energy 诉加拿大案[1]	申请人系美国纽约的投资集团,其在安大略湖畔设有投资项目,加拿大安大略省以项目的健康和环境影响需要进一步研究为由暂缓实施该项目。	仲裁庭认定申请人提出的征收指控及东道国实施歧视性待遇的指控不成立,申请人提出的东道国违反公正公平待遇的请求成立,被申请人应支付赔偿。
2016年	Peter Allard 诉巴巴多斯案[2]	投资者取得巴巴多斯南岸的湿地并将其开发为生态旅游地,巴巴多斯政府不仅未能阻止污水排入保护区的湿地,未能调查或起诉威胁保护区野生动物的偷猎者,而且撤销国家自然发展计划对绿地进行商业和住宅开发,投资者主张巴巴多斯违反国际环境法义务,且违反案涉 BIT 中的充分保护和公正公平待遇原则。	仲裁庭认定,由于申请人的仲裁请求超出了案涉 BIT 争端解决条款规定的仲裁时效,因此仲裁庭不享有属时管辖权。对案涉实体争议,投资者坦诚其索赔的基础是未来的损害而不是现实的实质损害,而现实损害是授予损害赔偿的前提。基于此,仲裁庭驳回了申请人的索赔请求。

由以上案例可知,国际投资仲裁实践中有大量案件涉及东道国的环境保护措施,其中尤其涉及环境规制措施。根据仲裁

---

[1] Windstream Energy LLC v. Government of Canada, PCA Case No. 2013-22, Award, 27 September, 2016.

[2] Peter A. Allard v. The Government of Barbados, PCA Case No. 2012-06, Award, 27 June, 2016.

申请人的诉因及仲裁庭的裁判结果，对这些涉及环境的国际投资争端可以进行类型化分析：①东道国对具有环境不利影响的项目拒绝颁发许可证，被仲裁庭认定为间接征收而应支付给投资者损害赔偿；②东道国以危险废物的进出口可能对本国的环境造成不利损害为由而颁发贸易禁令，因此被仲裁庭认定为违反公正公平待遇或构成间接征收；③东道国出于保护当地环境的需要而撤销已经颁发给外国投资者的许可证，被仲裁庭认定为构成间接征收；④东道国正常行使外资规制权而采取的环境措施，被仲裁庭认定为合法而不构成征收或类似措施，也不需要向投资者支付赔偿。实践中，随着环境问题的国际化，东道国正当的环境规制措施可能会越来越普遍地得到争端解决机构的支持，这在某种程度上正是国际投资法引入社会公共利益元素并认可东道国规制权的体现。在未来的国际投资仲裁实践中，仲裁庭将会在外资保护及私权救济的价值取向之外，越来越重视东道国环境规制权和东道国公众环境权的实现，而正确适用法律，在投资保护与环境规制间进行平衡，是国际投资法的趋势之一。[1]

四、国际人权法在投资仲裁中的适用

（一）投资权利与人权概念的理念关联

国际投资法与人权法常被学者与实务人士视为两门互不关联且不存在重叠的国际法律分支，前者着重处理投资者母国、投资者（尤其是法人投资者）、投资东道国之间的财产法律关系，后者则从本质上关注个体的人与生俱来、不容侵犯的固有

---

〔1〕 韩秀丽：《中国海外投资的环境保护问题研究——国际投资法视角》，法律出版社2013年版，第102页。

权利,二者不仅调整对象有别,权利主体也存在明显差异。[1]由于学理上突出强调二者间的断裂性,在国际投资仲裁实践中,无论投资者抑或东道国,都极少将人权事项作为辩争的焦点。不过,随着人权观念的变革,人权法逐步渗入财产权保护领域,并与国际投资法产生越来越深刻的关联。有学者注意到,在对外投资关系中,投资者就投资对象享有的财产权构成了有效展开投资保护的基础法律概念;与此同时,私人财产权也被视为基本人权的重要内涵之一,这种观念甚至可追溯至1789年《法国人权宣言》。[2]并且,随着"福利国家""服务型政府"概念的兴起,越来越多的政府部门开始尝试通过服务外包、政府购买服务等方式,授权外国公司实现公共服务的私有化。这类现象的普遍化,使投资者有机会从事关系国计民生的公共服务行业,例如饮用水投资、电力投资、能源投资、有害废弃物处理、公共交通等重大领域,都存在外资的参与。因此,如果作深入拷问,国际投资法与人权法不仅在理念上是可以进行有效对话的,在实践中也已经彼此渗透,相互印证。

就争端解决程序而言,仲裁庭在裁判个案时,往往需要对东道国的国内法律法规或外资管理措施进行分析,以评判其是否符合东道国根据国际条约所承担的国际义务。在某些案件中,

---

[1] 有学者甚至将国际投资法与国际人权法的关系比喻为"油"与"水"的关系,以强调二者互不相溶,或难以相溶。See M Toral & T Schultz, *The State, a Perpetual Respondent in Investment Arbitration? Some Unorthodox Considerations*, in M. Waibel, A Kaushal, K-H Liz Chung and C Blachin (eds), The Backlash Against Investment Arbitration: Perceptions and Reality, The Hague: Kluwer Law International, 2010, pp. 577~602.

[2] Pierre-Marie Dupuy, *Unification Rather than Fragmentation of International Law? The Case of International Investment Law and Human Rights Law*, in Ernst-Ulrich Petersmann and Francesco Francioni (eds), Human Rights in International Investment Law and Arbitration, Oxford University Press, 2009, p. 45.

东道国制定与实施投资政策的动机,与其促进和保护人权的国际义务紧密关联,而投资者权利受到东道国人权政策影响的情形并不罕见:政府可能对外资企业的经营管理予以干预,以防止企业的经济活动损害劳工人权;政府对水价予以冻结,以确保居民饮水权;政府制定立法,优先保护历史上的弱势族权,以实施《消除一切形式种族歧视国际公约》;政府对租金予以控制,以保障居民的住房权。[1]凡此种种,不一而足,学理上并未对此熟视无睹,但实践中却颇为微妙,在对天平两端的筹码进行平衡与抉择的过程中,仲裁庭的态度历经了从传统到现代的转变。

(二)仲裁实践中处理投资与人权问题的传统思路

从投资者的视角观察,其与人权有关的索赔请求,是有可能向根据投资条约成立的国际仲裁庭提出的。不过,仲裁庭能在多大范围内对基于人权被侵犯而提出的仲裁请求行使管辖权,取决于投资条约文本的具体表述,以及人权请求与投资争端的关联关系。[2]在 Biloune 诉加纳案中,投资者是根据与东道国政府之间所签投资合同的仲裁条款提出的仲裁请求,但就具体诉因的选择上,投资者是以加纳政府侵犯了 Biloune 先生的人权为由主张赔偿,尤其是投资者控诉加纳政府武断地对 Biloune 先生本人实施了非法拘押及驱逐,并且对其财产及合同权利实施了侵犯,投资者认为这些足以构成可诉的人权违反,且根据《加纳投资法典》能够在商事仲裁中获得赔偿。投资者特别强调,

---

[1] Bruno Simma and Theodore Kill, Harmonizing Investment Protection and International Human Rights: First Steps Towards A Methodology, *in International Investment Law for the 21st Century: Essays in Honour of Christoph Schreuer*, edited by C. Binder, U. Kriebaum, A. Reinisch, and S. Wittich, New York: Oxford Univ. Press, 2009, p. 678.

[2] Filip Balcerzak, "Jurisdiction of Tribunals in Investor-State Arbitration and the Issue of Human Rights", *in Arbitration International*, Vol. 29, 2014, pp. 216~230.

仲裁庭应当管辖并从实体上支持人权索赔请求,因为这是对东道国侵犯人权的不法行为主张救济的唯一渠道。本案仲裁庭在裁决中指出,长久以来的习惯国际法要求一国赋予本国领土内外国国民的待遇不能低于国际法上所规定的国际最低待遇标准,且当代国际法也认可了无论国籍如何,每个个人都应当享有最基本的人权保障(包括财产权与人身权),任何政府都不得违反。然而,仲裁庭在裁决后半部分的论述中却话锋一转,指出:尽管任何政府都不得违反最低的人权义务,但是并不意味着本案仲裁庭是对人权争端享有管辖权的适当场合,本案仲裁庭的管辖权仅限于因投资者与东道国根据《加纳投资法典》订立的投资合同所引发的商事争议,加纳政府同意仲裁的范围也仅限于关于外国投资的争端。因此,对于其他争端,无论投资者的仲裁请求多么具有说服力或被指控的政府不法行为多么严重,只要其超出合同本身的争议,都不在仲裁庭的管辖范围内。最终,仲裁庭认定,尽管加纳政府对 Biloune 先生人权的侵犯与合同引发的投资争端具有相关性,但是鉴于本案申请人仅仅将侵犯人权的索赔作为一项独立的诉因,仲裁庭并无管辖权。[1]就仲裁合意的基础而言,本案的仲裁请求是根据合同中的仲裁条款提出的,但仲裁庭的裁判意见在依据条约提起的仲裁案件中同样具有可复制性、可移植性,意即:仲裁庭对人权争端是否拥有管辖权,很大程度上取决于此类仲裁请求与潜在的投资争端的相关性,以及国际投资条约中仲裁条款的措辞。[2]

---

〔1〕 Biloune and Marine Drive Complex Ltd. v. Ghana Investments Centre and the Government of Ghana, UNCITRAL, Award on Jurisdiction and Liability, 27 October, 1989.

〔2〕 Andrew Paul Newcombe, Lluís Paradell, *Law and Practice of Investment Treaties: Standards of Treatment*, Kluwer Law International, 2009, p. 108.

相比之下，人权问题在投资仲裁中的出现，更多是由东道国政府提出的。在部分国际投资仲裁案件中，当投资者向仲裁庭指控东道国采取的某项外资管制措施违反该国所承担的国际义务时，东道国曾试图以其根据人权法所承担的义务作为抗辩理由。[1] 一些仲裁庭以对人权争端缺乏管辖权为由驳回此类抗辩或反请求，另一些仲裁庭则会将人权作为推理线索，来考察东道国对投资者财产的征收是否基于公共目的、是否具备合法性。[2] 对此，应当承认的是，多数国际投资条约没有明文规定投资者或东道国在人权保护方面的义务，也没有明文授权由国际投资仲裁庭对涉及人权的仲裁请求进行裁判。但是，这并不妨碍国际投资仲裁庭在主要审查投资争端的同时将管辖权的触手延伸至与投资问题紧密相关的人权问题。尤其是在 ICSID 投资仲裁中，仲裁庭通常适用《华盛顿公约》第 42 条确定案件所适用的准据法，这包括当事人根据意思自治原则所合意选择的法律，以及在当事人没有选择时，应适用争端当事方的法律，以及可能适用的国际法规则。[3] 最后一段关于国际法规则适用的规定，实际上为当事人援引、仲裁庭适用国际条约或国际习惯中的人权法规范提供了相对灵活的空间。正如审理 Klöckner

---

〔1〕 Pierre-Marie Dupuy & Jorge E. Viñuales, "Human Rights and Investment Disciplines: Integration in Progress", in M. Bungenberg, J. Griebel, S. Hobe, A., Reinisch, eds, *International Investment Law: A Handbook*, Baden: Nomos Verlagsgesellschaft, 2015, p. 1758.

〔2〕 See Técnicas Medioambientales Tecmed, S. A. v. The United Mexican States, ICSID Case No. ARB (AF) /00/2, Award, May 29th, 2003; International Thunderbird Gaming Corporation v. The United Mexican States, UNCITRAL (NAFTA), Award, January 6th, 2006.

〔3〕 张建："ICSID 投资仲裁中的法律适用问题——以《华盛顿公约》第 42 条的理解与适用为中心"，载《安阳师范学院学报》2016 年第 1 期。

诉喀麦隆裁决撤销案的专门委员会所言,国际投资仲裁中可平行适用国际法与国内法,国际法规则既可以对东道国国内法存在的缺漏起到补充作用,也可以在国际法与国内法不一致时起到纠正的作用。[1]但是,当法律冲突不是发生在国际法与国内法之间,而是同一位阶的人权法规范与投资法规范存在冲突时,又该如何解决呢?对此,可以尝试从已决的仲裁成案中进行探究。

例如,在阿祖里克斯诉阿根廷仲裁案[2]和西门子诉阿根廷仲裁案[3]中,被申请人均主张其采取征收行动是基于对本国公共利益的维护,当双边投资条约与人权条约存在冲突时,应当优先保护东道国的公共利益而非投资者的私人权益,但仲裁庭对此却未置可否,以东道国的证据不足以显示其本国公共利益遭受影响为由驳回了相应的抗辩。在苏伊士诉阿根廷仲裁案[4]中,被申请人同样提出了维护人权的抗辩,其中特别提到,之所以对外资予以管制,是为了实现当地居民的饮水权以便维持其最基本的生命和健康需要。与此同时,五家非政府组织在本

---

〔1〕 对于国际投资仲裁法律适用中国际法与国内法的关系问题,尽管国际普遍的观点是国际法优先于国内法,前者对后者起到填补缺漏和纠正的作用,但中国学者对此持批判的立场,认为《华盛顿公约》第42条第1款应理解为以适用东道国国内法为主,以可能适用的国际法规则为辅,且可适用的国际法规则应限于与投资争端相关的国际法规则,以避免仲裁庭依据国际法对东道国的主权行为进行过度审查和二次甄别。乔慧娟:《私人与国家间投资争端仲裁的法律适用问题研究》,法律出版社2014年版,第99页。

〔2〕 Azurix Corp. v. The Argentine Republic, ICSID Case No. ARB/01/12, Award, 14 July, 2006.

〔3〕 Siemens A. G. v. The Argentine Republic, ICSID Case No. ARB/02/8, Award, 17 January, 2007.

〔4〕 Suez, Sociedad General de Aguas de Barcelona S. A., and Vivendi Universal S. A. v. The Argentine Republic, ICSID Case No. ARB/03/19, Decision on Liability, 30 July, 2010.

案中以法庭之友的身份向仲裁庭提交了书面意见，同样特别指出了阿根廷有义务维护当地民众的基本人权，包括饮水权、生命权、健康权、居住权等，为了维护人权而采取的外资管制措施不应受到国际法的责难，其建议仲裁庭在解释投资条约义务时应特别留意东道国为维护人权所不得不采取的举措。法庭之友意见中还指出：对国际投资条约中的权利义务关系，应采取体系解释的方法，人权法的存在，为解释投资法中规定的外资保护待遇标准提供了缓冲的空间。当投资条约中的文本措辞采取开放式语言时，体系解释尤其适宜。例如，在适用公正公平待遇条款时，其概念相对抽象，那么必须结合条约的上下文和案件中东道国所处的社会经济环境进行全面衡量。当用以约束东道国的投资法与人权法在制度层面存在摩擦时，应当为东道国履行非投资义务留出适当的政策空间，而不是以外资保护的义务作为唯一价值取向，更不应当以投资义务作为利剑对东道国形成"监管恐惧"（regulatory chill）或"寒蝉效应"（chilling effect）。在这层意义上讲，上下文解释将促进投资法与人权法不同法律规范间的对话、沟通，从而相辅相成，实现法律适用上的充分协调。[1]

与前述其他案件相比，苏伊士诉阿根廷仲裁案的仲裁庭顾及本案的特殊情况，在对东道国的责任进行认定时，综合考虑了东道国的人权义务，其明确提出东道国应同时承担投资保护与人权保护义务，二者并无本质的矛盾。简言之，东道国的两类义务是平等的，不存在优劣、高下、先后之分。在格兰德河

---

〔1〕 Suez, Sociedad General de Aguas de Barcelona S. A., and Vivendi Universal S. A. v. The Argentine Republic, ICSID Case No. ARB/03/19, Amicus Curiae Submission, 4 April, 2007.

公司诉美国仲裁案中,加拿大的土著种族——第一民族——向仲裁庭主张,在解释《北美自由贸易协定》第1105条的最低保护标准时,应充分考虑特定人权和原住民保护其传统商事活动的权利,而仲裁庭则认定,在审理投资仲裁案件时,虽然有必要考虑其他的国际法规则,但这并不意味着可以将其他国际条约的条款导入《北美自由贸易协定》中。简言之,仲裁的准据法仍然主要是投资保护的法律规范,对人权条约仅是参考适用,这与通过最惠国待遇条款导入其他条约义务存在实质的不同。

总体来看,现行的国际投资条约与仲裁实践中,虽然对人权问题偶有关注,但仲裁庭重在强调二者的独立地位和断裂关系,并未能妥善地疏导二者的关联、打通二者的壁垒。[1]更为棘手的问题是,国际投资仲裁庭与国际人权法院在解决人权问题时存在一定的管辖权重叠。当然,有一点是相对确定的,无论是由国际法院裁判人权争端还是由国际仲裁庭解决投资者与国家间争端,首先要以具体的国际法律文件为基础对自身的管辖权范围作出认定。ICSID仲裁庭于2016年12月就Urbaser诉阿根廷仲裁案作出裁决,首次认可国际投资仲裁庭有权管辖投资过程中产生的人权争端。

---

〔1〕 由于国际投资仲裁庭在相当程度上忽视了东道国出于人权保护的目的而为其所采取的投资管制措施提出抗辩,这导致一些国家及非政府组织对投资仲裁产生了不安、忧虑、失望乃至批判,这种状况和现象被概括称为投资仲裁的"合法性危机"。尽管实证研究表明,ICSID投资仲裁裁决结果并没有"一边倒"地偏袒投资者,但这并没有打消来自东道国方面的疑虑,尤其是对于阿根廷这种国家,单是其一国政府就曾在国际投资仲裁中遭到60余起索赔。尽管人权问题并不是引发投资仲裁"合法性危机"的唯一成因,但确实是重要考虑之一。Bruno Simma, "Foreign Investment Arbitrtion: A Place for Human Rights?", in *International and Comparative Law Quarterly*, Vol. 60, 2011, pp. 575~576.

(三) Urbaser 诉阿根廷仲裁案所涉法律适用问题

在该案中，争端双方分别是西班牙投资者 Urbaser 与阿根廷政府。该案争端起因于一项涉及在布宜诺斯艾利斯经营供水与污水处理服务的特许权，该项特许权由阿根廷政府于 2000 年发放给 AGBA 公司，而该案的仲裁申请人 Urbaser 正是 AGBA 公司的外国股东。2001 年，阿根廷国内爆发经济危机，这使得该项特许权陷入僵局；2002 年，阿根廷采取了一系列紧急经济调控措施，包括在阿根廷比索已贬值 2/3 的背景下采取固定汇率制，强行将阿根廷比索和美元以 1∶1 固定汇率挂钩。AGBA 多次尝试与当地政府展开沟通，就其关税定值和特许权的审查进行协商，但均告失败。政治原因最终导致布宜诺斯艾利斯省政府于 2006 年 7 月宣告特许权终止。

本案申请人于 2007 年 7 月向 ICSID 提出仲裁请求，根据阿根廷与西班牙 BIT 第 3 条、第 4 条、第 5 条对东道国政府的行为提出指控，声称阿根廷政府的行为违背了公正公平待遇、征收与补偿条款，实施了歧视性的不公正措施等，以此就其股东权益所受损失进行索赔。2009 年 10 月，仲裁庭正式组成，在答辩中，被申请人对申请人提出的所有指控坚决予以否认。被申请人认为，申请人基于特许合同以及阿根廷相关法律应当承担规定的投资义务。并且被申请人因此产生了申请人将会完成相关投资的善意的合理期待（bona fide expectations），这种期待的具体要求便是实现该区域居民的水权与卫生权。一方面，被申请人不履行相关投资义务，违反了国际法原则中的诚实信用原则和契约必须遵守原则。与此同时，这种不履行不仅违反了特许权合同的条款，而且也是对居住在极端贫困环境下的居民的基本人权的侵犯。被申请人申明，人权已经被国际法认可作为一项基本原则，其对个人包括公司都具有约束力。例如，国际劳工组织于 2006 年修订的《关于跨国公司和社会政策的三方原则宣言》即承认：《世界人权宣言》中的规定适用于跨国公司。其他的国际法律文件中也有相似的规定。鉴于此，承担人权保障义务的主体，不仅仅局限于国家，也及于个人、公司等主体。本案中，申请人最重要的义务便是保障居民能按照特许合同的规定获得用水这项基本人权。所以，申请人没有按特许合同进行投资，导致居民不能按规划获得饮用水和污水处理服务，侵犯了他们的基本人权，应予赔偿。

投资者指出，被申请人所提出的仲裁反请求并不涉及直接因投资而产生的法律争端。申请人注意到，被申请人提出的反请求意图根据善意原则指控申请人没有按照原定计划设立其投资，而阿根廷国内法与一般法律原则均认可善意原则及缔约必守原则。投资者未设立投资计划的行为，对当地居民的基本人权造成了恶劣影响，特别是对居住于极度贫穷地区的数以千计的居民的健康权和环境权带来了直接的侵夺。但申请人抗辩称，被申请人提出的反请求并非基于投资者对西班牙与阿根廷 BIT 的违反，而是基于投资者对阿根廷国内法、涉及特许权的规章制度及国际法的违反，这些违反严格来讲仅仅涉及合同的违反而非投资条约的违反。一方面，就阿根廷国内法而言，尽管 BIT 第 10 条第 5 款规定其可作为争端解决的准据法，但这并不意味着 BIT 直接要求投资者遵守此类法律，也并不意味着对此类国内法律的违反可被提升为对 BIT 本身的违反。事实上，只有对 BIT 义务的违反才允许争端当事方提交 ICSID 仲裁。此外，由于 BIT 既未明文对投资者克以具体义务，也没有规定保护伞条款，东道国也就无从依据 BIT 向国际仲裁庭对投资者违反合同义务的行为主张赔偿。据此，申请人向仲裁庭提出，应直接驳回东道国的反请求，原因是该反请求既不在 ICSID 仲裁庭的管辖权范围内，亦不构成《华盛顿公约》第 25 条第 1 款所规定的 "直接因投资而产生的法律争端"。另一方面，BIT 第 10 条并没有授权仲裁庭管辖争端当事方违反国际法的行为，正如 Biloune 诉加纳案[1]的仲裁庭所指出的，对违反人权的行为进行裁判已经超出了投资仲裁庭的管辖权范围。而且，申请人主张，国际法关于善意原则的规定仅对主权国家具有拘束力，并不能直接约束私人投资者。

申请人一再强调，东道国虽然在投资条约中作出了同意仲裁的要约，但投资者接受要约、同意仲裁的范围仅限于争端当事双方对 BIT 本身的违反，对于 BIT 以外的其他国际法义务的违反则并未形成仲裁的合意。至于投资者与东道国在仲裁中的权益不平衡的问题，是众所公认、普遍存在的现象，在本案之前虽然也有东道国在少数案件（如 Amco 诉印度尼西亚案[2]、Sergei 诉蒙古案[3]、Saluka 诉捷克案[4]）中提出了反请求，但反请求基本均被仲裁庭驳回，驳回的理由正在于东道国的请求权基础建立在国内法而非 BIT 的基础上。

考虑到争端当事双方在仲裁庭能否管辖人权反请求这一先决问题上争执不下，仲裁庭决定先就申请人提出的原则性异议

---

[1] Antoine Biloune and Marine Drive Complex Ltd. v. Ghana Investment Centre and the Government of Ghana, Award, UNCITRAL Rules, 27 October, 1989.

[2] AMCO v. Republic of Indonesia, ICSID/ARB/81/1, Decision on Jurisdiction, 10 May, 1988.

[3] Sergei Paushok et al. v. The Government of Mongolia, Award on Jurisdiction and Liability, 28 April, 2011.

[4] Saluka Investments BV v. The Czech Republic, Decision on Jurisdiction over the Czech Republic's Counterclaim, 7 May, 2004.

进行认定。申请人异议称，本案 BIT 与国际上多数 BIT 一样，具有非对称性，其并没有规定东道国享有任何权利，相应地，也没有对投资者克以任何义务或责任。因此，申请人主张，仲裁庭无权管辖东道国提出的反请求。但仲裁庭经过反复研读 BIT 后认定，申请人的异议理由不具有可采性。

第一，BIT 中并无任何法律条款可明确用于支持申请人的主张。可以确定的是，BIT 的重点关注是为保护投资者的权利和利益设定若干待遇标准，其首要目标是吸引、促进和保护外资。然而，没有任何条款规定东道国不享有任何权利，也没有规定投资者不承担任何法律义务。

第二，BIT 第 9 条、第 10 条分别规定了不同国家之间的投资争端解决、投资者与国家间的投资争端解决，二者都赋予了东道国以争端解决的权利。尽管这是程序性的权利，但足以使申请人提出的"BIT 没有为东道国赋予任何权利"的主张不攻自破。

第三，BIT 第 1 条第 2 款的投资定义条款要求在设立或取得投资阶段，投资者必须按照东道国国内法律的规定履行相关的要求，否则该项投资活动将被排除在 BIT 保护的投资定义之外。申请人指出，这一投资定义条款并未直接给投资者设定义务，仲裁庭同意这一主张。但仲裁庭话锋一转，随即指出，尽管本条并未明确要求投资的设立须符合东道国的哪些具体法定义务，但却赋予了东道国一定的权利，即如果东道国发现投资的设立不符合国内法规定的要件，其有权根据 BIT 启动仲裁条款。原因是，BIT 第 10 条第 1 款适用于"在缔约一方与另一缔约方投资者之间产生的与本协议所保护的投资有关的争端"，其并未限制只能由投资者提起国际仲裁。经过对比，第 9 条第 1 款规定缔约方之间可就"关于本协议的解释与适用而产生的争端"提交国际仲裁，而第 10 条第 1 款并未要求投资争端和 BIT 的解释与适用之间须具有某种联系，仲裁庭认为此种区分措辞是条约的立法者有意为之，立法者无意对投资者与国家间的可仲裁事项作过多限制。因此，东道国有权根据该条款就投资者违反国内法的不法投资行为索取赔偿。

第四，仲裁庭对 BIT 第 10 条第 5 款关于仲裁准据法的规定进行了分析，虽然该条款首先规定仲裁庭应适用本 BIT 裁决，但同时也将争端当事方之间有效的其他条约、东道国的国内法、国际法的一般原则作为可用于裁判的法律渊源，只要仲裁庭认为必要且适当，BIT 是允许仲裁庭适用其他法律体系作为准据法的。尤其应注意的是，如果按申请人的主张对 BIT 作孤立的解释，那么将国际法的一般原则这一法律渊源规定在第 10 条第 5 款中将毫无意义。法律解释的目的旨在赋予被解释的条款以特定的涵义，而依据《维也纳条约法公约》第 31 条第 1 款，仲裁庭对条约的解释应奉行善意原则，即不应轻易地使 BIT 条款归于无效。

在明确 BIT 中存在对东道国授权、对投资者施加义务的规定后，仲裁庭又深入分析了 BIT 与国际法尤其是人权法之间的关系。仲裁庭的这一部分论证，为其就侵犯人权的索赔请求行使管辖权提供了坚实的法律基础。

仲裁庭旗帜鲜明地指出，并不赞成仲裁申请人关于人权保护义务主体的原则与立场。申请人称，担保当地居民的饮水权仅仅是国家单方面承担的国际义务，包括申请人在内的私人投资者并没有义务作出保护人权的承诺。推而广之，申请人主张，就一般意义上的人权而言，私人当事方亦无义务或责任对保护东道国人权作出允诺，这一义务应当由东道国国家独立承担。但仲裁庭从权利与义务相平衡的角度否决了申请人的主张，仲裁庭称，在传统的国际法中，主权国家是国际法的唯一主体，公司并非国际法律人格者，既不能享有国际法上的权利，也不能承受国际法上的义务。而在现代国际法中，个人与法人（含跨国公司）的主体地位越来越重要。以本案 BIT 为例，第 7 条所规定的最惠国待遇条款即允许投资者援引其他国际法规则中更有利的权利，第 10 条也赋予投资者在仲裁中适用一般国际法的权利，足见投资者能够在某些情形下成为国际法的主体，相应地，要求外国私人投资者根据国际法承担特定义务，这也并不为过。

随后仲裁庭提及，现代国际法已经将企业社会责任的概念接受为公司在国际商事领域经营的一项重要标准。作为企业社会责任内涵之一，这一标准囊括了公司在其注册地以外的其他国家运营时应当遵守当地人权的要求。1948 年《世界人权宣言》第 1 条规定："人人生而自由，在尊严和权利上一律平等。"第 21 条第 2 款规定："每个人均有权在其本国内部平等地接受公共服务。"第 25 条第 1 款规定："人人有权享受为维持他本人和家属的健康和福利所需的生活水准，包括食物、衣着、住房、医疗和必要的社会服务；在遭到失业、疾病、残废、守寡、衰老或在其他不能控制的情况下丧失谋生能力时，有权享受保障。"就其文义解释而言，可以说，这些条款仅仅阐明了与每个个体所直接相关的权利，除此之外并未要求更多。但就其目的解释而言，为了确保每个个体都能真正地享有和行使这些权利，必须要确保任何其他的个人或实体，无论是公共主体还是私主体，均不得无视此类私人权利。就其效果而言，这实际上也就为其他的主体设定了尊重和保护人权的义务，正如《世界人权宣言》第 30 条所规定:"本宣言的任何条文,不得解释为默许任何国家、集团或个人有权进行任何旨在破坏本宣言所载的任何权利和自由的活动或行为。"[1]而本案的投资者虽为跨国公司,仍然应受到《世界人权宣言》的调整和约束。简言之,就尊重与保护人权这一国际义务而言,无论是东道国还是外国投资者,皆概莫能外。[2]

类似地,1966 年《经济、社会、文化权利国际公约》第 11 条第 1 款规定:"本公约缔约各国承认人人有权为他自己和家庭获得相当的生活水准,包括足够的食物、衣着和住房,并能不断改进生活条件。"第 5 条第 1 款规定:"本公约中任何部分不得解释为隐示任何国家、团体或个人有权利从事于任何旨在破坏本公约所承认的任何权利或自由或对它们加以较本公约所规定的范围更广的限制的活动或行为。"2002 年,联合国经济、社会及文化权利委员会召开第二十九届会议,会上发布的第 15 号一般性意见专门对水权作了特别规范,其中明确:"水权明显属于实现相当生活水准的必要保障之一,特别因为它是生存的最根本条件之一。"2010 年 7 月 28 日,联合国大会亦专门发布一项决议,其中指出:"饮用水权和卫生设施的权利是一项基本权利,对生命权的充分享有,所有人权的行使是至关重要的。"国际劳工组织执行机构于 1977 年通过、2006 年修订的《关于多国

---

[1] 与其他权利一样,多数人权都不是绝对的,人们在行使自己的权利的同时,还应尊重他人的人权,因此人权要受到限制。徐显明主编:《国际人权法》,法律出版社 2004 年版,第 61 页。

[2] 传统的 BIT 大多只是单方面地强调外国投资者的权利,并对东道国政府克以义务,却忽视了投资者在东道国从事经济活动时也应当顾及当地的经济与社会发展。企业社会责任概念的彰显,对投资者提出了保护当地人权的基本要求,有助于保持国际投资法的灵活性,增强社会的整体福利。李凤琴:"国际投资仲裁中的人权保护",载《政法论丛》2010 年第 1 期。

企业和社会政策的三方原则宣言》，是主要用于规范跨国公司企业社会责任的一份自愿遵守的原则性声明，其中第八项原则规定，本宣言涉及的所有当事人均应尊重《世界人权宣言》及联合国大会通过的相应的国际公约。

基于以上分析，仲裁庭指出，《世界人权宣言》等国际人权公约为投资者施加了相应的人权保障义务，而 BIT 当中也并没有将申请仲裁的权利单方面地仅仅赋予投资者一方，这意味着，投资东道国作为被申请人，完全有权利提出仲裁反请求。争端当事双方的仲裁合意具体体现在本案 BIT 第 10 条中，该条第 1 款规定：产生于缔约一方与缔约另一方投资者之间的、与本协定范围内的投资有关的争端，应当尽可能友好协商解决。从平等对待争端当事双方的基础原则出发，这实际上绝无限制东道国诉权的意图。而第 10 条第 2 款及第 3 款则规定，如果争端当事双方在 6 个月内无法达成和解协议，则任何一方当事人可请求将该争端提交至东道国国内法院诉讼或提交国际投资仲裁解决。仲裁庭注意到，尽管申请人提出若干反面例证证明部分 ICSID 仲裁庭认定其对东道国的反请求无管辖权，但在这些案件中，主要的障碍在于案件所适用的相关 BIT 在仲裁条款所适用的争端范围措辞方面相对限缩或者认定反请求与本请求不存在密切联系，而本案的 BIT 在国际仲裁所适用的争端范围上则措辞相对宽泛，且反请求与本请求也存在紧密关联。基于以上分析与论证，仲裁庭最终认定，对本案被申请人阿根廷政府提出的涉及当地居民水权的反请求享有管辖权，并对实体问题进行审理，作出了相应的赔偿裁决。[1]

---

[1] 张建："国际投资法与人权法的二元互动关系论析——以 ICSID 投资仲裁实践为中心"，载孔庆江、林灿铃主编《国际法评论》，清华大学出版社 2019 年版。

五、国际商法在投资仲裁中的适用

伴随全球化时代的高速发展，跨国经贸与投资活动开始融入"法律全球化"的趋势中。商法的趋同化催生了现代商人法的复兴，并逐步从国际商事仲裁进入国际投资仲裁法律适用的视野中。正如国际知名的贸易法专家施米托夫（Schmitthoff）所言，商人习惯法是在与国家无原则性利害关系的任意性法律范围内，在不同国家法律制度中发展起来的调整作为平等主体商人间关系的统一法，具体表现为国际公约、示范法、国际商会等国际组织制定的文件，主要渊源为国际商事惯例和国际统一立法。在施米托夫看来，商人习惯法只有被一国的内国法体系或被当事各方共同采纳时，才具有法律约束力，其主要作用是作为国内法和冲突规范的补充。[1] 近些年来，国际上主要形成了如下统一商法原则：

表2-2：国际上主要的统一商事合同立法

英文全称	英文简称	中文全称
Principles of International Commercial Contracts	PICC	《国际商事合同通则》
United Nations Convention on Contracts for the International Sale of Goods	CISG	《国际货物销售合同公约》
Principles of European Contract Law	PECL	《欧洲合同法原则》
Common European Sales Law	CESL	《欧洲统一货物销售法》

---

[1] [英] 施米托夫：《国际贸易法文选》，赵秀文选译，中国大百科全书出版社1993年版，第247页。

续表

英文全称	英文简称	中文全称
Principles, Definitions and Model Rules of European Private Law Draft Common Frame of Reference	DCFR	《欧洲私法的原则、定义与示范规则：欧洲民法典草案》

在上述统一商人法的法律文件中，由国际统一私法协会制定的《国际商事合同通则》是现代商人法的渊源之一，其作为商人法的重述具有天然的自治性，这与仲裁的自治性元素高度契合，因此在国际商事仲裁中得到广泛的适用、援引和参照。[1]在国际投资仲裁中，《国际商事合同通则》也具有可适用性，其适用的路径既包括当事人双方选择，也包括在无意思自治的情况下由仲裁庭依裁量权而适用。

从实践层面观察，无论是在以合同为基础的国际投资仲裁案件中，还是在以条约为基础的国际投资仲裁案件中，《国际商事合同通则》都得到了适用，但该通则在前一类争端中被更为普遍地适用，这与通则内容以合同为主要规范对象是紧密相关的。[2]例如，在 Joseph Charles Lemire 诉乌克兰案中，投资者的仲裁申请既涉及被申请人对投资合同的违反，又涉及被申请人对美国与乌克兰 BIT 的违反，对于前者，仲裁庭并没有适用东道国的国内法，而是适用了《国际商事合同通则》，对于后者，仲裁庭则没有适用该通则，而是主要适用了美国与乌克兰 BIT 中的条约款项。[3]

---

〔1〕 上海市律师协会国际贸易业务研究委员会主编，赵平执行主编：《国际商事仲裁律师实务》，法律出版社 2018 年版，第 221 页。

〔2〕 Piero Bernardini, "UNIDROIT Principles and International Investment Arbitration", *Uniform Law Review*, Vol. 19, 2014, p. 561,

〔3〕 Joseph Charles Lemire v. Ukraine, ICSID Case No. ARB/06/18, Decision on Jurisdiction and Liability, 14 January, 2010.

不过，在另外一些条约案件中，仲裁庭则适用了《国际商事合同通则》的内容。例如，在 Gemplus 诉墨西哥案及 Talsud 诉墨西哥案中，仲裁庭认定应以国际法作为准据法，申请人就其特许权被征收而遭遇的损失向仲裁庭请求获得完全的赔偿。在界定损失的范围时，申请人称其既包括直接遭受的损失，也包括被剥夺的利益。在确定赔偿额时，仲裁庭注意到《国际商事合同通则》第 7.4.3 条第 1 款要求以"合理确定性程度"确定损失的赔偿（包括未来损害），该条第 2 款则规定对机会损失的赔偿可根据机会发生的可能性程度按比例确定。鉴于此，该案仲裁庭指出，机会损失这一概念是普通法系和大陆法系所共同承认的一项法律概念，这与证明具有合理确定性程度的损害这一法律要件（包括对可能性予以平衡的确定性）是可以兼容的。最终，该案仲裁庭在行使自由裁量权的前提下裁决申请人有权获得其因丧失机会而遭遇的损失所应得的赔偿。[1] 在另一起条约仲裁案件中，仲裁庭则持有相反的立场，认为：机会损失原则并没有在所有法律体系内获得广泛的认可，这项损失赔偿的原则至多只能被视为一项例外的情况，只有存在无所争议的损害但无法定量时，才可以适用这项原则，这是《国际商事合同通则》第 7.4.3 条第 2 款的官方评注所阐明的。[2] 在另一起案件中，案件所适用的法律是瑞典与罗马尼亚 BIT，作为被申请人的东道国辩称，仲裁庭拟裁决给申请人的任何赔偿金额都应当受到申请人支付给东道国的税款金额（包括利息及罚金）的抵销。该案仲裁庭驳回了罗马尼亚的抵销

---

〔1〕 Gemplus SA, SLP SA, Gemplus Industrial SA de CV v The United Mexican States and Talsud SA v The United Mexican States, ICSID Case No. ARB（AF）/04/3 and ARB（AF）04/4, Award, 16 June, 2010.

〔2〕 Chevron Corporation and Texaco Petroleum Company v Ecuador, UNCITRAL PCA Case no 2009-23, Partial Award, 20 March, 2010.

请求,因为并没有任何证据表明满足了罗马尼亚法律所规定的抵销要件。对此,申请人主张应适用《国际商事合同通则》第8.1条规定的抵销要件,仲裁庭没有详尽阐述该通则是否应适用以及为何应适用,而是直接认定该条款规定的抵销要件(相同的双方当事人之间互负债务)在本案中并未满足。由此可见,以《国际商事合同通则》为代表的国际商法统一性文件在国际投资仲裁(尤其是以条约为基础的国际投资仲裁)中应否适用,现有的实践存在较大的争议。但毋庸置疑的是,在以投资合同为基础的国际投资仲裁中,以及在双方选择适用相关商人法的以条约为基础的国际投资仲裁中,《国际商事合同通则》与投资争端解决具有直接相关性。[1] 在涉及抵销抗辩、合同不履行、损失赔偿等争端时,《国际商事合同通则》等国际商人法应在国际投资仲裁的法律适用中发挥更大的作用。

本章小结

追求非正式的、友好的争端解决方式,既是中国历史传统中"和"文化的彰显,也符合西方世界在"形式主义"与"非形式主义"两种不同价值观之间不断交替变化的发展趋势。[2] 仲裁是在法院过度形式化的背景下产生的,国际投资仲裁也是外国投资者对东道国国内司法体系不信任的情形下形成的,鉴于当事人对程序性权利的需求不断提升,投资仲裁往往被批判存在管辖权重叠、平行程序、对立裁决等痼疾,且仲裁程序因

---

[1] Giuditta Cordero-Moss and Daniel Behn, "The Relevance of the UNIDROIT Principles in Investment Arbitration", *Uniform Law Review*, Vol. 19, Issues 4, 2014, p. 570.

[2] 樊堃:《仲裁在中国:法律与文化分析》,樊堃等译,法律出版社2017年版,第252页。

不够透明而被认为趋于司法化，时间与费用成本过高、裁判结果偏袒外国投资者等等，这种形式化取向使国际投资仲裁正在启动新一轮改革。《华盛顿公约》第42条的规定为ICISD投资仲裁庭确立了统一的法律适用方法，彰显了灵活性与确定性的平衡。在投资仲裁的法律适用问题上，当事人意思自治原则为重塑当事人之间的友好关系提供了可能，东道国国内法的适用必须首先解决国际法与国内法的二元关系。事实上，对《华盛顿公约》第42条所确立的国际法与国内法的关系存在多重理解：第一类观点主张，第42条第1款的措辞意在限制国际法的适用，国际法规范在准据法体系中仅具有补充性和矫正性的角色，只有在作为准据法的东道国国内法存在法律漏洞或者有关国际法与国内法存在不同规定时，ICSID仲裁庭方可适用国际法；第二类观点主张，必须同时满足四方面要件仲裁庭方可适用国际法，当事人有此约定、东道国国内法要求适用国际法、案件争议的标的事项直接受国际法规制、东道国国内法违背国际法的基本原则；第三类观点主张，国际投资仲裁庭在法律适用方面拥有自由裁量权，仲裁员有权力适用其认为可适用的法律规则，无论是国际法还是国内法，都应遵循此种逻辑。[1]可见，学者们对国际法与国内法的关系莫衷一是。鉴于国际投资法与环境、劳工、人权、贸易等存在难以割舍的关联，其他国际法规范在投资仲裁中的适用仍然是值得进一步深思的重点。

---

[1] Monique Sasson, *Substantive Law in Investment Treaty Arbitration: The Unsettled Relationship Between International Law and Municipal Law*, Kluwer Law International, 2017, pp. 66~70.

第三章
最惠国待遇条款在国际投资仲裁中的适用

根据联合国贸易和发展会议（United Nations Conference on Trade and Development，UNCTAD）的统计，截至 2019 年 7 月，国际社会中已经存在 2658 项国际投资条约，其中既包括大量的双边投资条约（BIT），也包括区域性投资条约（RIT）、多边投资公约以及自由贸易协定（FTA）中的投资条款。[1]这表明，在全球范围内已经形成了国际投资条约的庞大网络，国际投资法制错综复杂，彼此间交织重叠。在具体的国际投资仲裁案件中，究竟适用哪一项国际投资条约，将直接关系到投资者受到保护的待遇水平以及索赔与求偿的标准。值得一提的是，如果案件所适用的投资条约中存在最惠国待遇条款，这将为外国投资者援引其他更优惠的投资条约保护提供桥梁和纽带，从而使国际投资法借助最惠国待遇条款从双边化走向多边化效应。但是，最惠国待遇条款并不能使投资条约中的任何承诺都实现多边化，这类条款主要适用于对投资者的实体保护，而并不必然

---

[1] UNCTAD, *World Investment Report* 2019: *Special Economic Zones*, United Nations Publication, 2019, p. 12.

适用于争端解决程序，除非缔约双方有明确的相反约定。[1]这就给仲裁庭提出了挑战：最惠国待遇条款的涵义如何，适用范围涵盖哪些事项，此类条款的适用需要满足哪些条件，其适用将产生何种效果等。在 ICSID 投资仲裁实践中，已有相当一部分案件的仲裁庭对最惠国待遇条款进行了阐释，此类条款对仲裁管辖权及实体的法律适用产生了重要影响，本章将对此予以专门论述。

第一节 最惠国待遇条款的法律涵义与适用方式

一、最惠国待遇条款的缘起与界定

所谓外资待遇，是指东道国政府对待外国投资者及其投资的标准。各国政府应如何确立外资待遇标准，国际法上尚无统一、具体的规定，通常需要基于国内法和国际投资条约的规定，特别是双边投资条约中的规定。当前，在双边投资条约和某些区域性投资条约中，已经逐渐发展出相对成熟的外资待遇标准，形成了一个较为完整的体系。依据适用范围，可将外资待遇划分为一般待遇标准（general standard）和特定待遇标准（specific standard），前者适用于投资活动的各个环节和方面，而后者只适用于投资条约规定的某些特定环节和方面。依据有无确定的参照标准，外资待遇标准又可分为相对待遇标准和绝对待遇标准，这是一种更为常见的分类法。[2]UNCTAD 于 2004 年的出版

---

〔1〕 徐树：:"最惠国待遇条款'失控'了吗？——论国际投资条约保护的'双边主义'与'多边化'"，载《武大国际法评论》2013 年第 1 期。

〔2〕 杨慧芳：《外资待遇法律制度研究》，中国人民大学出版社 2012 年版，第 2 页。

物《国际投资协定：主要争论点》中曾经指出，在国际投资协定中，最为常用的待遇标准是最惠国待遇、国民待遇和公平公正待遇，前两个被称作相对（或有条件）的标准。最后一个则被视为绝对（或无条件）的标准。公正公平待遇并非等同于国际最低待遇标准，它应是一项独立适用的国际投资法原则。[1]

在各类外资待遇标准当中，最惠国待遇是国际经济关系中历史最为悠久、实践最为成熟的待遇标准之一，其在 WTO 法律体系内居于核心地位，且随着经济自由化趋势的扩张而拓展适用于投资关系中。[2] 联合国国际法委员会在 1978 年第 30 次会议上通过的《关于最惠国待遇条款的条文（草案）》第 5 条指出，最惠国待遇是指授予国给予受惠国或与之有确定关系的人或事的待遇不低于授予国给予第三国或与之有同样上述关系的人或事的待遇。[3] 1994 年《关税与贸易总协定》第 1 条第 1 款即规定了最惠国待遇，要求对进出口或有关进出口而征收的关税和有关税费，在征税方法、进出口手续等方面，缔约国给予原产于或运往任何国家或地区的产品的任何好处、优惠、特权、豁免等，应当立即地、无条件地给予原产于或运往所有缔约方境内的相同产品。[4] 随着 WTO 规则的不断发展，最惠国待遇条款从货物贸易扩张适用于服务贸易和与贸易有关的知识产权问题

---

[1] 王衡、惠坤："国际投资法之公平公正待遇"，载《法学》2013 年第 6 期。

[2] Marie-France Houde, "Most-Favoured-Nation Treatment in International Investment Law", in OECD, *International Investment Law: A Changing Landscape*, OECD Publisher, 2005, p. 127.

[3] 张宏乐：《国际投资协定中的最惠国待遇条约研究》，经济科学出版社 2016 年版，第 23 页。

[4] 对 1994 年《关税与贸易总协定》中最惠国待遇条款的准确理解，需要厘清"原产于""其他国家或地区""相同产品"等核心术语。宣增益主编：《世界贸易组织法律教程》，中信出版社 2003 年版，第 12 页。

等领域。但在 WTO 法律规则框架内,最惠国待遇的适用存在例外:一国给予邻国的利益和优惠、关税同盟内的优惠、自由贸易区和经济共同体内的优惠等,其他国家不能主张通过最惠国待遇条款享有同等的优惠。

在国际投资法与投资仲裁语境下,最惠国待遇是指一国(施惠国)给予另一国(受惠国)投资者(包括自然人与法人投资者)的待遇,不低于现在或者将来给予任何第三国投资者在该国所享受的待遇。就其实质而言,最惠国待遇是东道国向其投资者作出的不施加任何形式的歧视的保证,这对于来自不同国家的投资者而言至关重要,据此他们可以在设业权方面获得平等的竞争机会。但对东道国而言,与其订立最惠国待遇条款的缔约伙伴国的投资者将利用此类条款"免费搭车"(free rider),从而使东道国负有义务将今后给予任何第三国的额外权利单方面地给予其条约伙伴国。[1]

就法律性质而言,最惠国待遇构成缔约方之间的条约义务,而非习惯国际法规范,因此对其适用范围的讨论必须依赖于缔约各方的合意并体现在最惠国待遇条款的表述中。就规范结构而言,条约的缔约方通常会在最惠国待遇中明确其适用范围、适用例外、适用效果。例如,2014 年中国与坦桑尼亚 BIT 第 4 条即纳入了最惠国待遇,该条规定:"(1)缔约一方就投资的设立、并购、扩大、运营、管理、维持、使用、享有、出售或处置所赋予缔约另一方投资者及在其领土内的投资的待遇不得低于在相同情势下给予第三国投资者及其投资的待遇。(2)第一款所指待遇不应解释为缔约一方有义务将由下列原因产生的待

---

[1] 杨慧芳:《外资待遇法律制度研究》,中国人民大学出版社 2012 年版,第 122 页。

遇、优惠或特权获得的利益给予缔约另一方投资者：①建立自由贸易区、关税同盟、经济联盟、货币联盟或类似组织、机制的协定；②与税收有关的国际协定或者国际安排；③任何便利边境地区小额边境贸易的安排。(3) 本条第一款不适用于本协定或其他缔约一方签署的类似国际协定中规定的争端解决条款。"

就适用范围而言，部分最惠国待遇条款将其适用范围仅仅限定为投资设立后的活动，另一部分最惠国待遇条款则不仅涵盖投资准入及设业后的活动，而且也将准入前的投资活动纳入其中，此即所谓"准入前"最惠国待遇。对最惠国待遇条款的争论不仅集中于国际投资实体保护事项的适用，还涉及最惠国待遇条款在国际投资争端解决程序问题上的适用。

值得肯定的是，尽管各个国际投资条约中关于最惠国待遇条款的规定存在差异，但其具有若干共性特征：首先，对投资待遇的比较限定为在相同或类似情形下；其次，尽管存在准入前最惠国待遇与准入后最惠国待遇的区分，但两类最惠国待遇条款均涵盖投资设立后的管理、维持、适用、收益及处分。[1] 为了更为深入地了解最惠国待遇条款在国际投资仲裁中的适用，必须首先阐明其适用方式。

二、最惠国待遇条款的适用方式

如上图所示，投资东道国（施惠国）与投资者母国（受惠国）之间签署的 BIT（基础条约）中规定了最惠国待遇条款，根据该条款，投资者有权援引施惠国现在或将来与任何第三国（最惠国）签署的 BIT（第三方条约）中所提供的更高水平的保

---

[1] Baxter Roberts, Michael Feutrill and Kanaga Dharmananda, *A Practical Guide to Investment Treaties-Asia Pacific*, LexisNexis Australia, 2015, p.76.

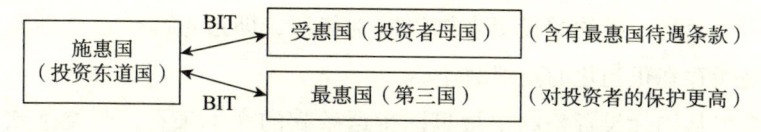

```
施惠国              受惠国（投资者母国）    （含有最惠国待遇条款）
（投资东道国）  BIT
                   最惠国（第三国）        （对投资者的保护更高）
              BIT
```

图3-1：最惠国待遇条款在投资法中的适用图解

护，此种更高的保护标准将赋予投资者更优惠的待遇。在具体的国际投资仲裁个案中，仲裁庭在判断最惠国待遇条款的适用时，需要逐步分析如下问题：首先，基础条约中是否规定了最惠国待遇条款；其次，如果基础条约规定了最惠国待遇条款，该条款的适用范围涵盖哪些事项（尤其要考察是否纳入或排除了争端解决事项）；再次，投资者所希望援引的第三方条约是否比基础条款更优惠，此种比较需要符合同类原则，即比较应建立在相同或类似情形的框架之内（例如基础条约与第三方条约规定了不同的征收补偿标准）；最后，明晰适用最惠国待遇条款的法律效果，即在第三方条约比基础条约更优惠的基础上，适用第三方条约中更高的保护，不再适用基础条约中的有关规定。

三、最惠国待遇条款的适用条件

参考《关于最惠国待遇条款的条文（草案）》有关条文，可以提取援引最惠国待遇条款的若干要件：其一，基础条约中规定了最惠国待遇条款；其二，授予国在第三方条约中给予第三国的特定待遇属于基础条约中最惠国待遇条款之内的事项范围，实践中通常将其归纳为是否符合同类原则（the ejusdem generis principle）；其三，授予国在第三方条约中给予第三国的特定待遇比基础条约更为优惠；其四，受惠国主张获得最惠国待遇的人或事，不但从类型上与从第三方条约中受益的人或事相同，而且与受惠国的关系也与第三方条约相同；其五，尽管多数投资条约没有规定，但缔约国如果出于正当理由及合理原因，可以对另一缔约国投资者施以差别待遇,即最惠国待遇原则的适用存在正当化的差别例外。

从国际投资条约中最惠国待遇条款的文本来看,此类条款的适用通常是互惠的、无条件的、有限的、单方面的,但是也存在某些差异:有的国际投资条约明确规定最惠国待遇仅在"相同或类似情形下"(in like circumstances)方可授予,有的则并没有此种措辞;有的国际投资条约明确限定最惠国待遇条款的适用范围是"另一国的投资者在其境内的投资及与投资有关的活动",将投资者与投资活动并列提及,有的则只提及特定的投资活动。[1]我国对外签订的 BIT 中,对最惠国待遇条款的适用范围也作出了不同规定,大致可分为两类:一种是"投资或与投资有关的活动"方面实行最惠国待遇,例如中国与马里 BIT、中国与法国 BIT;另一种是"缔约一方在其领土内给予缔约另一方投资者的投资或收益的待遇""缔约一方在其领土内给予缔约另一方投资者管理、维持、使用、享有或处置其投资的待遇"方面实行最惠国待遇,例如中国与瑞士 BIT。也有些 BIT 明确规定了最惠国待遇条款的适用例外,如关税同盟、自由贸易区、税收协定、边境贸易安排等。除此之外,最惠国待遇条款的范围受到基础条约调整对象的限制,每项 BIT 都有其自身的适用范围,包括所适用的事项、时间、主体等,这些体现在 BIT 对"投资""投资者"及生效日期的规定中,而这些也构成对最惠国待遇条款的限定。[2]

---

〔1〕 陈安主编:《国际投资法的新发展与中国双边投资条约的新实践》,复旦大学出版社 2007 年版,第 187 页。

〔2〕 郭桂环:"最惠国待遇条款的适用对中国的启示",载《人民论坛》2013 年第 5 期。

鉴于 BIT 中关于最惠国待遇的条款具有多样性，国际仲裁庭必须对特定 BIT 中的最惠国待遇规定进行解释。实践中，法律解释乃是法律适用所不可或缺的前提，即运用解释方法阐明成文法的规范意义，从理论上达到系统性调和，并进而得出妥当的法律适用结果。[1]简言之，法律的解释作业，就是在法律制定者与法律适用者之间、法律规范与案件事实之间建立沟通和联系的桥梁，最惠国待遇条款在投资仲裁中的适用亦是如此。如果 BIT 中明确了最惠国待遇条款的适用范围与排除事项，根据条约的约文可以直接探究缔约国的真意，则条约的解释相对简单明了；但如果 BIT 中的最惠国待遇条款规定了宽泛的适用范围，且没有明确排除争端解决等程序性事项时，则需要运用条约解释规则对其进行廓清。[2]

从方法论的角度观察，最惠国待遇条款的有效适用需要对东道国施予不同外国投资者的待遇进行比较。不同于绝对待遇标准，最惠国待遇的测算是相对的，比较的基准即在相同或类似情形下，东道国如何对待来自不同国家的外国投资者。事实上，这一标准在东道国政府规制权和政府决策权方面的适用范围是无限制的，但如果投资条约中订入了最惠国待遇条款，即有了限制，不允许东道国对不同国家的投资者形成不合理的歧视，而限制的范围必须是在相同或类似情形的前提之下。相同情形这一适用要件的准确界定，需要仲裁庭对不同国家外国投资者面临的情形的相似性进行确认，这不可避免地涉及价值判断，因为仲裁庭既要判定有关事实背景是否相似、如何相似、

---

〔1〕 梁慧星：《民法解释学》，法律出版社 2015 年版，第 196 页。
〔2〕 郭桂环："论 BIT 中最惠国待遇条款的解释"，载《河北法学》2013 年第 6 期。

怎样相似,而且要厘清在评判中需考虑何种标准。[1]对此,归根结底仍然考验仲裁庭是否具备扎实的条约解释能力,因为判定相似性的范围越是宽泛,最惠国待遇条款就越有可能得以适用,并进而限制东道国实施区别对待的裁量自由。换言之,仲裁庭若对相同情形作扩张解释,更可能会促使最惠国待遇条款得以适用,而仲裁庭若对相同情形作限缩解释,如何进行各种权衡并符合条约解释的基本准则,殊为困难。

第二节 适用最惠国待遇条款的投资仲裁案例评述

一、最惠国待遇条款适用于国际投资仲裁实体的典型案例

(一)最惠国待遇条款适用于实体待遇的扩张解释

2015年,国际投资仲裁庭审理了第一起申请人援引WTO《服务贸易总协定》(GATS)的仲裁案件,即MMEA与AHSL诉塞内加尔案。本案涉及塞内加尔的达喀尔机场提供的飞机地勤服务,两名仲裁申请人中的其中之一是注册成立在卢森堡的公司,其主张称,尽管塞内加尔与卢森堡之间不存在BIT,但其有权援引受到荷兰与塞内加尔BIT的保护。其理由是,作为一家公司,申请人构成GATS中的服务提供者,而GATS中规定了最惠国待遇条款,由于塞内加尔并未像其他某些WTO成员那样将投资仲裁或BIT排除在GATS的最惠国待遇条款适用范围之外,GATS中的最惠国待遇条款赋予申请人有权根据塞内加尔签署的任何BIT提起投资者与国家间仲裁。换言之,申请人在本案中

---

[1] Marie-Claire Cordonier Segger, Markus W Gehring, Andrew Newcombe, *Sustainable Development in World Investment Law*, Kluwer Law International, 2011, p. 269.

并未主张塞内加尔违反 GATS 本身的实体条款,而是将 GATS 用作一项"桥梁",据此适用 BIT 中的投资保护。[1]仲裁庭最终否决了申请人对最惠国待遇条款的适用主张,其认为,申请人并没有证明塞内加尔已经明确地、毫不含糊地对卢森堡的投资者表达过仲裁同意。关于这一点,仲裁庭认定 GATS 第 2 条的最惠国待遇条款并未提及国际仲裁或一般意义上的争端解决,既没有包括任何对仲裁的同意,也没有规定对根据 BIT 确立的仲裁同意的扩张。因此,申请人无法从其所援引的 BIT 中获益。仲裁庭还进一步仔细分析,如果按照本案申请人对 GATS 中最惠国待遇条款的解释,将会使塞内加尔与第三国所签署的任何不同的 BIT 都有可能被利用,甚至即使在投资者母国与东道国之间不存在任何 BIT 时也是如此,这将会造成无端的法律制度紊乱。并且,一旦申请人的主张得到支持,那么 WTO 成员方只需要签署 GATS 即可,根本无需再专门谈判 BIT。而事实上,WTO 成员方之间积极签订 BIT 并在 BIT 中订入仲裁条款的事实已表明,他们无意于通过 GATS 中的最惠国待遇条款实现仲裁目的。[2]据此,本案仲裁庭综合运用文义解释与论理解释驳斥了申请人的主张,对最惠国待遇条款的适用进行了合乎目的的限制。

在怡凯乐诉土库曼斯坦案中,申请人寻求依据案件所适用的 BIT 中的最惠国待遇条款援引土库曼斯坦与第三方国家签署的 BIT 中更优惠的实体承诺保护。按照仲裁庭的理解,最惠国待遇条款中规定的"在类似情形下授予的待遇"这一措辞表明

---

[1] UNCTAD, "Investor-State Dispute Settlement: Review of Developments in 2015", in *IIA Issues Note*, No. 2, 2016, p. 10.

[2] Menzies Middle East and Africa S. A. and Aviation Handling Services International Ltd. v. Republic of Senegal, ICSID Case No. ARB/15/21, Award, 5 August, 2016.

最惠国待遇条款的适用需要对投资所涉的事实情况进行比较,据此来决定根据基础条约授予投资者的待遇是否不及根据第三方条约授予投资者之投资的待遇优惠。换言之,如果只能证明其他投资条约中的保护标准可能为投资者创造不同于基础条约的权利,并不足以支撑最惠国待遇条款的适用,因为可适用的法律标准之间存在差异并不能够表明是在类似情形下授予的待遇。本案中,申请人有义务证明其比较是在相同或类似情形下进行的,但其未予证明,因此仲裁庭未支持最惠国待遇条款在本案中的适用。[1]

(二) 最惠国待遇条款适用于实体待遇的限缩解释

相比之下,传统的国际投资条约在最惠国待遇条款的措辞上较为宽泛,通过扩张解释,此类条款旨在为外国投资者的权益提供最大化保护。然而,这并不意味着最惠国待遇条款可以无限适用,此类条款的适用范围往往存在各类例外,包括经济一体化(关税同盟、自由贸易区)例外、税收条约例外、边境贸易排除适用。《北美自由贸易协定》还明确在政府采购和国有企业的有关问题上排除最惠国待遇的适用。近年来,随着国际投资法向着更加平衡的趋势转型,东道国规制权开始受到广泛重视,在缔约及仲裁实践中采用各种方式对最惠国待遇条款的适用加以限制,开始逐步发展成为一种新的态势。

这种限制最惠国待遇条款适用范围的趋势首先体现在条文的措辞方面,分为不同类型。第一类,在判定"相似情形"时引入公共目标的考虑因素,从而提升对情形相似性的认定要求,这使得投资者援引此类条款、仲裁庭适用此类条款的难度加大。

---

[1] Içkale Insaat Limited Sirketi v. Turkmenistan, ICSID Case No. ARB/10/24, Award, 8 March, 2016.

例如，2018年11月签署的《美国—墨西哥—加拿大协定》第14.5条、2018年12月30日生效的《跨太平洋伙伴关系全面进步协定》投资章节第9.4条脚注14，均有类似限制。第二类，针对最惠国待遇条款增设特定的公共目标例外及公共目标保留，即关于国家公用事业和公共服务方面的投资行为、投资活动、政府规制被排除在最惠国待遇条款的适用范围以外。例如，2016年巴西和秘鲁《经济贸易拓展协议》、2016年斯洛伐克与伊朗BIT均将国家为公共利益提供的社会服务、为保护公众健康、安全及环境、为保护劳工、打击腐败所采取的措施排除适用最惠国待遇条款。此外，《南部非洲共同体双边投资协定范本》以最惠国待遇条款不溯及既往投资的方式对此类条款的实际适用范围进行了严格限制，《欧加全面经贸协定》第8.7条、《泛非投资法草案》第7.5条则对待遇这一表述本身进行了限缩，使其排除了其他投资条约中确立的实体义务。更有甚者，在原有BIT到期重订或修改BIT范本时直接删除了最惠国待遇条款，这种方式堪称最为激进的抵制最惠国待遇条款的手段，例如2015年印度BIT范本即采取了这一模式。[1]

二、最惠国待遇条款适用于国际投资仲裁程序的典型案例

（一）肯定最惠国待遇条款适用于争端解决程序的案例

尽管当今大多数国际投资条约中均订入了最惠国待遇条款，但由于相当一部分BIT对最惠国待遇条款的适用范围，尤其是与投资争端解决程序的关系采取了模糊性的措辞表述，引发了最惠国待遇条款能否适用于国际投资争端解决程序问题的争议，

---

〔1〕 张金矜："论最惠国待遇条款适用于投资实体待遇的限制性发展趋势"，载《国际经贸探索》2019年第5期。

不同的仲裁庭对这个问题的认识存在实践分歧,理论界亦众说纷纭。[1]总体来看,对这一问题的探讨需要挖掘大相径庭的仲裁裁决背后关于最惠国待遇条款法律解释的理论根源,而有关最惠国待遇条款能否适用于程序事项的实践大致可区分为肯定类与否定类,笔者选取代表性案例详述如下。

在 Emilio 诉西班牙仲裁案中,申请人系阿根廷投资者,其与东道国西班牙政府发生投资争端,于是根据西班牙与阿根廷签订的 BIT 将投资争端提交 ICSID 仲裁。根据西班牙与阿根廷的 BIT,投资争端发生后,争端当事方应当先在当地寻求救济,如果 18 个月后仍然无法获得满意的结论,方可提交 ICSID 仲裁解决。事实上,该 BIT 所规定的 18 个月国内诉讼条款堪称岔路口条款与用尽当地救济条款的混合型变种,既没有完全否认投资者有申请国际仲裁的权利,又对这种诉权的行使施加了较长等待期的限制。鉴于西班牙与阿根廷的 BIT 规定了最惠国待遇条款,申请人据此援引西班牙与智利签订的另一项 BIT,在西班牙与智利的 BIT 中,申请人只需满足 6 个月的协商期要求即可提起国际仲裁,因此该案申请人认为西班牙与智利的 BIT 在争端解决方面对投资者更为优惠。对此,仲裁庭认定,西班牙与阿根廷的 BIT 所规定的最惠国待遇条款涵盖了争端解决,该案的申请人可以避开 18 个月的漫长等待期,适用 6 个月的等待期即可提请仲裁,因此该案仲裁庭拥有管辖权。[2]在后续的类似案例中,其他仲裁庭采纳了该案仲裁庭的结论,认定基础条约中

---

[1] 赵骏:"论双边投资条约中最惠国待遇条款扩张适用于程序性事项",载《浙江社会科学》2010 年第 7 期。

[2] Emilio Agustín Maffezini v. The Kingdom of Spain, ICSID Case No. ARB/97/7, Decision of the Tribunal on Objections to Jurisdiction, 25 January, 2000.

的最惠国待遇条款可以作为连接不同 BIT 的"桥梁"或"跳板",投资者可以通过援引最惠国待遇条款,适用其他 BIT 所规定的更短的国际仲裁前等候期。[1]

在 Maffezini 诉西班牙案中,申请人是阿根廷投资者,其在西班牙投资设立了销售化学品的企业,与东道国发生投资争端后,根据西班牙与阿根廷之间的 BIT,只有"争端提交东道国国内法院后或从期间开始计算之日起满 18 个月没有对诉求作出决定",投资者方可提交国际仲裁。但事实上,Maffezini 在争端发生后未满 18 个月即直接向 ICSID 申请仲裁,西班牙政府提出管辖权异议,抗辩 ICSID 没有管辖权。但 Maffezini 却试图根据西班牙与阿根廷之间 BIT 中的最惠国待遇条款,援引对投资者更为有利的西班牙与智利之间 BIT 中的争端解决条款,因为西班牙与智利之间的 BIT 仅仅规定经过 6 个月的协商期后投资者即可申请国际仲裁。最终,仲裁庭听取了 Maffezini 将 BIT 中的最惠国待遇条款适用于程序事项,进而援引西班牙与智利的 BIT 确定自身享有管辖权。[2]

值得一提的是,尽管 Maffezini 案的仲裁庭认定最惠国待遇条款可以适用于投资争端解决程序,但是其适用必须要符合公共政策要求。为了防止最惠国待遇条款被滥用,仲裁庭在裁决中指出有四类程序事项不得适用最惠国待遇条款:

---

〔1〕 Suez, Sociedad General de Aguas de Barcelona, S. A. and Vivendi Universal, S. A. v. Argentine Republic, ICSID Case No. ARB/03/19, Decision on Jurisdiction, 3 August 2006; National Grid plc v. The Argentine Republic, UNCITRAL, Decision on Jurisdiction, 20 June 2006; Siemens A. G. v. The Argentine Republic, ICSID Case No. ARB/02/8, Decision on Jurisdiction, 3 August, 2004.

〔2〕 张光:"论国际投资仲裁中投资者利益与公共利益的平衡",载《法律科学(西北政法大学学报)》2011 年第 1 期。

第一,最惠国待遇条款的适用不得违反基础条约中用尽当地救济的要求,用尽当地救济条款往往要求申请人在提起国际仲裁之前必须首先在东道国内部寻求司法解决或诉诸其他救济;

第二,当事人不得援引最惠国待遇条款规避基础条约中的岔路口条款,此类条款意味着存在多种救济方式时,投资者一旦作出了选择,就不能再选择其他救济方式;

第三,最惠国待遇条款不能用于变换基础条约中关于争端解决基本方式和仲裁机构的规定,如果基础条约中规定应通过ICSID 仲裁,则申请人不得援引最惠国待遇条款和第三方条约而主张通过其他国际仲裁机构解决争端;

第四,最惠国待遇条款不得用于规避组织结构完备且规则严密的仲裁体系,例如,NAFTA、全面与进步跨太平洋伙伴关系协定(Comprehensive Progressive Trans-Pacific Partnership,CPTPP)、美墨加三国协定(USMCA)等条约都设置了十分完备的投资者与国家间争端解决程序,这是缔约方真实意志和共同合意的体现,当事人不得通过援引最惠国待遇条款而更改这些条款。

对于最惠国待遇条款适用于程序事项的上述限制,反对派仲裁庭质疑此类公共政策的正当性来源及其具体操作可行性。对此,Plama 案中申请人的代理律师甚至直截了当地指出此种公共政策不过是仲裁庭杜撰出来的虚无概念。[1] 那么,否定最惠国待遇条款适用于程序事项的仲裁庭又如何解决这一棘手的问题呢?对此,仍然需要从实践中予以探索。

(二)否定最惠国待遇条款适用于争端解决程序的案例

尽管有不少仲裁庭都肯定了最惠国待遇条款可以适用于争

---

[1] 田海:《最惠国条款适用于国际投资争端解决程序问题研究》,中国社会科学出版社 2017 年版,第 46 页。

端解决程序这一主张，但也有一些截然相反的案例，仲裁庭在这些案件中表达了不同的裁判意见。Maffezini 系列案件关于最惠国待遇条款可适用于程序事项的裁判意见，在其他的一些仲裁庭遭到了批判，有些仲裁庭甚至明确提出，投资条约中关于当地救济的规定不能通过最惠国待遇条款加以规避，进而适用其他投资条约中对投资者更为优惠的争端解决程序。[1]

例如，在 Wintershall 诉阿根廷仲裁案中，仲裁庭认定，投资条约中的国际仲裁条款是附条件的争端解决机制，只有在 18 个月的当地救济要求满足之后，投资者才可以就条约争端提起国际仲裁。投资者在未采用当地救济的前提下径直提起国际仲裁，仲裁庭根据自裁管辖权原则认定缺乏管辖权，原因正在于当事人之间缺乏作为仲裁协议根本性前提的"合意"，而"合意"是不能简单地通过解释最惠国待遇条款从其他投资条约的争端解决条款中进行援引的。[2]当然，对于投资条约中的国际仲裁前置程序，其是否构成仲裁管辖权的真正障碍，尚需取决于相关前置程序的具体措辞：如果争端解决条款中明确以用尽这些前置程序作为国际仲裁的前提，则投资者未采用这类程序将使仲裁庭行使管辖权的正当性遭受质疑；但如果条约中仅将这类条款作为一般的程序性建议，例如建议先行协商或和解，则投资者未采用这类程序并不会对仲裁管辖权构成实质障碍。此外，如果投资者有证据证明按照该类条款在东道国国内寻求救济已经明显徒劳，则其亦可说服仲裁庭在未用尽当地救济的

---

[1] See Plama Consortium Ltd. v. Republic of Bulgaria, ICSID Case No. ARB/03/24, Decision on Jurisdiction, 8 February, 2005; Daimler Financial Services AG v. Republic of Argentina, ICSID Case No. ARB/05/1, Award, 22 August, 2012.

[2] See Wintershall AG v. Republic of Argentina, ICSID Case No. ARB/04/14, Award, 8 December, 2008.

前提下接受管辖。

在 Salini 诉约旦仲裁案中，案件所适用的 BIT 明确规定合同争议不受 ICSID 管辖，申请人试图利用最惠国待遇条款援引约旦与其他国家签署的没有此类限制性规定的 BIT，但仲裁庭明确指出，相关 BIT 中的最惠国待遇条款不能适用于争端解决的程序性事项。[1] 除此之外，Telenor 诉匈牙利案、Plama 诉保加利亚案、Impregilo 诉巴基斯坦案的仲裁庭也拒绝对最惠国待遇条款的适用范围作扩张解释，否定最惠国待遇条款可以作为连接不同 BIT 之间争端解决规则的"桥梁"。[2]

在北京城建集团诉也门仲裁案中，申请人援引 1998 年中国与也门 BIT 中的最惠国待遇条款，希望据此扩张仲裁庭的管辖权，使仲裁庭有权管辖征收以外的投资争端。仲裁庭注意到，中国与也门 BIT 中的最惠国待遇条款规定的是东道国"在其领土范围内"授予投资者的待遇。仲裁庭由此解释称，该条款述及领土限制，实际上是为了将最惠国待遇适用于与投资在当地的待遇有关的实体规定，而不是关于国际仲裁的程序规定。基于此，仲裁庭否决了申请人在最惠国待遇这一问题上的主张。[3]

在 Anglia 诉捷克案与 Busta 诉捷克案中，申请人均寻求依据 1990 年捷克与英国 BIT 中的最惠国待遇条款扩张仲裁庭的管辖权。根据 BIT 争端解决条款的规定，只有产生于特定的列明条

---

〔1〕 Salini Costruttori S. p. A. and Italstrade S. p. A. v. The Hashemite Kingdom of Jordan, ICSID Case No. ARB/02/13, Decision on Jurisdiction, Decision on Jurisdiction, 9 November, 2004.

〔2〕 石慧：《投资条约仲裁机制的批判与重构》，法律出版社 2008 年版，第 114 页。

〔3〕 Beijing Urban Construction Group Co. Ltd. v. Republic of Yemen, ICSID Case No. ARB/14/30, Decision on Jurisdiction, 31 May, 2017.

款的争端可以提交至仲裁。申请人称,最惠国待遇条款可以用于扩张这些条款的范围,也可扩张争端解决条款的范围。仲裁庭否决了此项主张,多数仲裁员认定,由于最惠国待遇条款本身没有规定在这些可以提交国际仲裁的列明款项之内,申请人无权依据最惠国待遇条款扩张国际仲裁庭的管辖权。[1]有一名仲裁员对仲裁庭的多数意见持有异议,并发表了反对意见(Dissenting Opinion),其在反对意见中对多数意见的推理提出批评,但是赞同处理结果。具体而言,反对意见围绕着 BIT 中最惠国待遇条款的措辞展开,最惠国待遇条款的语言表述中明确指向"根据某一缔约方的法律所赋予的待遇",据此,只有涉及缔约方国内法的待遇方可援引最惠国待遇条款申请更高水平的保护。

在梅萨诉加拿大案中,仲裁庭的多数成员认定加拿大的上网电价补贴(feed-in tariff)构成《北美自由贸易协定》第 1108 条第 7 款 a 项及第 1108 条第 8 款 b 项中的"采购",因此属于保留和例外措施。这意味着,申请人无法根据国民待遇或最惠国待遇条款对加拿大的这一措施向国际仲裁庭提出索赔申请,而只能基于 NAFTA 第 1105 条中的最低待遇标准申请索赔。为了规避这一限制,申请人主张 NAFTA 中的最惠国待遇条款应解读为允许投资者获得加拿大签署的其他更优惠的投资条约的保护,而这些更优惠的条约条款并不对涉及采购的情形作出特殊限制。仲裁庭否决了申请人的这一主张,其理由是:最惠国待遇条款不得被用于扩张基础条约所适用的事项范围。仲裁庭解释称:尽管基础条约中的最惠国待遇条款允许引入第三方条约中更优

---

[1] Anglia Auto Accessories Ltd v. The Czech Republic, SCC Case No. 2014/181), Final Award, 10 March, 2017; J. P. Busta and I. P. Busta v. The Czech Republic, SCC Case No. 2015/014, Final Award, 10 March, 2017.

惠的保护标准，但必须首先确定基础条约中最惠国待遇条款的可适用性。换言之，争端当事方必须首先有权根据条约提出索赔请求，而后才能受到条约的法律保护，本案申请人要想根据NAFTA 中的最惠国待遇条款适用更高水平的保护，必须先证明NAFTA 在本案中适用，而要证明 NAFTA 适用于本案，申请人必须先证明被指控的加拿大措施不构成采购项目。[1]

最惠国待遇条款的法律解释应该以《维也纳条约法公约》为依据，从条款本身含义出发，同时考虑上下文、目的宗旨等因素。[2] 欧盟和美国结合其自身的国际投资形势，对最惠国待遇条款采取了不同程度的限缩解释，然而，限缩解释并不是唯一正确的答案或必然稳定的趋势。仲裁庭在确定最惠国待遇条款的适用范围时，无论采用文义解释、限缩解释，抑或目的解释、扩张解释，都应当符合善意（good faith）原则，秉持诚实信用的精神来确定仲裁庭的管辖权及双方当事人的实体权利义务关系。从善意原则出发，东道国作为主权国家，有权对其领土内的投资活动施加必要的管理和监督，必要时可单方面修改国家立法或行政法规，对外资活动予以干预，仅享有私人投资权益的外国投资者无权以私权对抗公权力，而应当遵守东道国的法律规范，有序地开展投资活动。[3] 另一方面，东道国在行使其外资监管权力时，亦应秉持善意原则，合理、透明地开展外资审查、控制外资运营、监管外资活动，东道国修改国内法

---

〔1〕 Mesa Power Group LLC v. Government of Canada, PCA Case No. 2012 – 17, Award, 24 March, 2016.

〔2〕 董静然："最惠国待遇条款与国际投资争端解决程序法律解释研究"，载《国际商务（对外经济贸易大学学报）》2018 年第 5 期。

〔3〕 刘颖、封筠："国际投资争端中最惠国待遇条款适用范围的扩展——由实体性问题向程序性问题的转变"，载《法学评论》2013 年第 4 期。

令应尽可能将对投资者合理预期的损害降至最低，如果对投资者的私人权益造成损害，应及时地予以补偿和救济。如上文所言，在已经审结的部分投资仲裁案件中，仲裁庭对最惠国待遇条款的适用范围作了扩大解释，在这些条款既没有纳入也没有排除争端解决事项的情况下，仲裁庭径直将最惠国待遇条款适用于争端解决程序，这并不符合国际条约解释中的善意原则。在投资仲裁案件中，仲裁庭裁判的中心应当是审查被诉东道国的行为是否违反条约义务，在判定东道国所承担的义务时，原则上应以案件所适用的基础条约为首要依据，扩张解释最惠国待遇条款，将使第三方条约中的国际义务苛加于东道国，借助第三方条约赋予投资者以过度的特权，从而使东道国承担了缔约时未曾预见的赔偿责任，这无疑背离中立裁判者善意解释国际条约的基本裁判理念。基于此，在国际投资仲裁中，仲裁庭处理最惠国待遇条款的适用范围时，应首先将平衡保护投资者私人权益与维护东道国公共利益确立为基本的价值取向，严守《维也纳条约法公约》订明的条约解释规则。

正如有学者所指出的，将最惠国待遇标准扩张适用于投资争端解决的程序事项，不仅会使投资争端解决方式充满不确定性，而且会客观上纵容投资者"选购条约"。我国自21世纪以来对外缔结的某些BIT中，存在着"放权过快、弃权过多"的现象，全盘接受了ICSID投资仲裁管辖权，如果认可最惠国待遇条款能够适用于争端解决程序，则将使外国投资者以最惠国待遇条款为跳板，援引新的开放型BIT争端解决条款，从而挣脱我国以前签署的BIT中的限制性争端解决条款（即仅允许征收补偿款额争端提交国际仲裁）的约束，无所顾虑地对我国政府的外资管理措施提请国际仲裁,这可能对我国造成极为不利的后果。[1]

对于最惠国待遇条款在投资仲裁中的适用范围,一方面需要取决于仲裁庭对 BIT 中最惠国待遇条款的法律解释(法律适用路径),另一方面可以考虑由缔约双方通过联合发布解释性声明的方式构建导向型的解释意见(漏洞填补或价值补充)。笔者认为,国际投资仲裁管辖权的基础在于争端当事双方的合意,如果基础条约中不存在国际仲裁的规定,仅允许当事人采用协商谈判、当地救济或外交保护方式解决投资争端,则即使基础条约中订有最惠国待遇条款,投资者也无权据此援引第三方条约中的争端解决条款,否则将产生"无中生有"、强行虚设投资仲裁合意的曲解。如果基础条约与第三方条约中均存在同意以投资仲裁方式解决投资争端的合意,但基础条款仅允许有限的投资争端(如征收补偿款额争端)以仲裁方式解决,而第三方条约中允许任何投资争端均可通过仲裁方式解决,则仲裁庭可以考虑投资者借助于最惠国待遇条款援引第三方条约中的宽泛式争端解决条款。然而,即便如此,最惠国待遇条款的适用也要受到其明示例外的限制,如果基础条约中的最惠国待遇条款明确排除适用于争端解决事项,则仲裁庭应当依文义解释规则限定此类条款的适用。

第三节 涉华投资仲裁案件中最惠国待遇条款的适用

一、我国学者对投资仲裁中适用最惠国待遇条款的理论探讨

近年来,中国学者越来越重视国际投资仲裁实践中对最惠

---

[1] 徐崇利:"从实体到程序:最惠国待遇适用范围之争",载《法商研究》2007 年第 2 期。

国待遇条款的适用问题,并将其作为国际投资仲裁法律适用中的重要问题,从法律解释的角度进行了广泛而深入的探讨。有的学者根据国际投资仲裁庭数个不同裁决对最惠国待遇条约所作的解释和适用入手,分别从同类规则、文本分析原则、效果分析原则批评了国际仲裁庭在解释最惠国待遇条款时所存在的巨大缺陷,进而指出最惠国待遇条款不应适用于争端解决程序。[1]有学者认为,国际投资争端解决的安排与外国投资者的保护之间存在重要联系,应通过有条件的解释将最惠国待遇条款适用于争端解决程序。[2]有学者从争端解决对实体权利的公平保障入手,指出将投资条约的程序权利多边化视为最惠国待遇条款在国际投资法领域内发展的新功能。[3]还有学者尽管意识到国际仲裁实践中存在不同的立场,但不容否认措辞模糊的最惠国待遇条款可以适用于国际投资争端解决。[4]当然,也有部分学者强烈反对将最惠国待遇适用于国际投资仲裁的程序性问题,指出最惠国待遇条款的适用应让位于国家主权。[5]还有学者指出了不同投资条约规定了不同的争端解决程序,这种差别并不是歧视性待遇的后果。[6]有学者从文义解释的角度分析,指出能

---

[1] 徐崇利:"从实体到程序:最惠国待遇适用范围之争",载《法商研究》2007年第2期。

[2] 刘颖、封筠:"国际投资争端中最惠国待遇条款适用范围的扩展——由实体性问题向程序性问题的转变",载《法学评论》2013年第4期。

[3] 乔娇:"论BIT中最惠国待遇条约在争端解决上的适用性",载《上海政法学院学报(法治论丛)》2011年第1期。

[4] 王楠:"最惠国待遇条款在国际投资争端解决事项上的适用问题",载《河北法学》2010年第1期。

[5] 陈安:"区分两类国家,实行差别互惠:再论ICSID体制赋予中国的四大'安全阀'不宜贸然全面拆除",载《国际经济法学刊》2007年第3期。

[6] 梁丹妮:"国际投资条约最惠国待遇条款适用问题研究——以'伊桂兰公司诉中国案'为中心的分析",载《法商研究》2012年第2期。

否适用于争端解决程序主要取决于最惠国待遇条款所使用的语言,而从目的解释的角度分析,在缔约国没有扩大适用意向的情况下,可行的选择是不宜将最惠国待遇条款扩张适用于程序事项。[1]对于将最惠国待遇条款适用于程序事项的弊端,有学者指出这将加剧争端解决结果的不确定性、降低争端解决的效率。[2]有的学者指出,除非有明确的相反约定,否则将最惠国待遇条款适用于程序事项有悖于投资条约的本意,且危及国际投资条约适用的可预见性和一致性。[3]

综观这些研究成果,可以发现,学者对最惠国待遇条款的适用问题存在明显的分歧,尚未形成系统性和理论性的一致意见。但值得肯定的是,从研究方法来看,已经有学者开始抽象地说理和阐述,将目光投放到仲裁庭的裁决和说理环节,力图从实践中寻找关于最惠国待遇条款适用范围的合理解释路径。由于最惠国待遇条款主要是一项条约义务而非国际习惯,因此不同条约中关于最惠国待遇条款和争端解决条款的差异化表述事实上构成了仲裁庭差异裁决的内因。与此同时,由于国际投资仲裁中不存在"遵循先例"的裁判传统,很难从复杂的个案中总结出可供其他仲裁庭遵循的必然结论。鉴于"同类规则"和"更优惠待遇"已经成为国际上公认的关于最惠国待遇条款适用时所必须考察的对象,因此学界还须在这些问题上再做进一步的深入思考。

---

[1] 黄世席:"国际投资仲裁中最惠国待遇条约的适用和管辖权的新发展",载《法律科学(西北政法大学学报)》2013年第2期。

[2] 师华、崔一:"论最惠国待遇条款在投资争端解决中的适用",载《山西大学学报(哲学社会科学版)》2012年第5期。

[3] 朱明新:"最惠国待遇条款适用投资争端解决程序的表象与实质——基于条约解释的视角",载《法商研究》2015年第3期。

二、中国对外谈判的投资条约中对最惠国待遇条款的文本表述

最惠国待遇条款的制定及其适用，是国际投资自由化的产物，其对扩展保护投资者权益发挥了重要作用。然而，此类条款的无限适用很可能引发投资法律制度的失序状态，并助长投资者权利滥用。随着我国经济的发展，这一问题对于我国的影响日益增加，我国既是吸引外资的东道国，又是对外投资的输出国，为了避免最惠国待遇条款的无序适用对我国的资本输出输入形成不可控的法律风险，必须在制度设计及仲裁法律适用环节做到未雨绸缪，防止最惠国待遇条款在实体及程序事项上的过度适用而引致难以管控的损失。[1]

在中国与上百个国家签订的BIT中，多数早期的BIT在争端解决条款中规定案件所涉的责任部分由中国法院管辖，只是在确定责任后才把赔偿金额的高低交由ICSID仲裁，尤其是规定仅允许征收补偿款额争端提交ICSID的条款最为常见。但是，自从1998年中国与巴巴多斯缔结的BIT将ICSID仲裁管辖权范围扩大至所有投资争端后，中国全盘放开并接受了国际投资仲裁的管辖权，这使之前的限缩式争端解决条款面临着被扩张的风险。有学者提出，由于很多BIT存在最惠国待遇条款，当事人可以凭借最惠国待遇条款作为跳板，规避案件所适用的基础BIT中的限缩式争端解决条款，转而适用对己方更优惠的BIT中的宽泛式争端解决条款，中国今后再也不能在其他BIT仲裁案件中坚持责任问题由中国法院先审理，而是应该全部交由ICSID

---

[1] 李超："最惠国待遇条款在投资争端解决中的适用问题研究"，载《山东科技大学学报（社会科学版）》2017年第3期。

投资仲裁解决。[1]

三、涉华投资仲裁典型案件中对最惠国待遇条款的阐释与适用

（一）黑龙江国际经济技术合作公司等诉蒙古案

2010年1月，黑龙江国际经济技术合作有限公司、北京首钢矿业投资有限公司、秦皇岛秦龙国际实业有限公司等三家中国企业，就其与蒙古国政府的矿业投资争端，请求依照《联合国贸易法委员会仲裁规则》设立临时仲裁庭。申请人认为，蒙古政府撤销其矿业许可证的行为违反了1991年签订的中蒙双边投资保护协定（中蒙BIT）和蒙古国的有关外资法律。2015年末，以国际法院法官Peter Tomka为首席的三人仲裁庭在荷兰海牙开庭审理了本案。2017年6月底，仲裁庭作出裁决，一致裁定对本案无管辖权。仲裁庭的理由是，中蒙BIT仅允许将"涉及征收补偿款额的争议"提交仲裁，因此关于东道国是否实施了非法征收的争议只能由东道国国内法院审理。

事实上，本案主要折射的问题是中国早期签署的限缩式争端解决条款仅允许申请人将征收补偿款额等数额争议提交国际投资仲裁解决，而没有允许将征收事实是否存在、责任是否成立等先决问题提交国际仲裁，这种规定虽然在早期保障中国政府作为外资引入国不会轻易遭遇被诉，但在中国投资者走出去的时代背景下就限制了本国海外投资者的诉权。事实上，涉及中国的投资仲裁案件，大多涉及这一现实问题，即限缩式争端解决条款如何解释的问题。面对黑龙江国际经济技术合作公司案这样的裁决，中国的海外投资者可以采取的应对思路主要有

---

[1] 刘晓红、袁发强主编：《国际商事仲裁》，北京大学出版社2010年版，第69页。

以下几方面：

第一，寄希望于仲裁庭，即在未来的案件中，说服仲裁庭回归广义解释。虽然投资仲裁的裁决不具有普通法系的"先例"地位、对后来的仲裁庭不具有约束力，但本案裁决在说理上的影响力不应被低估。此外，未来案件中东道国政府还可能提出适用"岔路口条款"应具备的"三重同一性"问题，以国内法院诉讼和国际仲裁在当事人、标的和诉因等三个方面存在差异为由，否认对"涉及征收补偿款额的争议"的狭义解释将导致仲裁条款无效。因此，寄希望于未来的仲裁庭，具有较强的不确定性。而且，即使成功，也只能扩大到与征收有关的争议，无法扩大到与公平公正待遇、战乱损失补偿等有关的争议。

第二，寄希望于缔约双方政府，即中国政府迅速与缔约伙伴国更新重订 BIT，将同意仲裁的范围扩大到任何投资争议或因东道国违反 BIT 条款而产生的争议。且不说中国政府是否还要考虑中国作为资本输入国也可能被外国投资者提出仲裁请求这一因素，即使中国政府为保护快速增长的海外投资而下定了决心，BIT 的修订也需要缔约双方同意，缔约另一方（尤其是发展中国家）不见得会同意扩大仲裁范围。即使双方均有此意愿，更新已有的 70 余份 BIT 也非一朝一夕之功。

第三，寄希望于最惠国待遇，即基于中国与东道国 BIT 中的最惠国待遇条款，援引东道国与第三国签订的 BIT 中更优的争议解决条款，从而扩大可以提交仲裁的争议范围。尽管对于最惠国待遇条款是否适用于争议解决事项存在争议，但主流观点认为，除非另有明确约定，最惠国待遇仅能适用于有关程序性事项（如冷静期），而不能用来扩大仲裁庭的管辖权。换言之，最惠国待遇条款侧重于实体权利方面，而公正公平待遇则侧重于程序权利方面,这样安排既有助于不同外资待遇标准之间的协调关系,也可以防止仲裁庭随意扩张管辖权,防止东道国遭遇无端滥诉。[1]

从长远思考,对于中国的海外投资者而言,要解决"第一代"BIT 中的仲裁范围过窄问题,即将、正在或已经在 70 个相关国家投资的中国企业,可以通过"国籍筹划"的方式寻求更高水平的投资条约保护。所谓"国籍筹划",其基本方式是中国企业先在第三国设立子公司,然后通过该子公司向最终目的地进行投资,或者将位于东道国的现有投资转让给位于第三国的关联企业,从而取得第三国投资者的身份,获得第三国与东道国签订的投资条约的保护。需要注意两点:其一,尽早开始筹划。对于新的绿地投资或并购,在设计交易结构和投资路径时,不能仅考虑避税、退出的便捷性等,应当将投资保护作为重要因素予以考虑。对于现有投资,切忌在争议已经发生或者可以合理预见时才变更投资者国籍,"临时抱佛脚"的国籍变更可能被仲裁庭认定为"滥用权利",导致仲裁请求不可受理。[2]其二,谨慎选择条约。东道国可能签订或加入了数十个投资条约,中国企业应当从两个方面选择合适的条约,取得该条约另一方国家的投资者身份。一是要选择保护水平高的投资条约。保护水平的高低主要体现在投资待遇(如国民待遇、最惠国待遇、公平公正待遇、征收补偿标准、资本汇进汇出等)和争议解决程序两个方面。理想的情况当然是选择两方面的保护水平均更高的

---

[1] 刘笋:"国际法的人本化趋势与国际投资法的革新",载《法学研究》2011 年第 4 期。

[2] 任清:"中企诉蒙古国政府败诉的警示",载新浪财经网,http://finance.sina.com.cn/fawen/dz/2017 - 08 - 09/doc-ifyitamv7835084.shtml,最后访问日期:2019 年7 月 10 日。

条约。在二者难以兼顾的情况下，可侧重考虑争议解决程序，因为投资的待遇往往适用最惠国待遇条款。二是要确保本企业能比较容易地符合拟选择条约的投资者定义（如有的条约只要求住所地在缔约一方境内即可，有的条约则要求在缔约一方境内有"实质性经营"），同时该条约不存在"拒绝授予利益"条款或者该条款对本企业不适用。对于国际投资仲裁中的"国籍筹划"与"挑选条约"问题，笔者将在下一章进一步予以探讨。

（二）北京城建集团诉也门案

2006 年，北京城建集团有限责任公司（以下简称"北京城建"）与也门政府民航局（以下简称"也门政府"）签署萨那国际机场二期航站楼工程建设合同，该合同以 1987 年国际咨询工程师联合会（Fédération Internationale Des Ingeniéurs Conseils，FIDIC）红皮书加特殊条款为合同条件。开工不久，双方就出现摩擦，继而发展到索赔。在此后的 2 年多时间里，争端双方经历了现场管理、索赔、清关到北京城建被也门军方武力围攻、现场停工、合同终止、没收保函、现场评估和交接，直到最后的人员撤离等一连串事件。后经多次协商未果，2014 年 12 月份，北京城建依据《华盛顿公约》与违反中国与也门 BIT 为由，将也门政府诉至 ICSID 投资仲裁庭。随即，也门政府对仲裁庭提出管辖权异议。经审理，仲裁庭于 2017 年 5 月 31 日对也门政府提出的司法管辖权异议作出裁决，裁定仲裁庭对本次争议拥有仲裁管辖权，北京城建获胜。毋庸置疑，本案将成为中国海外投资判例中的里程碑。

在本案中，最惠国待遇条款的适用问题是双方争执的法律焦点之一。由于中国与也门签署的双边投资保护条约含有最惠国待遇条款，所以，北京城建要求也门应该给予中国投资者的权利与给予其他国家的最惠国待遇权利相同，同时比照了也门与英国 BIT 中的最惠国待遇，即英国的最惠国待遇包括在 ICSID 适用基础交易中的权利保护。对此，也门政府坚决反对，最终仲裁庭支持也门政府的观点。最惠国待遇在实践中的适用的确是一个颇有争议的问题，部分 ICSID 仲裁庭为了进一步保护国际投资者，对最惠国待遇采取了一样的待遇，但有的 ICSID 仲裁庭采取了差别性对待，在以往的判决中，有的裁决倾向于支持北京城建的观点，有的则倾向于也门政府的观点。另外，实践问题难以处理的原因有两方面：其一，如果不同 BIT 的最惠国待遇都采用一样的待遇，那么为什么还要每个国别进行不同的磋商？其二，如果对 BIT 的最惠国待遇采取不同标准，那么仲裁庭把握最惠国待遇的底线是什么？有无一个最低的标准来牵制最惠国待遇条款的无序适用？尽管该案在 2018 年以和解结案，但案件折射出的最惠国待遇条款的适用问题，却仍然引人思索。

（三）韩国安城公司诉中国案

在 Ansung Housing 诉中国仲裁案中，申请人试图根据 2007 年中国与韩国 BIT 中的最惠国待遇条款援引第三方 BIT 中更优惠的争端解决条款，据此规避中韩 BIT 中争端解决条款中的 3 年时效期。申请人称，由于存在最惠国待遇条款，中国签订的其他 BIT 中规定的更优惠的时间要件可以适用，而中国签署的大多数 BIT 都没有规定仲裁申请的时效。仲裁庭注意到，最惠国待遇条款的适用范围取决于其用语和措辞。本案中，中韩 BIT 规定的最惠国待遇条款没有提及缔约国与投资者的仲裁合意，尤其没有提及投资者与国际间仲裁的时效限制问题。据此，仲裁庭否决了申请人关于扩张适用最惠国待遇条款的动议。[1]

---

[1] Ansung Housing Co., Ltd. v. People's Republic of China, ICSID Case No. ARB/14/25, Award, 9 March, 2017.

从实践角度来看，中国在最惠国待遇条款的适用过程中面临着两个难题：其一，正如 Maffezini 仲裁案所显现出来的，外国投资者能否将最惠国待遇条款扩展适用于程序性事项，将原本不应由 ICSID 仲裁管辖的案件交付 ICSID 仲裁？其二，有些双边投资条约将由 ICSID 仲裁的事项限定为涉及征收和国有化而引起的补偿款额争端，那么外国投资者可否依据条约中的最惠国待遇条约来扩展 ICSID 仲裁庭的管辖范围？事实上，为了明确缔约时的意图，英国缔结的部分双边投资条约中已经对于最惠国待遇条款的适用范围作了相当具体而明确的限定，如 1996 年英国与阿尔巴尼亚 BIT 第 3 条："为免生疑义起见，缔约双方确认，本条第 1、2 款规定的最惠国待遇适用于本协定第 1 条至第 11 条的规定。"这种方式可以使最惠国待遇条款的适用范围不至于成为"脱缰的野马"而无限扩张，也为当事人规避"用尽当地救济原则"设定了限度。

本章小结

在国际投资自由化时代下，多边规则、区域规则、双边规则、国内规则交相辉映，重叠共存。[1]最惠国待遇条款的存在，为架接和沟通不同法律体系之间的秩序差异提供了纽带和桥梁。然而，对最惠国待遇的适用范围、适用标准、适用效果却存在较多的争论，这在实体适用与程序适用上都普遍存在。有学者称，国际投资条约中的最惠国待遇条款适用范围是缔约双方设置的"特洛伊木马"，如果将最惠国待遇条款适用于投资争端解

---

〔1〕 Zdenek Drabek, Petros C. Mavroidis, *Regulation of Foreign Investment: Challenges to International Harmonization*, World Scientific Publishing, 2013, p. 57.

决程序,则如同"木马屠城",如果拒绝将最惠国待遇条款适用于投资争端解决程序,则如同"驯服木马",在二者之间何去何从,给缔约国和仲裁庭留下了充分的政策空间。[1]对缔约国而言,救济是否认可最惠国待遇条款对程序事项的适用,取决于该国在国际投资中的主要角色:对资本输出国而言,其从保护海外投资的角度出发,应尽可能扩充投资者提请国际仲裁的诉权,肯定最惠国待遇条款适用于争端解决程序有益于实现这一目标;对资本输入国而言,维护东道国的外资规制权和国家经济安全应作为主要考虑,将最惠国待遇条款的适用范围限定为实体事项,则有助于保障东道国权力的坚守而不至于外资保护义务因最惠国待遇条款的多边化而被无限延伸。[2]不过,鉴于当前多数国家不仅作为资本输出国,也作为资本输入国,角色的转化与身份的混同将使各国调整其国际投资政策,在投资自由化与本国规制权之间的平衡是各国都需要面对的问题,为了避免因措辞不清而给仲裁庭带来过多的困惑,缔约方应尽可能在 BIT 的最惠国待遇条款中列明其适用于或排除了哪些争议事项,这有助于减少因法律秩序的不协调、不明确而给仲裁庭的法律适用带来的困惑,从而在整体上提供国际投资法的体系化、和谐化、稳定性。

---

〔1〕 Yannick Radi, "The Application of the Most-Favored-Nation Clause to the Dispute Settlement Provisions of Bilateral Investment Treaties: Demonstrating the Trojan Horse", in *The European Journal of International Law*, Vol. 18, Issue 4, 2007, pp. 757~774.

〔2〕 田海:《最惠国条款适用于国际投资争端解决程序问题研究》,中国社会科学出版社 2017 年版,第 131 页。

第四章
国际投资仲裁中的"挑选条约"现象及其规制

国际投资法由纷繁复杂的条约体系共同构成，这不仅包括了少数多边公约和区域性条约，还包括了大量的双边条约，由于一国往往与多国分别谈判双边条约，因此很可能因为缔约对象的不同而产生标准各异的规范体系。尽管国际条约是静态的法律规范，但是具体个案中的当事人却可能通过种种行为挑选对其更为有利的条约，由此便给国际投资仲裁庭提出了更为棘手的法律适用难题。如果说，第三章探讨的最惠国待遇条款是以法律条文的方式在不同的条约之间构建了通往彼此的"桥梁"，那么"挑选条约"现象的存在，则是争端当事方通过动态的积极活动而使仲裁庭不得不在不同的条约之间"游走"。国际投资仲裁中的"挑选条约"现象，已经引起了理论与实务人士的广泛关注。如果仲裁庭认可此种行为的合法性，则无疑支持了投资者希望适用更优惠条约的企图，而如果仲裁庭否认了此种行为的合法性，则意味着争议解决结果偏向于确定性和可预见性的价值取向。事实上，对于这一问题的处理，很多仲裁庭将其回溯至法律的基本理论中进行思考：无论是任何法律体系，不管国际法体系抑或国内法体系，都存在一定的制度设计旨在防止当事人对法律的滥用，国际仲裁庭在认定"挑选条约"行为的合法性时，亦秉持这种基本思路。具体而言，善意原则（bonne foi/good faith）、权力滥用（détournement de pouvoir/misuse of power）、权利滥用（abus de droit/abuse of right）等基本法律概念的存在，为解释"挑选条约"行为提供了基本范式。[1]在国际投资仲裁法律适用的诸多问题中，"挑选条约"最具争议性，这一问题可进一步解构为：首先，从不同的视角（包括投资者与东道国的视角）来看，"挑选条约"究竟是一项较好的行为还是糟糕的行为，如何对此种行为进行定性？其次，如果"挑选条约"的行为已经发生，那么适用一套不同类型的投资条约（在不和谐的投资条约体系中），将具有何种法律涵义，即挑选条约的法律效果究竟如何？再次，如何来中和"挑选条约"问题所产生的消极方面？换言之，在国际投资条约中应如何设置必要的法律条款来防范"挑选条约"所产生的消极后果？本章将结合一些典型的个案，对这些问题予以探讨。

第一节　国际投资仲裁中"挑选条约"的法律界定

一、"挑选条约"与"国籍筹划"的法律区分

"挑选条约"（treaty-shopping），也被译为"条约选购"，意指跨国投资者为了寻求更高水平的法律保护，借助于国籍变更、

---

[1] Julien Chaisse, "The Treaty Shopping Practices: Corporate Structuring and Restructuring to Gain Access to Investment Treaties and Arbitration", in *Hastings Business Law Journal*, Vol. 11, No. 2, 2015, p. 225.

资产或股权转移、在目标国设立"皮包公司"（briefcase company）[1]等各类手段，从而避开对其不利的投资条约，使得对其更为有利的条约得以适用，以便在不同国家之间签署的水平各异的国际投资条约中适用最佳方案。

之所以在国际投资仲裁中可能引发"挑选条约"的问题，其法律原因在于不同的国际投资条约对投资者的保护标准不一致，有些投资条约的规定对投资者提供了更高水平的保护，有些则相对较低。与案件相关的不同投资条约如果根据其自身的适用范围均可适用于具体的投资仲裁案件，则仲裁庭将面临法律冲突与法律适用的难题，即根据其自身的适用范围均可用于调整该案的投资条约之间彼此规定不同时，仲裁庭必须选择其中之一予以适用，这种法律选择主要取决于仲裁申请人（通常为投资者）提出仲裁请求时所依赖的条约。而对当事人而言，他们显然希冀援引对己方更为有利、保护水平更高的条约。为了使更有利的条约得以适用，其可能会通过变更连结点（如国籍、住所、主营业地）等方式达到此类目的。

对于投资者通过"条约选购"以援引对自己更为有利的投资条约中的争端解决条款或实体待遇的现象，有观点指出其行为对现行多边与双边的国际投资法律秩序造成了挑战，且有法律规避之嫌，究其本质，"条约选购"是投资者恶意（bad faith）操纵投资条约，这对东道国的外资管制权施加了不可预见的压

---

[1] 有学者也将其称为"邮箱公司"（mailbox company）或"导管公司"（conduit company），特指外国投资者在第三国设立的公司，其旨在通过该公司向东道国投资，但此类公司往往并无实际经营活动，而是为了利用该第三国与东道国签订的投资条约。

力，应予批评、取缔乃至明令禁止。[1]但也有观点指出，"条约选购"本身是个中性概念，其并不应当笼统地、抽象地受到谴责，而应视个案的情形、投资者投资重组行为发生的时间节点，来具体决定其性质和定位，如果能够证明投资者确有主观的规避故意，或有滥用仲裁诉权的行为，则应当否认其所欲适用的条约，依据其应当适用的条约作出裁判。[2]另有观点指出，国际投资仲裁中的"条约选购"（treaty-shopping）应当与投资筹划阶段的"条约规划"（treaty-planning）行为进行区分：前者一般特指国际争端已经产生以后，跨国投资者通过变换国籍、将其股份转让至另一缔约国的子公司名下或临时在某一对投资者更有利的国家设立"皮包公司"或子公司等方式，以避开对其不利的投资条约，并使得对其有利的另一投资条约得以适用的行为，这种"条约选购"行动由于发生地过于迟误，投资者规避不利条约的意图昭然若揭，因此在某些具体个案中遭到了仲裁庭的否定；而相比之下，后者是在跨国投资者拟定投资目的国时，综合考察并比较哪一投资东道国与投资者母国签署的条约对外资的保护更有利，并以此为根据作出投资选择，这种"条约计划"行为出于跨国投资者趋利避害的经济理性，是无可

---

〔1〕 Zeynep Tekin, International Investment Law and Treaty Shopping through Corporate Nationality Structuring, University of Pennsylvania Journal of International Law, http://pennjil.com/international-investment-law-and-treaty-shopping-through-corporate-nationality-structuring, last visited on 14 Nov. 2017.

〔2〕 2017年3月至5月，笔者旁听了日内瓦国际关系与发展高等研究院Fuad Zarbiyev教授主讲的International Investment Law and Transnational Arbitration课程，期间曾向其请教"条约选购"的性质问题，其主张概念本身为中性，仅在具体语境下才能赋予其价值判断和效力认定。

厚非的。[1] 不过，外国投资者资产重组等行为的发生时间并非认定"挑选条约"是否存在的唯一标准。在 Aguas del Tunari 诉玻利维亚案[2]以及消防员基金保险公司诉墨西哥案[3]中，在仲裁案件启动之际，申请人母国与东道国之间已经存在有效的 BIT，但是仲裁庭的最终裁决显示，争议产生于 BIT 生效之前，而投资者选择在 BIT 生效之后才提出国际仲裁申请，这也属于"挑选条约"行为。

在跨国投资实践中，荷兰常被私人投资者选定为设立子公司或投资公司的所在地，而后再以此作为对外投资的跳板，将外资投入世界其他区域。之所以做这种投资规划，其主要考量之一正是荷兰对外缔结了大量保护水平较高的双边及多边投资条约，这为投资者申请国际仲裁提供了充分的法律保障。随着以荷兰作为投资中转地的现象渐增，国际组织近期出台了题为《荷兰双边投资条约——跨国公司通过"条约选购"寻求投资保护的通道》的研究报告，该报告表明，大量的跨国公司为了利用荷兰投资条约提供的高水平保护或者荷兰税收协定允诺的税收优惠安排，而在荷兰设立子公司，但这些子公司绝大多数是"邮箱公司"，既没有固定的常设工作人员，也没有实际的经营

---

〔1〕 2017 年 11 月 14 日，著名国际仲裁员 Emmanuel Gaillard 教授曾在中国社科院国际法研究所作了题为 Representation of International Arbitration: The French Way 的主题报告，笔者有幸就投资仲裁中的"条约选购"问题向其提问，部分写作思路亦源于此次对话，在此感谢其悉心指点。

〔2〕 Aguas del Tunari, S. A. v. Republic of Bolivia, ICSID Case No. ARB/02/3, Decision on Respondent's Objections to Jurisdiction, 21 October, 2005.

〔3〕 Fireman's Fund Insurance Company v. The United Mexican States, ICSID Case No. ARB (AF) /02/1, Award, 17 July, 2006.

活动。[1]该研究报告还对41起荷兰投资者发起的投资条约仲裁案件进行了深度调研,研究显示,其中至少29起案件的实际投资人并非荷兰投资者,由于荷兰BIT中对"外国投资者"的定义非常宽泛,这使得第三国国民基于投资规划而在荷兰设立的"特殊目的公司"(special purpose vehicle)亦可以荷兰投资者的身份享受荷兰BIT的保护,并依据荷兰BIT对投资东道国提出仲裁索赔请求。[2]

从案例法角度进行梳理,仲裁庭的裁决表明,跨国投资者进行投资重组、设立子公司、变更公司国籍或本座所在地等行为发生的时间点,是决定"条约选购"效力的关键。[3]

二、"挑选条约"与"更优惠权利条款"的关系界定

部分国际条约自身设有专门条款用以规定与其他条约之间的关系,这将为仲裁庭解决法律选择难题提供规范指导。例如,经济合作与发展组织(OECD)《保护外国人财产公约草案》规定:若本公约和其他国际协议对同一事项皆作出规定,本公约不阻止在缔约他国境内拥有财产的缔约国公民选用对其更有利

---

[1] The Centre for Research on Multinational Corporations (SOMO), Dutch Bilateral Investment Treaties—A Gateway to Treaty Shopping for Investment Protection by Multinational Companies, https://papers.ssrn.com/sol3/papers.cfm?abstract_id=1974431, last visited on 14 Nov. 2017.

[2] Roeline Knottnerus & Roos Van Os, The Netherlands: A Gateway to 'Treaty Shopping' for Investment Protection, Investment Treaty News, https:///www.iisd.org/itn/2012/01/12/the-netherlands-treaty-shopping, last visited on 14 Nov. 2017.

[3] Paul Michael Blyschak, Access and Advantage Expanded: Mobil Corporation v Venezuela and Other Recent Arbitration Awards on Treaty Shopping, *The Journal of World Energy Law & Business*, Vol. 4, No. 1, 2011, pp. 32~35.

的条款。[1]德国和波兰签署的 BIT 对投资者权利保护也有类似规定：若一方成文法、双方既存或即将建立的国际条约含有某项宽泛或明确的规则，且缔约他方投资者的投资依据该规则可以获得比本 BIT 更优厚的待遇，则该规则在其优厚于本 BIT 的范围内优先适用。这种国际投资条约自身所规定的"更优惠权利条款"，试图在不同保护标准的国际投资条约之间作出法律适用上的优先安排，其所秉持的基本立场是投资条约的根本目的在于改善投资环境、维护投资者的投资权益。

不过，"挑选条约"与"更优惠权利条款"存在一定的区别，前者是通过当事人"趋利避害"的行为而选择对其更为有利的条约，而后者则是条约制定者在条约立法中明文规定对投资者提供更优惠的国际保护，前者是动态的条约间关系的跨越，后者是静态的条约间法律冲突的解决。

三、国际投资仲裁中产生"挑选条约"现象的主要原因

除了各个国际投资条约保护标准的差异外，还有其他因素导致当事人"挑选条约"行为的发生，其中，投资者与国家间争端解决机制的不对等性也是关键诱因之一。有学者从形象化的比喻出发，指出当前 BIT 中的投资者与国家间争端解决机制可分为"扇形化"模式与"橄榄形化"模式。[2]所谓"扇形化"，是指东道国作为 BIT 的一端，另一端则是不同 BIT 的缔约方，一个东道国与不同的投资者母国之间分别订立 BIT，致使不

---

[1] WTO《与贸易有关的投资措施协议》及 WTO 所审理的涉及履行要求的案件中亦能找到此类例证。

[2] 刘梦非："国际投资争端解决平行程序的诱因——读《国际投资仲裁》有感"，载《政法论坛》2018 年第 4 期。

同的投资者与国家间争端解决条款并存,而这就为跨国投资者
通过在不同国家设立目标公司进而援引不同 BIT 分别提起独立
并存的国际投资仲裁程序提供了可乘之机。所谓"橄榄形化",
是指两个相同缔约方在商谈 BIT 中的投资争端解决条款时,往
往将多种救济程序作为并行的选项供争端当事方选用,就 BIT
规定的多种救济程序之间的关系而言,既可能是非此即彼的排
他关系,也可能是既此且彼的重叠关系,还可能是先此后彼的
先后关系。多重救济机制的并行化,诱导投资者通过"挑选条
约"的行为选择对其最有利的争端解决程序,适用对己方最为
有利的国际投资条约保护。由此可见,国际投资仲裁中的"挑
选条约"行为,不仅包括程序法意义上的"挑选条约",而且涵
盖实体法层面的"挑选条约",BIT 的双边性及投资争端当事双
方的不对等性为国际投资仲裁中的平行程序孕育了"温床",也
给当事人开展"挑选条约"行为提供了便利机会。

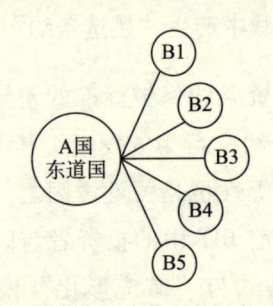

图4-1:"扇形化"投资者与国家间争端解决机制

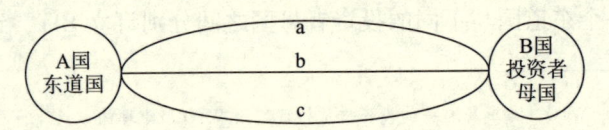

图4-2:"橄榄形化"投资者与国家间争端解决机制

四、国际投资仲裁中"挑选条约"的法律后果

在国际投资仲裁实践中,如何合理认定"挑选条约"的法律后果,不仅影响仲裁庭的管辖权,而且直接关系到仲裁法律的适用。笔者认为,国际投资仲裁中的"挑选条约"现象与国际民事诉讼中"挑选法院"现象具有一定的类同性,认定"挑选条约"的法律后果,可以在一定程度上借鉴"挑选法院"问题的处理方式。具言之,国际民事诉讼中的"挑选法院"(Forum-Shopping),一般系指原告以人为的方式操纵法院的管辖权标准,藉此获得对自己有利的判决结果的情形。虽然到目前为止,国际私法学者对于挑选法院仍然未达成一致且明确的定义,对于何种情形构成挑选法院,以及挑选法院的内涵,亦缺乏一定的共识,但传统上国际私法学者对于挑选法院的现象,通常采取否定的立场,或认为至少应该限制当事人挑选法院的机会。[1]

有学者指出,"挑选条约"虽然是当事人对仲裁庭的法律适用予以介入和人为干预,但其与国际投资仲裁庭的属人管辖权紧密相关。因为,不同条约对投资者的不同定义往往是"挑选条约"现象的主要诱因之一。与此同时,国际投资仲裁中的"挑选条约"现象往往与其他关联问题相伴而生,例如投资重组、国籍规划、最惠国待遇条约、利益拒绝条款等。[2]根据投资者"挑选条约"行为发生的时间阶段,学理上往往区分事前挑选(ex ante)与事后挑选(ex post):事前挑选即在投资

---

〔1〕 林恩玮:《国际私法理论原理研究》,五南图书出版公司 2017 年版,第 125 页。

〔2〕 黄世席:"国际投资仲裁中的挑选条约问题",载《法学》2014 年第1 期。

争端产生之前通过国籍构造将一项投资置于特定的投资条约保护之下,事后挑选即在投资争端产生后通过国籍构造将投资权益转移至另一国公司从而寻求该另一国与东道国间的投资条约的保护。[1]

笔者认为,有必要区分法律上的"挑选条约"与事实上的"条约规划"(treaty-panning)两类行为。前者通常发生在投资争端业已产生之后,相比之下,后者则发生在更早的投资筹划阶段。[2]在海外投资者(尤其是跨国公司)的对外直接投资筹划中,拟投资的目的国签署了多少投资条约、这些条约对外资提供了何种保护标准,往往是规划阶段必须详尽调研的主要内容,并不应当否认其法律效力。

第二节 国际投资仲裁中"挑选条约"的实践反思

一、国际投资仲裁庭对"挑选条约"行为的不同立场

随着国际投资仲裁受案量的增长,争端当事方(包括外国投资者与东道国政府)参与及应对投资仲裁案件的经验日渐丰富,"挑选条约"现象越来越受到国际仲裁庭的广泛关注。然而,对于跨国投资者"挑选条约"行为的合法性及其法律后果,始终备受质疑。尽管理论与实务界对"挑选条约"行为的关注度日渐提升,但是几乎没有针对这一主题的实证研究。尽管有

---

〔1〕 徐树:"国际投资仲裁中投资者的'条约选购'问题研究",载《国际经济法学刊》2013年第2期。
〔2〕 张建:"国际投资仲裁中投资者国籍的认定标准探析",载《长江论坛》2018年第3期。

一些学者试图去研究大量挑选荷兰 BIT 的案件，但是没有关于国际投资仲裁中整体上的"挑选条约"案例总量的报告。[1]之所以缺乏国际投资仲裁中"挑选条约"行为的实证观察，主要是因为 ISDS 机制本身缺乏充分的透明度，以至于某些案件的裁决及裁判过程等信息不为外界所知，而"挑选条约"行为本身（尤其是跨国投资者借助于国籍筹划而进行的挑选）就很难令第三方知悉投资组合的具体安排以及资产重组的真正动因。不过，这些障碍的存在，并不妨碍笔者对涉及此类议题的典型个案进行概观。实际上，潜在的"挑选条约"现象并不罕见，更为深入的研究可以通过条约的比较和跨国公司的安排进行推断，当某投资者的母公司与子公司分别设在不同国家，且母公司所属国与东道国签署的投资条约与子公司所属国同东道国签署的投资条约存在较大的差异（如前者没有纳入 ISDS 条款而后者纳入 ISDS 条款），而仲裁申请人所援引的投资条约中又没有所谓的利益拒绝条款时，基本上就可以探测出外国投资者具备"挑选条约"的动机。[2]有学者根据已有的国际投资仲裁案件及申请人与其母公司的国籍转换推算出了"挑选条约"行为的主要使用者。其中，在 66 起涉嫌"挑选条约"的案件中，母公司位于美国的外国投资者提起了 21 起仲裁申请，占比高达 31.8%，除了

---

[1] See Matthew Skinner, Cameron A. Miles, Sam Luttrell, "Access and Advantage in Investor-State Arbitration: The Law and Practice of Treaty Shopping", in *The Journal of World Energy Law & Business*, Vol. 3, No. 3, 2010, pp. 260~285; see also Roos van Os, Roeline Knottnerus, "Dutch Bilateral Investment Treaties: A Gateway to 'Treaty Shopping' for Investment Protection by Multinational Companies", http://dx.doi.org/10.2139/ssrn.1961585, visited on July 12, 2019.

[2] Eunjung Lee, "Treaty Shopping in International Investment Arbitration: How Often Has It Occurred and How Has It Been Perceived by Tribunals?", London School of Economics and Political Science, Working Paper Series 2015, No. 15-167, p. 2.

美国的母公司外，英国与意大利的母公司也频繁采用"挑选条约"的手段在第三国境内设立子公司作为"跳板"向东道国投资；就"挑选条约"行为的目标国而言，这些案件中的申请人多为外国母公司在荷兰设立的子公司，共有27起案件，占比高达38%，当然，荷兰投资者提出的仲裁申请并不当然属于"挑选条约"，但在1987年至2012年之际，荷兰投资者提出的投资仲裁申请多达50起，这其中相当一部分仲裁申请属于外国投资者借助"挑选条约"行为启动的，客观上也表明荷兰BIT对投资者的保护水平更高，且在投资者及投资的定义方面最为宽松；就"挑选条约"行为所针对的东道国而言，委内瑞拉深受其害，委内瑞拉政府曾经遭遇荷兰投资者提出7起投资仲裁申请，高额的赔偿裁决致使委内瑞拉不堪重负，终于在2008年终止了与荷兰的BIT。[1]

总体观察，国际投资仲裁庭对"挑选条约"行为的态度莫衷一是，但大体上可以区分为支持者与反对者两类，其裁判意见判若两途、分庭抗礼。例如，在Mobil诉委内瑞拉案、Tokios Tokelés诉乌克兰案、Aguas del Tunari诉玻利维亚案、Yukos Universal诉俄罗斯案中，仲裁庭支持了投资者"挑选条约"的做法。与此相对的是，在Phoenix Action Ltd诉捷克共和国案、Exxon Mobil Corporation诉委内瑞拉案、Cementownia诉土耳其案、Philip Morris诉澳大利亚案中，仲裁庭并没有认可投资者"挑选条约"行为的效力。

---

[1] Eunjung Lee, "Treaty Shopping in International Investment Arbitration: How Often Has It Occurred and How Has It Been Perceived by Tribunals?", London School of Economics and Political Science, Working Paper Series 2015, No. 15 – 167, pp. 14~16.

二、对投资者"挑选条约"行为持肯定主义的典型案例

在 Saluka 诉捷克案中，野村证券集团是日本一家从事商人银行业和融资服务的跨国企业，该集团旗下的一家日本企业购买了捷克一家大型银行的股权，随后将这些股权转移至另一家野村集团的子公司。Saluka 投资公司是根据荷兰法律成立的一家公司，该公司正是野村集团股权转让的对象。2001 年，Saluka 根据荷兰与捷克 BIT 中的争端解决条款针对捷克政府提起了国际投资仲裁申请。捷克政府抗辩称，Saluka 并非荷兰与捷克 BIT 中的真正的投资者，因为 Saluka 只不过是一个被野村集团控制并为了自身的经营目的而利用的"壳公司"，Saluka 与荷兰并没有真正的持续性联系。对此，仲裁庭虽然同情捷克政府的抗辩，尤其是关于某一公司与 BIT 缔约国并无真正的联系且事实上不过是一个受到另一国家公司控制的"壳公司"等抗辩，并且肯定了投资者有可能通过"挑选条约"行为滥用国际投资仲裁程序，但仲裁庭并没有支持捷克政府的结论（申请人无权援引荷兰与捷克 BIT 的保护）。相反，仲裁庭认定，应当按照 BIT 条约用语的字面含义和文本表述来确定管辖权和法律适用问题，因为荷兰与捷克 BIT 才是缔约方真实意思的表达，既然该 BIT 中没有排除对具有荷兰国籍的"壳公司"予以保护，仲裁庭就不应当对 BIT 中的"投资者"定义施加额外的限制。鉴于此，仲裁庭指出，不应当将 Saluka 公司排除在本案 BIT 的保护范围之外，因为条约中仅仅要求作为申请人的投资者按照荷兰法律成立即可，而 Saluka 已经满足了这一基本条件，其有权据荷兰与捷克 BIT 提出仲裁请求并享有相应的法律保护，仲裁庭将依据

荷兰与捷克 BIT 判定管辖权和法律适用。[1]

在 Yukos 公司诉俄罗斯案中，俄罗斯政府作为被申请人，其抗辩称 Yukos 无权受到《能源宪章条约》的法律保护，因为 Yukos 是由俄罗斯国民所拥有和控制的"壳公司"，这表明 Yukos 作为仲裁申请人属于东道国本国的国内企业，而国内企业不能采用国际仲裁方式起诉本国政府。对于俄罗斯的抗辩，仲裁庭未予支持。尽管本案的仲裁庭也像 Saluka 案的仲裁庭一样对被申请人关于"壳公司"及"挑选条约"的抗辩表达了同情，但是其斩钉截铁地指出：条约必须按照其通常涵义进行解释，文义解释是条约解释的首要规则，这也是《维也纳条约法公约》第 31 条所确立的核心准则。鉴于《能源宪章条约》第 1 条第 7 款在定义投资者时，并没有施加额外的限制条件，而只要求投资者是按照其中一方缔约国的国内法成立即可，任何人不得凭空设置额外的定义要件。据此，仲裁庭认定，只要是成立于某一缔约国境内的公司，都符合《能源宪章条约》对投资者的定义，而无论其股东的国籍如何，也无论投资成本来源于何地，更无论董事会或管理层的国籍是否是条约缔约国。除此之外，本案仲裁庭还采取了相对保守的解释路径，对缔约国援引《能源宪章条约》第 17 条第 1 款中的利益拒绝条款设置了限制条件。具体而言，仲裁庭认定，第 17 条第 1 款中的利益拒绝条款并不能自动地否认《能源宪章条约》为投资者规定的权利和保护，而只是给缔约国提供了一种保留的权利，各缔约国如果要否决对特定投资者实施条约保护，必须在加入条约时提出保留。在确认了第 17 条第 1 款不能使俄罗斯当然地否决 Yukos 有权按

---

[1] Saluka Investments B. V. v. The Czech Republic, UNCITRAL, Partial Award, 17 March, 2006.

照《能源宪章条约》提起国际仲裁程序之后,仲裁庭还更为严苛地设置了利益拒绝条款的援引条件。这表明,尽管《能源宪章条约》中规定了利益拒绝条款,但是其适用仍然拒绝较高的"门槛",缔约国并不能轻而易举地拒绝对投资者提供相应的条约保护。[1]

在 ADC 公司诉匈牙利案中,匈牙利提出了与前述两案相似的抗辩,声称申请人并没有取得塞浦路斯的国籍,理由是:①申请人的资金来源和真正控制均源于位于加拿大的实体;②申请人作为一家公司与其所主张的国籍国之间缺乏真实的联系,而匈牙利主张这种真实联系的存在是国际法治的一项基本要求。对于这些抗辩,仲裁庭指出:其一,考虑申请人的资金来源和其控股股东的国籍是不相关的,因为当《华盛顿公约》和案件所适用的 BIT 对国籍问题已经作出了明确无误的解读时,关于国籍的习惯国际法规则并无适用空间;其二,关于真实联系的抗辩不能得到支持,原因在于匈牙利与塞浦路斯 BIT 并没有规定这一要件。[2]

在 Aguas del Tunari 诉玻利维亚案中,被申请人指出,申请人利用荷兰与玻利维亚 BIT 的行为构成"挑选条约"和权利滥用,这不能使仲裁庭得出适用该 BIT 的结论,也无从为仲裁庭行使管辖权确立条约基础。对此,仲裁庭否决了被申请人的管辖权异议,其认为,投资者利用该项 BIT 提出仲裁申请,这只不过是基于公司资产重组形式的一种策略性改变。本案的裁决

---

[1] Yukos Universal Limited (Isle of Man) v. The Russian Federation, UNCITRAL, PCA Case No. AA 227, Final Award, 18 July, 2014.

[2] ADC Affiliate Limited and ADC & ADMC Management Limited v. The Republic of Hungary, ICSID Case No. ARB/03/16, Award of the Tribunal, 2 October, 2006.

明示地对"挑选条约"行为给予了合法性认可,并指出这种行为在实践中并不罕见。据此,在没有明确限制的情况下,投资者完全可以将其商业存在和经营行为安排在提供更好法治环境(包括税法、投资法及其他实体法)的法域,这不仅不是非法行为,而且有助于督促各国以吸引外资的目的优化本国的法治营商环境,缔结保护水平更高的 BIT 以实现其引资目标。此外,该案的仲裁庭在解释条约时,采用宽泛的解释方法定义了"国民"或"投资者"这一概念,以期实现 BIT 缔约方明示的鼓励通过中立场所解决投资争端的基本目的。[1]

三、对投资者"挑选条约"行为持否定主义的典型案例

尽管许多仲裁庭对"挑选条约"行为采取相对宽容的态度,但也有一些仲裁庭旗帜鲜明地禁止投资者"挑选条约"的行为。在 Azpetrol International Holdings B. V. 诉阿塞拜疆案[2]中,申请人的母公司具有被诉东道国的国籍,而在其他多数涉及"挑选条约"行为的案件中,申请人的母公司具有第三国的国籍。其中,在部分案件中,申请人的母公司所属国与投资东道国并没有国际投资条约关系或者投资条约中没有 ISDS 条款,母公司为了使其对外投资享受条约的实体保护或者获得国际仲裁诉权,而选择在与东道国订有投资保护条约关系的国家设立子公司,并由该子公司作为仲裁申请人寻求法律救济和保护。例如,在

---

[1] Aguas del Tunari, S. A. v. Republic of Bolivia, ICSID Case No. ARB/02/3, Decision on Respondent's Objections to Jurisdiction, 21 October, 2005.

[2] Azpetrol International Holdings B. V., Azpetrol Group B. V. and Azpetrol Oil Services Group B. V. v. The Republic of Azerbaijan, ICSID Case No. ARB/06/15, Award, 8 September, 2009.

Philip Morris 诉澳大利亚案[1]及 Ampal 美国以色列公司等诉埃及案[2]中，母公司所属国与东道国签署的 BIT（即美国与澳大利亚 BIT、以色列与埃及 BIT）中没有投资者与国家间争端解决条款，这意味着母公司自身不能通过国际投资仲裁方式提出索赔请求，因此其选择在另一国境内设置子公司作为"跳板"以实现"挑选条约"的意图。对此，仲裁庭认定投资者的仲裁请求不具有可受理性。

在 Phoenix Action 诉捷克案中，仲裁请求起因于申请人对两家捷克公司的收购。其中，申请人是依据以色列法律而成立的公司，而收购的两家目标公司则是捷克公司，这两家目标公司受到捷克公民的控制，而申请人也受到同一捷克公民家族成员的控制。随后，申请人根据以色列与捷克 BIT 对捷克政府提出了国际投资仲裁请求，诉称捷克对 Phoenix 的投资实施了非法对待，而捷克的法院未能及时、公正地解决涉及两个收购目标公司的国内诉讼，这违反了以色列与捷克 BIT 中提供的条约保护。对此，仲裁庭首先回顾了《华盛顿公约》的宗旨和目的，继而指出，该公约并不旨在包括东道国的国内公民对本国政府提出的索赔，而主要旨在为外国投资者对东道国政府的索赔提供法律救济。此外，仲裁庭称，要想使某一投资获得 ICSID 提供的国际保护，争议中的投资必须是善意的（bona fide），而善意的投资必须考虑如下因素：①投资的时间；②提出仲裁请求的时间；③交易的实体；④在东道国所投资的目标公司的真正性质。

---

[1] Philip Morris Asia Limited v. The Commonwealth of Australia, UNCITRAL, PCA Case No. 2012–12, Award on Jurisdiction and Admissibility, 17 December, 2015.

[2] Ampal-American Israel Corporation and others v. Arab Republic of Egypt, ICSID Case No. ARB/12/11, Decision on Jurisdiction, 1 February, 2016.

在综合考虑上述各项因素的基础上，仲裁庭指出，本案中 Phoenix 寻求的仲裁，实际上是对国际投资仲裁体制的滥用，而如果接受仲裁庭的管辖权，将导致先前已经存在的国内纠纷可以通过经济利益的转移就轻而易举地利用 ICSID 体制进行国际仲裁。[1] 然而，尽管仲裁庭指出在损害发生之后投资者不能单纯通过对投资结构的转变就实现利用 ICSID 仲裁的目的，但投资者可以自由选择在投资法制环境较好的国家设立投资。换言之，本案仲裁庭实际上区分了"挑选条约"和"条约规划"（或"国籍筹划"）的行为，分别探讨二者的合规性。

在 Mobil 公司诉委内瑞拉案中，仲裁庭对"挑选条约"行为的合法性得出了类似的否定性结论。本案中，Mobil 公司是一家美国的石油与天然气跨国公司，其通过设立在荷兰境内的子公司，根据荷兰与委内瑞拉 BIT 对委内瑞拉政府的国有化措施提出了国际投资仲裁请求。对此，仲裁庭指出其对本案拥有管辖权，因为委内瑞拉国家机关采取的国有化措施发生在 Mobil 公司资产重组之后。仲裁庭还指出，资产重组本身是合法的，只要争端发生在重组之后。而如果资产重组行为的唯一目的仅仅是为了使事先业已存在的争端根据 BIT 获得国际仲裁管辖权，这就属于对国际投资仲裁的滥用和操纵。[2]

在 Tokios Tokeles 诉乌克兰案中，仲裁庭在认定投资者国籍时，拒绝考虑资本来源、控股股东及公司高管的国籍，指出这些标准在乌克兰与拉脱维亚 BIT 中并无规定。但是，该案仲裁

---

[1] Phoenix Action, Ltd. v. The Czech Republic, ICSID Case No. ARB/06/5, Award, 15 April, 2009.

[2] Venezuela Holdings, B. V., et al (case formerly known as Mobil Corporation, Venezuela Holdings, B. V., et al.) v. Bolivarian Republic of Venezuela, ICSID Case No. ARB/07/27, Decision on Jurisdiction, 10 June, 2010.

庭的首席仲裁员却表达了不同意见（dissenting opinion），他认为：本案中的申请人并不符合拥有拉脱维亚国籍的基本条件。鉴于《华盛顿公约》的目的和宗旨是为外国投资者与东道国政府提供国际仲裁或调解等争端解决方式，而不是为了给本国投资者与本国政府提供争端解决方式，仲裁庭在对投资者的国籍进行认定时，有必要考虑资本来源于何国。[1]首席仲裁员在其不同意见中提出，ICISD 仲裁机制的管辖权是有限的，不允许东道国的本国投资者为了利用这一机制而创造出外国公司作为"跳板"或伪装成外资企业来规避东道国本国的国内司法管辖权及国内法律的适用。

第三节　国际投资仲裁中"挑选条约"的规制方法

一、揭开公司面纱制度在国际投资仲裁中的适用

在国际投资实践中，东道国为了便利外资监管，通常要求外国投资者按照东道国法律在东道国设立外商投资企业，由此便产生一连串的问题：外国投资者与东道国政府产生投资争端后，能否以在东道国设立的外商投资企业的名义对东道国提请国际仲裁？如果不能，外国投资者能否主张揭开公司面纱，以其股东身份对东道国提请国际仲裁？在协议控制模式下的 VIE 结构中，东道国国民往往会在外国设立离岸基地公司，再以该离岸公司的名义在东道国境内投资设立外资企业，此时该东道国国民作为最终控制人能否对东道国提请国际仲裁？在 ICSID

---

[1] Tokios Tokelés v. Ukraine, ICSID Case No. ARB/02/18, Dissenting Opinion (Chairman Prosper Weil), 29 April, 2004.

仲裁实践中，已经出现若干起外国投资者直接以股东身份对东道国提请国际仲裁的案例，其中既包括直接股东，也包括间接股东，跨境多层次资本结构的衍生使问题的解决更趋复杂。[1]如果承认外国投资者与外商投资企业均有权申请国际投资仲裁，很可能引发股东诉权泛化，并诱发国际平行仲裁程序，使双边投资关系扩散为多边，并引发国际投资仲裁法律适用的混乱与重叠。[2]对此，揭开公司面纱原则有助于缓和股东诉权泛化的现象，通过确定最终的控制股东而避免多重程序平行引发的不必要的法律冲突。

所谓的揭开公司面纱（lifting the corporation's veil），原为美国法中的称谓，在英国通常称之为刺破公司面纱（piercing the corporate veil），德国称之为直索责任（durchgriff），日本称之为透视理论，理论界常统称其为法人人格否认（disregard of corporate personality）制度，具体指当公司股东滥用公司法人独立地位和股东有限责任来逃避债务，严重损害债权人利益时，债权人可以请求仲裁庭或法院否认公司的独立法人资格，以追究滥用公司人格的股东对公司债务承担连带责任。[3]然而，各仲裁庭对揭开公司面纱原则的适用持有不同的态度、采取不同的标准，仲裁庭能否适用以及如何适用揭开公司面纱制度已经成为

---

〔1〕 根据股东遭受损失的类型可将股东提请的国际投资仲裁分为两类：第一类是股东因持有公司股权而享有的权利遭受损害，包括经营权、管理权、投票权、控制权等，此为直接索赔；第二类是股东因其所持股权价值本身受损而申请仲裁，此为间接索赔。梁丹妮、邱泽："国际投资仲裁中股东行使间接求偿权问题研究"，载倪受彬、冯军主编：《国际贸易法论丛》，中国政法大学出版社2015年版，第134页。

〔2〕 王稀："国际投资仲裁中股东诉权问题研究"，载《世界贸易组织动态与研究》2013年第5期。

〔3〕 李建伟：《公司法学》，中国人民大学出版社2018年版，第78页。

亟待探讨的现实问题。[1]

二、利益拒绝条款在国际投资仲裁中的适用

在国际投资协定中，除了涉及投资保护的实体条款、涉及投资者与国家间争端解决的程序条款外，许多协定还专门规定了所谓的"拒绝授惠条款"。这类条款，亦可被称为"利益拒绝条款"，其建立在缔约国之间互惠原则的基础上，旨在将缔约国所规定的投资保护和争端解决权利限于缔约国的投资者，从而将第三国国民所拥有的企业、受第三国国民控制的企业、在东道国没有从事实质性商业活动的投资者排除在条约保护范围以外。[2]此类条款的适用，有效地排除了所谓的"壳公司"（shell company）借助国籍筹划行为套用有关国家签订的国际投资条约保护。相比于规制"挑选条约"行为的其他方式，利益拒绝条款不考虑跨国投资者设立子公司或分支机构的时间点在投资争端产生之前或之后，而是着眼于所设立的商业实体是否真正开展经营活动。如果仲裁庭认定在某案中适用此类条款，则投资者将不得享有该条约提供的法律保护，这也就客观上否决了当事人"挑选条约"行为旨在实现的预期目标。

鉴于实践中存在投资者"挑选条约"的现象，2018年《美国—墨西哥—加拿大协定》第十四章第14条确立了利益拒绝条款，以防止第三国投资者滥用邮箱公司的设立而滥用或规避投资仲裁。此外，第十四章附件D还规定，如果一方认为来自另

---

[1] 王鹏："ICSID仲裁中的揭开公司面纱问题研究：路径与协调"，载《武大国际法评论》2014年第1期。

[2] Anne K. Hoffmann, Denial of Benefits, in International Investment Law: A Handbook, edited by Marc Bungenberg et al., Baden: Nomos Verlagsgesellschaft, 2015, p. 598.

一方的投资者被美墨以外的第三方拥有或者控制,而该第三方被一方认为是非市场经济体,那么这一投资者不能成为申诉方提起投资仲裁。

三、国际投资仲裁庭认定投资者国籍的时间标准

(一)"挑选条约"行为与国际投资仲裁庭属时管辖权的关系

近年来,随着仲裁庭审理的与公司重组相关的"挑选条约"案件逐渐增加,国际投资仲裁中的属时管辖权问题逐步进入公众视野。特别是,仲裁庭开始越来越重视跨国企业投资者交易发生的时间点、判定投资者是否满足以及何时满足适格投资者的国籍要件、投资者变更国籍的行为发生在争议发生之前抑或诱发争议的事实业已产生之后等。之所以对这些问题进行考察,其核心原因在于:一方面,国际投资条约原则上仅对其生效之后设立的新投资予以保护,但作为"法不溯及既往"这一通例的例外,如果能够从条约中、具体行为或事实中得出缔约方存在相反的意思表示,即各方愿意将条约适用于其生效前发生的争议或事实,或可用于保护条约生效前已经设立的投资,则可以作出相反的推定,但无论如何,均需考察投资设立的时间点;另一方面,国际条约不同于国际习惯,前者原则上仅约束缔约方,且其适用与保护范围存在明确限定,如果某一投资者不具有援引条约的必要国籍,则无法受之保护,但如果投资者借助"国籍筹划"(nationality planning)变更国籍,使自身具有条约缔约国的国籍并据此就相关的投资争端提出国际仲裁请求,则仲裁庭将不得不考察此种国籍之变化发生于何时,是否能据此赋予仲裁庭以管辖权。可见,考察国际投资中的属时管辖权,具有实质性重要意义。

投资者通过资产重组或变换国籍的方式"挑选条约"对国际投资仲裁庭的属时管辖权及国际投资条约的属时范围产生了深刻影响。ICSID 仲裁庭在界定管辖权时，必须对缔约国与投资者的国籍作出准确的认定，而公约与投资协定对判定投资者国籍的时间点作出了限定。投资者要求仲裁庭提供法律救济，需要满足国籍继续原则，但对投资者须在何时至何时持续地具有某国国籍，仲裁实践中存在争论，此时应以投资权益受损之时作为起算点，并以投资者提出仲裁索赔之时作为截止点。从仲裁实践观察可知，复合式投资行为与构成式投资行为属于新条约不溯及既往原则的例外。部分仲裁庭还对投资者规避属时管辖的行为与滥用仲裁程序的行为进行了区分，以保障法律适用的稳定性与可预见性。

（二）判定投资者是否满足国籍要求的时间

1965 年《华盛顿公约》第 25 条将管辖权明确限定为一缔约国政府与另一缔约国国民间直接因投资而产生的法律争端。就属人管辖权而言，该公约实际上是一种第三方受益的安排，条约赋予私人投资者将其与东道国的争端提交国际仲裁的权利，除事先通知外，投资者不承担其他义务。这种安排，使私人投资者同时成为求偿者与条约义务的执行者。[1] 据此，明确投资者的身份就显得至关重要。一方面，其必须符合案件适用的投资条约中的"投资者"定义；另一方面，如果采用 ICSID 仲裁，其又必须满足"另一缔约国国民"的国籍要求。在投资者国籍的确定日期上，公约对自然人与法人设置了不同规定，对自然人采用"双重关键日期规则"（双方同意仲裁之日以及仲裁请求

---

[1] 余劲松：《国际投资法》，法律出版社 2018 年版，第 320 页。

登记之日的双重检验），对法人采用"单一关键日期规则"（双方同意交付仲裁之日）。之所以做区分处理，主要是考虑到自然人嗣后变换国籍的可能性较强，但对法人而言，如果采取注册登记地标准来认定国籍，则属客观的静态连结点，只存在住所或营业所之变动，而不存在所谓的嗣后变换国籍问题。当然，如果对法人的国籍采取控制标准，则其亦有可能随股东的转让和股权结构的变换而发生变动，因此也关系到出诉资格的有无，应予以特别注意。[1]除公约之外，许多国际投资协定纳入了确定外国控制标准是否成立的额外时间要求，这殊为可取，不仅是考虑到东道国控制因素可能发生变化，也有助于对善于操纵的公司结构或交易范围作出一个明确限定。

《北美自由贸易协定》（简称 NAFTA）和《能源宪章条约》（简称 ECT）均未对外国投资者拥有其国籍的时间作出明确规定，然而这两者的实体义务中规定："投资者一方"意指在损害发生时，投资者必须是合格国家的国民，否则就不会有违反该条约的有关投资者。在类似的情况下，在争端解决条款中可以找到一个隐含的时间要求，当争端解决条款涉及"争端当事方"或"索赔人"是"一方的投资者"时，投资者在提交索偿日期时必须是合格国家的国民。因此根据 NAFTA 第 1116 条或第 1117 条，投资者在提交索偿请求时必须具有其所援引国家的国籍。同时，NAFTA 第 1119 条要求"争端当事方"在实际提出仲裁请求前至少 90 天提交一份请求仲裁的意向通知，最晚在那个时候投资者必须拥有被要求的国籍。对于包含类似定义的国际投资协定，无论它们是否遵循 NAFTA 模式，都存在类似的根

---

[1] 李万强：《ICSID 仲裁机制研究》，陕西人民出版社 2002 年版，第 46 页。

据。从仲裁案例法来看,投资者必须是根据投资协定寻求实体保护,因此被仲裁庭认定的合格投资者或索赔申请人必须符合其国民的资质前提,并且当投资条约的义务被声称违反时该申请人即已经在东道国获得了合格的投资,满足了属物与属人的双重要件,才能够依据相关条约主张仲裁庭提供救济。

(三)投资者须持续性地拥有缔约国国籍

另一项与通过公司重组"挑选条约"有关的重要问题是,国际投资法中是否存在持续性的国籍要求。所谓国籍继续原则,是指个人必须具有本国国籍,而且从受害时起直到最后争议得以解决为止,继续保有其国籍。[1]如前所述,通过公司重组的行为"挑选条约",其目的旨在创设多元化的国籍,进而允许投资者具备援引一项保护水平更高的投资条约(无论是程序方面抑或实体方面)的主体资格,而变更国籍则是投资者为实现此项目标所必要的一种策略需求。那么,值得讨论的是,是否存在一段时间表,该时段内发生的事项免受国籍变更的影响?换言之,在投资者遭受损失之日至争端当事双方达成仲裁合意之日这段期间内,是否存在国籍持续性的要求?另外,在争端当事双方达成仲裁合意之日至仲裁庭作出裁决之日这段期间内,是否存在国际持续性要求?[2]对此,有必要从国际投资仲裁实践中探询答案。

在 Loewen Group and Raymond Loewen 诉美国案中,洛文集团有限公司是一家加拿大公司,主要提供殡葬服务并经营墓地

---

[1] 梁丹妮:"论国籍继续原则在国际投资争端仲裁中的适用——以洛文诉美国案为起点",载《西北大学学报(哲学社会科学版)》2009年第5期。

[2] Jorun Baumgartner, *Treaty Shopping in International Investment Law*, Oxford: Oxford University Press, 2016, p. 169.

交易,洛文集团国际公司是其设立于美国密西西比州的子公司。随着规模的扩张,洛文公司在当地逐步兼并与收购了众多小型殡葬公司,这对其同行奥克弗公司(O'keefe)的利益带来了挑战。奥克弗公司随后向美国密西西比州 Hinds 县的地方法院起诉,主张洛文公司违反与其签订的独家销售协议及该州的反垄断法。经过审理,法院判决洛文公司败诉,其应向奥克弗支付高达 4 亿美元的惩罚性赔偿金。洛文向法院提出重新审理,要求减轻赔偿数额并中止执行,但法院拒绝了重审以及暂缓执行的请求。经过洛文的上诉,密州的最高法院再次维持了初审判决,要求洛文即时缴清保证金,这导致洛文公司濒临破产并被迫与奥克弗公司达成和解协议。[1] 洛文公司于 1998 年向 ICSID 提请仲裁,认为美国密西西比州 Hinds 县法院的拒绝司法行为产生的国家责任可归因于美国政府,违反了 NAFTA 第 1102 条、第 1105 条及第 1110 条所规定的义务,包括间接征收、国际最低标准、国民待遇标准,应予赔偿。[2]

在 NAFTA 作出裁决前,洛文集团自愿申请破产并重组为一家美国公司——Nafcanco,且由该公司继续洛文已向 NAFTA 提请的仲裁请求,洛文公司国籍的改变引起了仲裁管辖权成立与否的争辩。美国对仲裁庭的管辖权提出了强烈异议,指出 Nafcanco 作为一家美国公司,不符合 NAFTA 所要求的"一缔约国政府与另一缔约国投资者"的属人要求,不是适格的主体,欠缺申请 NAF-

---

〔1〕 Loewen Group, Inc. and Raymond L. Loewen v. United States of America, ICSID Case No. ARB (AF) /98/3, Decision on Hearing of Respondent's Objection to Competence and Jurisdiction, 5 Jan, 2001.

〔2〕 O'Keefe v. The Loewen Group, Inc., No. 91-67-423 (Cir. Ct., Hinds County, Miss., Nov. 29 1995) (Order Denying Motion for Stay of Enforcement of Final Judgment).

TA 投资仲裁的当事人资格。与此同时，对于国籍要求，NAFTA 第 1116、1117 条只对提起索偿的日期作出了规定，即起算日，而对终止时期是没有规定的。这也是洛文公司在向 NAFTA 提出索求之后才改变其国籍的原因。但根据 NAFTA 第 1131 条，仲裁庭应遵循习惯国际法，而国籍继续原则是公认的习惯国际法，因此适用于 NAFTA 仲裁案件。[1] 对此，本案的仲裁庭适用了"刺破公司面纱"理论，拒绝接受新的加拿大实体作为满足仲裁目的的持续国民。此外，洛文公司主张美国拒绝司法，但是没有穷尽当地救济，不符合终局性要求，因此仲裁庭最终认定对本案不具有管辖权。

学术界对洛文案的管辖权裁决多持批判态度，具体的评论主要从以下几方面展开：

第一，仲裁庭错误地将直到裁决作出之日的连续国籍要求认定为是国际习惯法所要求的事项，而正确的理解则应当是，就国籍持续性要求而言，损害发生时为起算日，提出索求时为终止日。裁决作出之日作为终期这一论点，并未被各国广泛接受，亦不应该作为国际习惯法的规则。

第二，国际法委员会于 2006 年通过的《关于外交保护的条款草案》也对本案裁决采取批判态度，认为正式地提出索求才是终期。且值得质疑的是，现有的国际法规则并未明确，国籍持续性要求是必须在始期与终期都具有该国国籍，抑或只需在个别明确的关键点拥有连续国籍即可。

第三，NAFTA 仲裁中依赖国际习惯法进行裁判，会导致一些法律冲突的问题有待释明，即国际投资法与外交保护法之间

---

[1] 梁丹妮："洛文公司诉美国案分析"，载《武大国际法评论》2006 年第 2 期。

的条约解释问题。目前，NAFTA已经被《美国—墨西哥—加拿大协定》（简称USMCA）取代，这是美国总统特朗普上台后所推动的对NAFTA进行升级改造的成果。截至当前，基于NAFTA提起的投资仲裁案件共有61起，其中有41%的案件是东道国胜诉，只有15%的案件是投资者胜诉，而这些胜诉的投资者全部是美国投资者，而在东道国取得胜利的案件中，美国占16%，墨西哥占13%，加拿大占12%。从总体数量看，加拿大有26起，墨西哥有19起，美国只有16起，且美国没有输掉过一起案件。根据USMCA，美国和加拿大之间取消了ISDS机制，这意味着投资者需要通过东道国国内诉讼或者外交保护来解决争端。美国和墨西哥之间是由USMCA附件14-D专门规定的，该附件虽然允许ISDS，但外国投资者只能针对直接征收、国民待遇和最惠国待遇提起仲裁。加拿大和墨西哥之间的投资争端适用CPTPP解决。2018年11月15日，越南成为第7个批准CPTPP的国家，这意味着CPTPP于2018年12月30日正式生效，其中关于投资仲裁庭管辖权拓展于投资合同或投资授权的条款将予以搁置。从原有的NAFTA仲裁实践来看，尽管BIT和《华盛顿公约》在明确时间要求上承认特别法优先原则，但是仲裁庭不能将NAFTA未规定的部分也认作特别法。换句话说，真正享有法律上的优先地位的，应当是由合同双方合意对连续国籍要求进行修改的部分。洛文案中的被申请人美国政府所主张的将连续国籍延续到裁决作出日是一种明显的自我利益表现，这并不能掩盖NAFTA起草者对连续国籍要求故意留白的意图。

  从洛文案之后的仲裁实践来看，不同仲裁庭的意见仍然可以区分为两大阵营：一方面，有不少仲裁庭认为投资者在提出仲裁索赔请求后再变换国籍，对仲裁管辖权不会构成消极影响，例如 CSOB 诉斯洛伐克案、National Grid 诉阿根廷案、Yukos 诉俄罗斯案、Teinver 诉阿根廷案等；另一阵营则针锋相对，认为在仲裁请求业已提出后，投资者转换国籍，仍然可能导致仲裁庭的管辖权从有至无，例如 El Paso 诉阿根廷案。但是，取得共识的一点是，在投资损害已经产生后，至投资者提出索赔前，这段期间内投资者国籍发生变动，是不影响国籍的持续性的，例如 Renée Rose Levy de Levi 诉秘鲁案。

（四）仲裁庭应排除对先前已经存在的投资争端行使管辖权

依据常理，作为国际仲裁申请人的适格投资者在据称自身遭受的投资不法行为发生之际，应当已经拥有寻求条约保护的国籍，并且持有受条约保护的适格投资。相应地，对被申请人的东道国而言，属时管辖权通常是一项极具重要意义的抗辩工具。[1]然而，为了判断投资者国籍及其投资的适格性，必须先行明确涉案投资争端是否产生以及何时产生。

存在争端是讨论管辖权与法律适用的前提，相应地，国际条约通常只有在自身已生效的前提下才适用于相应争端，对于条约尚未缔结或尚未生效前已经存在的争端（pre-existing dispute），则容易引发疑义。作为一项先决问题，国际条约中通常不会单独设立一条明文专门排除先前已存在的争端。而在仲裁实践中，仲裁庭在对时间点进行审查时，也主要关心仲裁程序的启动时间及申请人提出索赔的时间点，往往对先前存在的争议与预料中的未来争议不加严格区分。但从法律适用属时范围的角度考察，如果条约中未作规定，为保证法律关系的稳定性及当事人在适用法律环节的正当与合理期望，原则上不应将一

---

[1] 张建:"国际投资仲裁中的管辖权异议及其认定问题——以 Rusoro 诉委内瑞拉仲裁案为例"，载《武大国际法评论》2017 年第 6 期。

项法令扩展适用于在其颁布前已经发生的争端和事实,除非条约本身有明示的条款允许向前适用。对此,《维也纳条约法公约》第24条提供了有力的佐证。

由上文的论述可知,在不影响公司重组的情况下,仲裁庭应排除对预先存在的纠纷行使管辖。此外,出于界定有无管辖权的目的,决定纠纷是否在投资发生之前和投资者取得国籍之前已经存在也至关重要。应肯定的是,争议发生得越早,投资者为了纠纷管辖权目的而做出的国籍改变行为发挥效力的可能性就越会遭到削弱。反之,争端产生的时间越靠近损害时间,甚至是提起仲裁请求的时间,投资者变更国籍的行为越有可能被仲裁庭认为是"合法的国籍筹划"。由此在实践中产生的结果是,索赔申请人将设法"推迟"争端的存在日期,而被申请人将试图主张相反的论断,即指出尽可能早的争端的存在日期。

就实践而言,ICSID对事管辖权的范围限定为"直接因投资而产生的法律争端",具体涵盖法律性与投资定义两个方面:首先,争端属于法律争端;其次,争端是直接因投资而产生的。对于争端,通常认为其是与秩序相对立的概念,系特定主体基于利益冲突而产生的双边或多边的对抗行为,其不仅发生在个体之间,而且构成一种社会现象,表现为对现有均衡状态的颠覆,法律争端是涉及法律上权利与义务关系的争端,其不同于情感纠纷、道德冲突或宗教矛盾,需要在法律的框架内寻求解决路径。[1]在SGS诉巴基斯坦案中,仲裁庭明确指出:根据通常含义,由于违反BIT而产生的争端与单纯因违反投资合同而产生的争端,都构成BIT中规定的"与投资有关的争端",但是

---

[1] 范愉:《纠纷解决的理论与实践》,清华大学出版社2007年版,第70页。

在BIT中没有明示条款授权的前提下,仲裁庭不应对合同争议行使排他性管辖权。关于投资,《华盛顿公约》的起草者曾经提出过多种定义,但因分歧过大遭遇强烈的反对,为了促成公约的顺利谈判,制定者选择了运用"建设性模糊",回避对投资进行详尽的定义。鉴于公约有意省略对投资的定义,各国主要依据国内法或BIT采用开放式架构界定何谓"投资",定义方法包括以资产为基础、以企业为基础、以交易为基础三类,从而促进定义的灵活性、开放性、前瞻性,满足与时俱进的现实需要。[1]与此同时,为了防止外资挣脱东道国法律的管辖和规制,BIT的投资定义中多设置了合法性要求,规定受保护的投资应限于依东道国法律投入的财产,从而平衡外资保护与东道国公共秩序,避免形成"监管恐惧"或"寒蝉效应"。

根据仲裁庭对争端概念的界定,争端产生日期可能会对程序的管辖权、启动与终止时间的判断产生影响。对于ICSID程序,错误地反对或者赞成属时管辖均可能构成明显越权从而使裁决被撤销。如果拒绝行使本应行使的管辖权,如在公司重构时错误地将其认定为先前存在的争端而排除关系,或者通过错误地认定为不是先前发生的争端而过度行使了管辖权,均可能构成裁决被撤销的理由。然而,相关的仲裁案例法往往有对立裁决的现象,同案不同判的问题比较明显,即使在解释同一条约的争端解决条款措辞时,也可能得出不同结论。

在一些案件中,仲裁庭认定判断属时管辖权是否成立的关键点在于依据《华盛顿公约》第25条提起请求的日期以及争议发生的日期,另一些仲裁庭则将重点放在损害发生之日或者投

---

〔1〕 王海浪:《ICSID管辖权新问题与中国新对策研究》,厦门大学出版社2017年版,第24页。

资者声称东道国违反投资条约义务的日期。在 Phoenix 案中，仲裁庭指出：根据属时原则，仲裁庭仅有权就以投资者名义在投资发生后所从事的行为和不作为作出判断。该案仲裁庭明显地将法不溯及既往原则等同于排除先前存在的争端（尽管在以色列和捷克之间的 BIT 中没有相关的排除条款），这实际上是对法律概念与事实概念的重大混淆。

另外，一个同样重要的问题是，当东道国实施了一系列影响投资者权益的立法或多项举措时，商业合作关系逐渐变差，此时仲裁庭所面临的裁判对象究竟是一个整体的争议，还是若干独立的分散争议？对争议数量和争端具体化的界定，同样将影响到仲裁庭的判断，尤其是，在投资者实施公司重组行为前后所发生的是否是同一争端？对这一问题，又可简化为，究竟是以主观的标准对争端作出一个整体性的判定，抑或以客观的标准对具体的行为做多重的认定？

在 Lao Holdings 诉老挝案中，仲裁庭的裁决正面回应了争端数量的界定问题。本案申请人是一家根据荷属安的列斯群岛法律注册成立的公司，于 2012 年 1 月 17 日收购了在我国澳门特别行政区注册的 Sanum 公司 100% 的所有权，该公司在老挝境内投资了赌博行业。仲裁庭旨在确定索赔公司获得澳门公司股权的时间是否与指控老挝政府行使了违反 BIT 的不法措施的争端产生时点一致。荷兰和老挝的 BIT 包含了一条单一排除性规则，即该条约不能适用于保护条约生效前已经产生的争端，但不涉及引发争端的事实发生于何时。[1] 仲裁庭首先注意到：确定关

---

[1] Christina Binder, "Sanum Investments Limited v the Government of the Lao People's Democratic Republic", in *Journal of World Investment & Trade*, Vol. 2, 2016, pp. 280~294.

键日期的检验标准是客观的，相关问题不在于被投诉人主观上认为是否发生了法律纠纷，而在于在被申请人与申请人母国之间的 BIT 生效之前，是否确定已存在涉案争端，这一点属于对客观事实的分析，而非主观臆断。然而，政府主管部门在最终决定是否延长单一税收协议之前的几个月中始终未予公布相关信息，使投资者处于隐秘状态。仲裁庭认为，申请人"合理地期望财政部长作出决定只是长期进程中的跳板"，只有在最高层通过不给予申请人统一税收延期的最后决定时，争端才会发生。

据此，与公开声称的纠纷客观标准相反，投资者的认知对仲裁庭的判断有很明显的影响，使得纠纷的检验不再客观。但这也引发了一个问题，争议是当事人双方在法律或事实上的分歧，还是双方之间的法律观点或利益冲突的分歧？如果一场争论在表达、正面对质的时候就会被具体化，为什么只有总理办公室这个最高和最终的决策实例才重要，特别是在财政部——一个能够归属国家责任的国家机关，已经就此问题发布否定决定的情况下。长达数月的谈判就意味着双方存在意见分歧吗？事实上，除了试图为对立的观点或利益找到解决办法之外，延长谈判有什么好处？可以论证的是，投资者的认知是确定争端的客观因素，而不是（主观的）投资者视野，即是否应将财政部长的（负面）决定视为总理最终决定的预兆。

过分强调投资者的主观认识作为争议存在的认定要素显然具有这样的效果，即仲裁庭将总理关于将统一税扩展到申请人的最终决定等同于存在争议。然而，通过这样做，仲裁庭把争端的存在与在连续行为情况下（指称的）违反投资义务的存在混淆了。如上文所述，根据案件的事实，争端当然只有在构成（指称的）违反投资义务的有关措施被采取之后才会产生，但不一定在所有情况下都是如此。事实上，如果投资者和东道国在后者作出构成有关措施的最后决定之前进行了长期谈判，完全有可能存在相反的观点。因此，在采取措施之前，国际法院和投资仲裁庭会产生法律意义上的争议。故在确定争议的存在时，仲裁庭应该审查这项问题。

Pac Rim 诉萨尔瓦多案的仲裁庭对此持相似的分析路径，本案申请人是一家受加拿大企业控制但在美国注册的公司，其声称在萨尔瓦多的投资须申请黄金和白银开采许可证，但遭到了萨尔瓦多当局的拒绝。在 2005 年至 2008 年期间，萨尔瓦多对是否停止和拒绝发放采矿许可证持模糊和不确定的立场，直至 2007 年底萨尔瓦多总统才首次公然反对采矿。为了避免受损，加拿大控股股东将当地的投资权益从开曼群岛注册的实体转移至美国注册的申请人，从而使后者原则上有资格获得《美国—多米尼加—中美洲自由贸易协定》保护。鉴于投资者的资产重组行为，被申请人同时以仲裁庭缺乏属时管辖权且投资者滥用程序为由提出管辖权与可受理性的双重异议。由于申请人直至 2008 年 3 月以后才明确提出赔偿申请，这导致仲裁庭对 2007 年 12 月公司重组时争议是否已经产生的问题摇摆不定。仲裁庭主要考察了以下几方面细节：其一，在 2007 年年底资产重组之前，申请人即已知悉获得许可证和特许权方面存在困难；其二，尽管与萨尔多瓦当局展开了协商和沟通，获取许可证的相关困难仍然存续；其三，被申请人终止许可并拒绝采矿前没有给出正式通知，这表明争端在仲裁程序开始时业已存在。[1] 据此，仲裁庭认定对本案行使管辖权不构成对先存争议的排除，对争

---

〔1〕 Pac Rim Cayman LLC v. Republic of El Salvador, ICSID Case No. ARB/09/12, Award, 14 October, 2016.

端的识别直接关系到对管辖权的判断。

另一起相似的案件是 Cervin & Rhone 诉哥斯达黎加案,尽管被申请人坚持争端在投资者变更国籍之前就已经客观产生,但仲裁庭仍坚持违约行为径直导致了争端的产生,据此驳回了被申请人的属时抗辩。如 Lao Holdings 案与 Pac Rim 案的仲裁庭所采取的立场,限于已经发生的争端难以用客观证据来界定时间点,仲裁庭主要关注于投资者的主观单方面陈述,借助于仲裁申请书中对事实的阐述来界定何时产生争端、产生何种争端、该争端是否符合仲裁庭的管辖范围,对于已经经过的事件,仲裁庭难以通过更客观的方式询问或调查涉案争端是否源于条约生效前早已事先存在的纠纷。

在 Philip Morris Asia 诉澳大利亚案中,申请人的索偿依据是澳洲新出台的《烟草简单包装法案》违背了《中国香港与澳大利亚双边投资协定》中的知识产权保护条款,澳大利亚政府的行为构成了对投资者财产的间接征收。[1]澳大利亚在答辩中声称,由于在投资者重组时涉案争端已经发生,因此仲裁庭缺乏属时管辖权。对此,仲裁庭区分处理了属时管辖权异议与投资者权利滥用两项关键概念,在回应投资者的意见时,还分别讨论了程序方面的属时管辖权与条约实体保护条款的时间适用范围。仲裁庭最终认定,当投资者索赔的诉因是指控东道国政府违反条约而非违反合同时,区分程序方面与实体方面并不具有实质意义。但是从另一个角度分析,当投资者在争端已经产生之后才进行资产重组,则其借助更优惠的条约以谋求程序方面最大保护的主观心态昭然若揭,此时极有可能被仲裁庭认定为

---

[1] 何艳:"投资协定视阈下知识产权与公共健康的冲突与协调——由两起'菲利普·莫里斯案'引发的思考",载《法商研究》2013年第6期。

构成程序滥用。

(五) 仲裁庭对属时管辖权认定的特殊规则

假定在同一法域范围内,两个不同的历史时间段内实施着不同的法律规则,当某一国际投资争端或某个特定的法律问题处于此种境地时,究竟应适用哪一项法律规则来处理有关问题,这是存在疑虑和争论的。[1]在国际投资法领域,此即所谓的新旧国际投资条约的时际法律冲突。在法律领域,时际法律冲突本属一种普遍现象,任何法律都可能会涉及这一现实问题。从各国实践看,凡是要求确认一个过去发生的法律关系,原则上只需要满足法律关系成立时有效的法律。[2]对权利的取得,一般采用"既得权保护"和"法不溯及既往"原则,如果当事人对此存疑,则可在缔约之时订入"稳定条款",明确外资的运行不受东道国法制变动的消极影响。[3]事实上,所谓投资仲裁庭的属时管辖权,与仲裁时效是紧密相关的。所谓仲裁时效,是指当事人向仲裁机构或仲裁庭申请仲裁的法定期限,其性质上属于消灭时效,如果当事人没有在法定时效内提出仲裁申请,将丧失通过仲裁方式主张财产利益的程序性权利。时效制度既有利于督促当事人及时行使权利,又可尽快了解当事人的权利义务关系,从而维护社会经济秩序的稳定性,减少因时间延误所引起的证据灭失或审理障碍。我国《仲裁法》第 74 条对时效的确定奠立了基本规则:法律对仲裁时效有规定的,适用该规

---

〔1〕 [德] 弗里德里希·卡尔·冯·萨维尼:《法律冲突与法律规则的地域和时间范围》,李双元等译,法律出版社 1999 年版,第 199 页。

〔2〕 韩德培主编:《国际私法》,高等教育出版社、北京大学出版社 2014 年版,第 122 页。

〔3〕 张建:《国际投资仲裁管辖权研究》,中国政法大学 2018 年博士学位论文,第 58 页。

定；法律对仲裁时效无规定的，适用诉讼时效规则。根据该条款，仲裁庭在确定仲裁时效期间及其是否经过、如何计算时，奉行特别法优先于一般法的解决方案，当投资仲裁适用的 BIT 对仲裁时效有特殊规定的，将不再适用国内民事诉讼立法中的诉讼时效规则，但对于时效的起算、中止、中断、延长及时效届满的法律效果，如果 BIT 无专门规定，仍然可以参照民事诉讼法的一般规定。[1]

根据上述原则，如果争端产生的时间点能够确定在新条约的生效期内，则适用新约，反之亦然。中国平安保险公司诉比利时仲裁案正是关于时际冲突的典型例证。本案中，申请人主张：在 2008 年金融危机背景下，比利时政府采取的紧急援助及国有化措施导致申请人所投资的金融机构被卖给第三方，造成了严重的投资损失。2015 年，仲裁庭以缺乏管辖权为由驳回了申请人的索赔请求。该案中，导致仲裁庭驳回申请的主要原因即在于属时管辖权争论。具言之，申请人索赔时（2009 年 10 月）分别援引了 1986 年中国与比利时 BIT（1986 年 10 月生效）及 2009 年中国与比利时 BIT（2009 年 12 月生效），索赔请求实体上依赖于 1986 年 BIT，但在管辖权问题上却主张适用 2009 年 BIT，新旧 BIT 之间的主要区分在于可仲裁事项的范围宽窄及投资仲裁的具体选项方面：1986 年 BIT 仅允许征收与国有化争议提交 UNCITRAL 临时仲裁，2009 年 BIT 则允许任何投资法律争端提交 ICSID 仲裁；1986 年 BIT 规定了存续期条款，2009 年 BIT 规定了过渡期条款，二者存在明显的冲突。[2]旧约规定在 BIT 有效期内作出的投资，即使 BIT 失效终止仍然适用于这些

---

［1］ 宋连斌主编：《仲裁法》，武汉大学出版社 2010 年版，第 207 页。
［2］ 韩立余主编：《国际投资法》，中国人民大学出版社 2018 年版，第 221 页。

投资；新约则规定一国投资者在另一缔约国领土内作出的投资，无论是在 BIT 生效前后作出的，都适用新约，但不适用于新约生效前已进入司法或仲裁程序的争端。鉴于此，仲裁庭依据 1986 年 BIT 中的限制性争端解决条款作出了对本案无管辖权的裁决。尽管该案已经终结，但引发了多重思考：如何认定"已进入司法或仲裁程序"，究竟是以仲裁通知为起算点抑或以提交仲裁申请为标准，尚未可知。此外，在"一带一路"建设背景下，中国兼具对外投资与吸引外资、资本输入与资本输出的双重身份，通过修订条约使 BIT 实现更新和现代化，成为现实难题。

在国际投资仲裁实践中，存在多种可能导致仲裁请求落空的情形，其中既包括管辖权方面的原因，亦不乏实体方面的考量。例如，具体个案争端中的主客体可能不符合投资条约设定的"投资"或"投资者"定义，以至于仲裁庭认定其缺乏属物或属人管辖权；或者争端所系属的投资不符合东道国当地的法律规定，或该投资项目是通过欺诈或贿赂等不法方式取得的，以至于仲裁庭适用"不洁之手"原则拒绝对投资提供实体保护。[1]除了主客体适用范围外，国际投资条约还有可能在时间或空间层面不适用于争端所涉的国家行为；另外，如果条约中订有拒绝授惠条款，则当案件所涉的投资项目为非条约缔约国的投资者所持有或控制时，仲裁庭亦得以否定对此类标的行使管辖权或提供实体保护；再者，不少国际投资条约虽订有 ISDS 条款，但要求投资者将争端提请国际仲裁管辖的前提是必须先行用尽当地救济或经过特定阶段的冷静期与磋商期，一旦投资者绕开

---

[1] Andrew Paul Newcombe & Lluís Paradell, *Law and Practice of Investment Treaties*, *Austin*: Kluwer Law International, 2009, p. 481.

国内救济而径直提请国际仲裁，仲裁庭亦可能以仲裁请求欠缺可受理性为由予以驳回。由此可见，属时管辖权的争议仅仅是导致仲裁请求无法证立的可能性之一，而并非全部的或主要的障碍。通过本文的分析与论证可知，仲裁庭在判定投资者是否通过"挑选条约"而规避属时管辖要件时，将逐一认定条约的时间适用范围、争端诱因的发生时点、投资者提出仲裁请求并实际展开救济的具体时点，甚至可能考虑新旧条约在时际法律适用上的冲突。只有经过了严密的时间考证，仲裁庭才能够合理地把握并区分"挑选条约"与"程序滥用"之间的界限，从而维护国际投资仲裁法治的正当性。

四、国际投资仲裁庭定义"投资"的主要标准

（一）国际投资仲裁庭定义"投资"的重要性

根据国际投资条约而成立的仲裁庭，其争端解决的权力（仲裁权）是受限的，其中尤其体现为投资仲裁管辖权的法定性，意即仲裁庭有权作出裁决的争端范围需要建立在法律授权的基础上。以 ICSID 仲裁为例，仲裁庭管辖权的行使必须同时满足 1965 年《华盛顿公约》第 25 条第 1 款所列明的各项条件，有学者将该条款所涵盖的管辖权要件归为四类：其一，仲裁庭对争端标的物的管辖权，即直接因投资而产生的法律争端，且争端所涉的投资类型符合条约确立的法定投资涵义（对事管辖权）；其二，仲裁庭对争端当事人的管辖权，即因投资受损害而提出仲裁请求的当事人必须符合条约确立的投资者的定义，其国籍满足了相关投资协定的启动要件，且东道国相关政府部门的行政行为可归因于国家（对人管辖权）；其三，仲裁管辖权建立在当事双方书面仲裁合意的基础上，而非强制仲裁（管辖权合意);其四,争端及其诉因的产生必须满足投资条约中的仲裁条款所设定的仲裁时效(属时管辖权)。[1]

在以上几点管辖权要件中,仲裁庭必须首先做出判断的是对事管辖权的外延。简言之,即仲裁庭对基于何种事实而产生的何种争端享有仲裁管辖权,相比于其他的管辖权要件,其重心集中于争端的客体方面,因此该问题也可转换为怎样界定投资争端的可仲裁性。从近年来缔结的国际投资条约的主流趋势以及国际投资仲裁争端解决的实践来看,ICSID 受理案件的属物范围是"直接因投资而产生的法律争端"。[2]解决这一问题的核心取决于,引发争端的经济活动是否被包含在投资条约的"投资"定义当中。简言之,从国际法角度对"投资"的概念下定义,对仲裁庭而言是确立对事管辖权的前提,如果不存在投资,则仲裁员将无权裁判案件。在很多案件中,外国投资者"挑选条约"的主要动因,就是为了援引对己方更有利的 BIT,使其经济活动能够被归入"投资"的定义之内并享有条约提供的法律保护。那么,究竟应当采取何种标准来定义"投资",就成为一项必须解决的先决问题。

哲学家斯蒂芬·图尔敏曾经有一段经典表述,来表达语言文字的波段宽度对概念界定灵活性的影响,其称:"定义如同皮带,其越是短小精悍,就越需要灵活的弹性。短小的皮带并不

---

[1] Jan Paulsson 曾使用"无默契仲裁"的措辞来表达投资仲裁中当事人合意的范式转换,但在投资条约仲裁中,仲裁庭在行使管辖权之前,仍然需要先行确认当事人之间达成了争端解决的合意,这与商事仲裁中合意的区别仅在于意思表示是否同时进行。See Jan Paulsson, "Arbitration Without Privity", 10 ICSID Review- Foreign Investment Law Journal 2, 1995, p. 232.

[2] 杨卫东:《双边投资条约研究:中国的视角》,知识产权出版社 2013 年版,第 162 页。

能适应其佩戴者的身材,但通过拉伸,可对其加以调试,并使之与任何人合身。"[1]在国际投资协定文本与争端解决领域,对"投资"定义的表述方式可谓"一千零一夜"的故事,永远没有完全相同的"投资"定义条款,也没有截然不同的"投资"定义条款。就法律条款的篇幅来看,长短不一;就定义的具体模式来看,有的采用抽象的概念要素界定方法,也有的采用不完全的具体列举式方法。但值得肯定的是,投资法领域对"投资"的界定与经济学中对"投资"的界定不尽一致:投资条约的制定者倾向于将"投资"视为特定的资产组合;而经济学家则多将"投资"视为一种经济现象、一类过程或一项行动,这类经济活动的主要特征是以获取预期的未来收益为目标购买特定资产,由此排除了证券投资与单纯的买卖合同。不同学科视角下所界定的"投资",不仅出发点与侧重点不同,且内涵与外延上都有较大的差异。"投资"定义的多元化,使得不同仲裁庭在行使自裁管辖权时,可能对同一经济活动是否属于受条约保护的"投资",得出相反的认定,这无益于保持国际投资法的体系化、稳定性,反倒可能使投资法制进一步碎片化。从案例法的形成与演变来看,"投资"定义的实践标准始终处于发展之中,下文将以"投资"定义的典型案例入手进行梳理。

(二) Fedax 诉委内瑞拉案:将金融票据定性为投资

以仲裁庭对条约中"投资"定义的解释为例,仲裁实践中,Fedax 诉委内瑞拉案[2]的仲裁庭在判断本票是否属于"投资"

---

[1] Stephen Edelston Toulmin, *Foresight and Understanding*: *An Inquiry Into the Aims of Science*, New York: Harper & Row Publishers, 1963, p. 18.

[2] Fedax NV v. The Republic of Venezuela, ICSID Case No. ARB/96/3, Decision of the Tribunal on Objections to Jurisdiction, 11 July, 1997.

时，主要采用了文义解释的方法，同时在此基础上作了宽泛的解读。

本案中，Fedax 是一家荷兰公司，其为委内瑞拉政府的债权人提供了相应的服务，该债权人向 Fedax 付款的方式是将 6 张本票背书转让给 Fedax。这些本票原本由委内瑞拉政府签发给债权人，经过背书行为后，本票载明的权利归属于 Fedax。但委内瑞拉拒绝根据本票向 Fedax 支付本金或任何利息，于是 Fedax 根据《荷兰与委内瑞拉双边投资条约》中的争端解决条款，于 1996 年向 ICSID 提起了国际仲裁，指控委内瑞拉拒绝按本票付款的行为构成征收。委内瑞拉向仲裁庭提出管辖权异议称，本案中双方所争执的本票并非该受条约保护的"投资"，因此仲裁庭不应行使管辖权。

为了对管辖权异议作出认定，仲裁庭结合该条约第 1 条第 1 款的规定，对金融票据是否属于"投资"进行了解读。首先，仲裁庭对该条约中的投资定义条款进行了文义解释，其注意到，该款的措辞是"'投资'一词应当包括各类资产，主要包括但不限于如下所列举的各类资产形态……②产生于股票、债券及公司与其他合资企业的各类权益；③对金钱、其他资产的所有权，或具有经济价值的履行请求权"。据此，仲裁庭指出，第③项所列举的对金钱的请求权并不限于直接投资或证券投资。其次，仲裁庭对该条约中与投资定义有关的其他条款进行了体系解释，例如该条约第 5 条系关于投资收益自由转移的规定，仲裁庭据此认定"投资"的定义及"金钱权利"的含义包括了借款和信贷交易。随后，仲裁庭对本案中委内瑞拉签发的 6 项本票进行了考察并指出，究其性质而言，本票属于信用证券，其以书面方式承认受票人向发票人提供了贷款。本案中，委内瑞拉之所以向债权人签发本票,也正是以书面方式承认其对债权人欠付相应的款项,换言之,委内瑞拉有义务在本票载明的有效期内向持票人支付相应的金额及利息。并且,委内瑞拉在签发票据时能够预见到该本票可能通过背书行为转让给其他主体。

因此,仲裁庭推断称,尽管持有本票权利的投资者的身份可能通过背书行为发生变动,但投资对象本身是保持稳定的,在本票到期付款前,委内瑞拉作为发票人持续地享有信用利益。而当本票为外国投资者所持有时,票据载明的权利即构成一项外国投资。委内瑞拉无权以本票的购买与背书行为发生在境外为由来抗辩相关本票不属于投资,原因是,这些票据是允许国际流通的。此外,委内瑞拉还抗辩称,这些本票不具有投资所应当具有的风险,这一观点亦遭到了仲裁庭的驳斥,仲裁庭直截了当地指出,委内瑞拉拒绝按本票付款的行为本身即已表明了风险的存在。再者,仲裁庭注意到,委内瑞拉政府是根据其本国《公共信用法案》签发的相关本票,这也能够表明,本案中的票据不同于普通的短期商事交易活动,而是涉及公共利益的经济行为。最终,仲裁庭驳回了委内瑞拉的管辖权异议,明确本案中的本票构成"投资",且总结出受国际投资条约保护的投资至少应满足以下基本特征:一定的持续期、利润与收益的规律性、承担特定风险、实质投入、对东道国发展具有重要性。

(三) CSOB 诉斯洛伐克案:将发放贷款定性为投资

CSOB 诉斯洛伐克案[1]是继 Fedax 诉委内瑞拉案之后仲裁庭对投资定义作出宽泛解释的又一起案件。本案中,捷克公司 CSOB 向斯洛伐克共和国的"金融资产管理公司"提供贷款。依

---

[1] Ceskoslovenska Obchodni Banka A. S. v. The Slovak Republic, Case No. ARB/97/4, Decision of The Tribunal on Objection to Jurisdiction, 1 December, 2000.

据 CSOB 与斯洛伐克政府签订的《关于对 CSOB 进行金融整合的基本原则的协议》，斯洛伐克政府应当补偿本国金融资产管理公司的损失，以便保证 CSOB 所发放的贷款的资金安全。然而，当金融管理公司出现损失后，斯洛伐克没有予以补偿，于是 CSOB 将斯洛伐克诉至 ICSID 仲裁庭。双方对 CSOB 发放的贷款是否属于《华盛顿公约》和投资条约所定义的"投资"产生了剧烈分歧，斯洛伐克以该笔贷款不属于"投资"为由向仲裁庭提出了管辖权异议。仲裁庭分别对《华盛顿公约》第 25 条和 1992 年《捷克共和国与斯洛伐克共和国双边投资条约》第 1 条进行解释后指出，本案中的贷款构成条约所保护的"投资"。

仲裁庭在对贷款的投资属性进行裁判时，特别指出：首先，从《华盛顿公约》的序言部分进行解读可以认定，任何可以促进缔约国经济发展与国际合作的跨国交易均可称为国际投资，且斯洛伐克从未根据该公约第 25 条第 4 款对投资定义提出保留，因此可以推断出斯洛伐克接受了广义的、宽泛的投资定义；其次，在对具体交易活动是否构成"投资"进行判定时，必须将单个行为置于整个交易的复杂过程和背景中进行检视，尽管斯洛伐克共和国没有补偿金融管理公司的损失本身不能构成投资，但斯洛伐克共和国是否对金融管理公司的损失进行补偿与 CSOB 对该公司的贷款紧密相关，补偿行为、偿还行为、贷款行为综合构成一项完整的投资活动，且贷款的发放有利于东道国经济发展，没有理由否认其投资属性；再次，在本案所适用的双边条约第 1 条中，将"投资"定性为"任何资产"，这一宽泛的措辞即表明缔约双方希望对广义范围的资产提供投资保护。将该案的裁决与 Fedax 作比较可以发现，本案仲裁庭的条约解释路径仍然以文义解释为基础，但在一定程度上突破了 Fedax 单纯的文本解释，将具体的经济活动置于整个交易的大背景中进行审视，这实际上使国际投资仲裁庭的可仲裁范围可能超越缔约方能够合理预见的经济活动范围。

（四）S. D. Myer 诉加拿大案：将投资定义扩展至贸易领域

1992年《北美自由贸易协定》是当代最为成功的区域性贸易协定之一，其中第十一章专门就区域内的投资保护问题作了全面且系统的规范，确立了一整套国家对个人损害负责的国家责任体系，并逐步纳入美国的双边投资条约范本中，进而发展为影响全球投资条约缔约实践的重要模式。[1]其中，NAFTA 第1139 条所明确列举的投资定义范围是非常宽泛的，包括了企业发行的股票、债券、贷款、房地产、有形或无形财产（包括知识产权）以及在企业收入、利润或清算财产中所占有的利息等。但与此同时，该定义条款明确排除了某些交易活动的投资属性，规定这些活动不属于投资，包括货币请求权、跨国销售货物或提供服务的商业活动、与商业交易有关的信用拓展（如贸易融资，但不排除贷款）、任何其他货币请求权。可见，NAFTA 的投资定义虽然宽泛，但是属于封闭式的、穷尽的列举，不在正面列举之内的交易活动将被否认投资属性。[2]但在 S. D. Myers 诉加拿大案[3]中，仲裁庭却通过扩张解释的方式将投资定义延伸到了贸易领域。

本案中，Myers 是一个美国公司，其在加拿大设立了子公司

---

〔1〕 叶兴平：《国际争端解决机制的最新发展——北美自由贸易区的法律与实践》，法律出版社 2006 年版，第 69 页。

〔2〕 Henri C. Alvarez, Arbitration Under the North American Free Trade Agreement, Arbitration International, Vol. 16, No. 4, 2000, p. 396.

〔3〕 S. D. Myers, Inc. v. Government of Canada, UNCITRAL, Partial Award, 13 November, 2000.

"Myers 加拿大",子公司的主要业务是在加拿大境内收集含有 PCB 有害物质的废弃物,出口至美国交由母公司处理。1995 年,加拿大政府颁布一项临时法令,禁止从加拿大向境外出口含有 PCB 的废弃物。Myers 以加拿大的禁令违背 NAFTA 第十一章为由提起了国际仲裁。在仲裁程序中,加拿大对申请人从事的交易活动性质提出了异议,也对申请人是否具有投资者身份提出了质疑,指出其所开展的活动不属于 NAFTA 所保护的投资,原因是 Myers 与 Myers 加拿大是两家独立的公司,且前者对后者并不直接持有股份。但仲裁庭驳回了加拿大的质疑,基于现有证据认定,Myers 家族企业不仅对 Myers 加拿大提供了贷款,还提供了充分的技术与人员支持,这些足以表明前者对后者拥有间接控制权,而 NAFTA 允许投资者对投资对象进行"间接控制",因此,本案申请人具有投资者的身份。同时,仲裁庭认定,本案投资者在加拿大的"市场份额"构成投资。但这种过于宽泛的解释结论作出后,遭到了包括发展中国家与发达国家在内的投资法学者的一致批评,认为其对东道国的经济规制权提出了不合理的挑战。[1]

(五) Romak 诉乌兹别克斯坦案:考察文本之外的缔约目的与宗旨

值得注意的是,在分析国际投资条约中的投资定义时,并非所有仲裁庭都采用纯文本分析的方法。在 Romak 诉乌兹别克斯坦案[2]中,仲裁庭考察特定投资项目能否视为受法律保护的

---

[1] 陈安主编:《国际投资法的新发展与中国双边投资条约的新实践》,复旦大学出版社 2007 年版,第 45 页。

[2] Romak Switzerland v. The Republic of Uzbekistan, PCA Case No. AA280, UNCITRAL, Award, 26 November, 2009.

投资时，主要关注了投资条约上下文的语境和缔约目的。

Romak 是一家在瑞士成立的谷物销售公司。1966 年，Romak 与乌兹别克斯坦国家合股公司（以下简称乌兹别克斯坦公司）签署了一份《意向议定书》，其中约定双方将展开长期互利互惠的合作计划。议定书中规定，Romak 承诺协助乌兹别克斯坦公司对谷物市场进行调研，对谷物定价和粮食进口提供专业建议，作为回报，乌兹别克斯坦公司同意在 1996 年及 1997 年的进出口配额招标中优先考虑 Romak。在 1996 年 7 月至 11 月期间，Romak 分五次向乌兹别克斯坦公司交付谷物，共计 5 万吨小麦，但乌兹别克斯坦公司没有按约定支付装卸费。Romak 于是向谷物与饲料贸易协会申请仲裁，要求乌兹别克斯坦公司支付相应的装卸费用，仲裁庭的裁决支持了 Romak 的仲裁请求，但乌兹别克斯坦公司拒绝履行裁决，争议未能得到最终解决。2006 年，Romak 请求按照《联合国国际贸易法委员会仲裁规则》成立仲裁庭，依据 1993 年《瑞士与乌兹别克斯坦双边投资条约》中的争端解决条款，针对乌兹别克斯坦的行为向仲裁庭提出求偿主张。乌兹别克斯坦向仲裁庭提出管辖权异议，异议中称：Romak 并未在乌兹别克斯坦境内进行投资，仲裁庭没有对物管辖权。

仲裁庭注意到，本案所适用的投资条约的第 1 条和第 9 条涉及投资的定义。其中，第 1 条第 2 款规定："在本协定中，'投资'一词应当包括各种类型的资产，尤其是：①动产、不动产以及任何其他对物权，例如地役权、抵押权、留置权、保证；②股份及任何其他类型的公司参与；③对金钱的请求权或任何具有经济价值的行为请求权；④著作权、工业产权、技术工艺、专有技术、商誉；⑤公法授予的特许权，包括勘探或开发自然资源的特许权，以及任何其他由法律、合同或判决所授予的特许权。"争端双方当事人均肯定所列举的投资类型是非穷尽的,但是对列举中的各项投资类型的含义产生了分歧。乌兹别克斯坦坚称:"包括"一词表明,各项中所列明的财产类型仅仅是定义投资的部分要素,但是仅仅满足某一项还不足以认定为符合了投资定义。而 Romak 则认为,"各种类型的财产"一词已经足够宽泛,完全可以涵盖其仲裁索赔中所争议的权利请求。具言之,Romak 认为其所持有的权利符合 c 项和 e 项列明的投资类型。为了对上述条约第 1 条第 2 款中的投资定义条款进行解释,仲裁庭结合条约上下文,按照条约的目的和宗旨,就第 1 条第 2 款所具有的通常含义进行了考察。仲裁庭认为,"投资"一词的通常含义是指资金或其他资产的投入,其目标旨在利用所投入的资本获取特定利润或回报,而"资产"一词包括各类财产。

　　Romak 向仲裁庭建议,没有必要考察"投资"定义背后的目的和语境,只要确认本案的交易活动属于具体列举中的某一类型,即可确认该交易活动构成"投资"。但仲裁庭未采纳 Romak 的解释方法,其理由有二。其一,Romak 提出的直接以列举项作为标准考察交易活动的解释方法,剥夺了条约赋予"投资"一词的内在涵义,也违背了第 1 条第 2 款的法律适用逻辑。具体而言,双方当事人均认可,所列举的五类投资形态是非穷尽的,完全有可能存在不在列举项之内,但符合条约定义的投资形态。因此,必须先找到用于确定某项列举项以外的经济活动是否符合"投资"定义的基本标准。其二,Romak 提出的单纯的文义解释方法,忽视了《维也纳条约法公约》第 31 条第 1 款的后半句,即"条约应当依其用语按其上下文并参照条约的目的及宗旨所具有的通常含义,善意地予以解释"。本案条约的目的和宗旨体现在序言部分,序言明确规定"缔约各方承认有必要促进和保护外国投资，其目的在于促进两国的经济繁荣，强化两国的经济合作及互利互惠"。在分析条约序言及第1条第2款的同时，仲裁庭还考察了缔结条约的历史背景，在签署双边投资条约的同一天，瑞士与乌兹别克斯坦两国还达成了《贸易与经济合作协议》，该协议专门规范了两国之间与货物买卖合同有关的权利义务关系。因此，仲裁庭可以断定，两国在签署投资条约时，有意对投资行为与贸易行为进行区别处理，投资条约中仅对外国投资予以保护，将单纯的货物买卖合同排除在投资条约的保护范围之外。可见，如果单纯就第1条第2款进行文义解释，将得出各种类型的财产关系均受保护的结论，此种机械的解释不仅可能导致明显荒谬或不合理的结果，且与条约的上下文及条约目的与宗旨是不符的。[1]基于以往的仲裁实践，本案仲裁庭指出，条约中的"投资"一词有其内在的特定含义，特指一项持续特定期间的资本投入，且该项出资承受一定的风险。对于具体列举范围内的财产形态，也必须同时符合出资、持续期、风险等要素，如果缺失相关的要素，即使属于列举之内，也不能被认定为"投资"。简言之，条文中的列举不能取代仲裁庭的推理分析过程。

继而，仲裁庭分别从出资、持续期、风险三个角度出发，对本案中 Romak 与乌兹别克斯坦公司订立的《供货合同》及

---

[1] 本案仲裁庭指出，如果按照 Romak 的思路，单纯从投资条约第1条第2款出发机械地进行文义解释，将会导致以下不合理的解释结论：①将会消除任何对投资概念的范围进行的限制，使投资条约的保护范围无所不包；②将会使瑞士投资者与乌兹别克斯坦国家实体缔结的任何合同、有利于瑞士国民的任何仲裁裁决或司法判决都被定义为投资，从而允许提交国际投资仲裁庭，这将使缔约国的司法主权受到严重的挑战。Romak Switzerland v. The Republic of Uzbekistan, PCA Case No. AA280, UNCITRAL, Award, 26 November, 2009, at para. 187.

《意向议定书》进行了考察。首先，仲裁庭认定本案中 Romak 并未出资，其虽然按《供货合同》向乌兹别克斯坦公司提供了小麦，但其供货行为旨在即时从对方手中收到货款，而不在于获取未来的预期收益，因此不属于出资。其次，Romak 所签订的《供货合同》已经按期得到履行，且该合同虽然在 1996 年 7 月至 11 月期间分 5 批交货，但仅包括一项订单，不存在持续期。而在《意向议定书》中，乌兹别克斯坦虽然向 Romak 允诺在若干年份内给予进口招标方面的优先考虑，但此项允诺从未执行，也不存在持续期可言。再次，Romak 声称与国家公共实体签订《供货合同》的行为本身即意味着风险的存在，但仲裁庭则指出，签订任何种类的合同都存在对方违约的风险，但这属于商业风险，不能以此作为区分投资活动与其他商事活动的标准。用来区分投资与其他活动的风险，特指投资者无法确保其能够收到回报，且不知其将为此花费何种数额的风险。而在本案中，Romak 能够清醒地知道，其所承担的风险额度不超过其所交货的小麦的价值，且其能够通过《供货合同》中的保证书或信用证等方式尽量避免损失。从这个角度来看，仲裁庭认为 Romak 所面临的风险仅仅是商业风险，而非投资风险。最后，仲裁庭综合以上分析得出，本案中投资者与乌兹别克斯坦之间的交易活动，并不构成条约所保护的"投资"，因此支持了被申请人提出的管辖权异议，拒绝行使管辖权。

通过以上的案例观察可知，仲裁庭在判定涉案纠纷是否具备可仲裁性、是否满足投资定义的问题上，遵循"两步走"的思路。通常，当仲裁申请人将其仲裁请求提交至仲裁庭后，其必须向仲裁庭证实导致当事人之间发生纠纷的交易行为属于仲裁合意的范围之内，无论该合意事先规定于合同中、条约中还是国内立法中。如果当事人的交易不属于仲裁合意内,则相关纠纷将缺失可仲裁性,仲裁庭亦将欠缺对事管辖权,不再继续审查满足"投资"定义。而一旦申请人向仲裁庭证明了涉案纠纷构成仲裁合意之内的受案范围,则仲裁庭将继续审查其是否属于《华盛顿公约》中的"投资",如果不属于公约所界定的"投资",即使能够通过国际仲裁方式解决争端,也不能通过ICSID,而只能采用非ICSID的其他仲裁方法。总结而言,若是前一项标准未能满足,则根本不存在国际仲裁的合意,也不可能启动仲裁程序。[1]若是争议所涉及的经济活动符合了前一项标准,但不符合公约所要求的ICSID管辖的标准,则仍然可以采用仲裁方法解决争端,但可选方案不包括ICSID,而只包括UNCITRAL、ICC及其他的国际商事仲裁机构,具体选择哪一机构,又取决于东道国仲裁合意中所表达的同意选项。[2]因此,基本可以认定,《华盛顿公约》确立的可仲裁事项的范围与BIT等文件中"投资"定义的范围并非相互排斥的关系,而是相辅相成、共同作用的。同时,有待进一步强调的是,即使两类标准均已满足,国际投资仲裁庭也不可无序扩张仲裁管辖权,而是仍然

---

[1] Noah Rubins, "The Notion of 'investment' in International Investment Arbitration", in Norbert Horn, *Arbitration Foreign Investment Disputes: Procedural and Substantive Legal Aspects*, (Hague: Kluwer Law International, 2004), pp. 290~291.

[2] Despite the clear authority supporting a separation of "investment" for purpose of consent and for purpose of ICSID jurisdiction, some tribunals continue to examine only the definition of investment contained in the consent to arbitration. In Middle East Cement, an expropriated ship that was allegedly owned by the claimant's parent company and leased to the claimant was deemed an investment, primarily because the applicable Greece-Egypt BIT included leased property in its definition. No consideration was given to whether this agreement would satisfy the "investment" requirement of Washington Convention Art. 25 (1). See Middle East Cement Shipping and Handling Co. S. A. v. Arab Republic of Egypt, ICSID Case No. ARB/99/6, Award, 12 Apr, 2002.

受到其他关于行使管辖权的程序性限制，限制仲裁管辖权的常用方法包括但不限于规定仲裁前置程序、通过向 ICSID 发送通知的方式限缩可仲裁的事项。

本章小结

众所周知，为了应对国际经贸格局的新变化，欧盟与时俱进地采取一系列措施，对其国际投资实体与程序规则进行了改革。然而，投资者一旦实施"挑选条约"的行为，很可能会使欧盟投资法改革的效果大为削弱。为了避免"挑选条约"行为对国际投资法律秩序的破坏和扰乱，欧盟在《欧加全面经济贸易协定》《欧日经济合作伙伴协定》等新一代投资条约中均采取了综合性、组合拳式的反规避机制，从而防范投资者"挑选条约"行为所引发的消极效果。具体而言，这些"反挑选条约"的机制包括：对合格投资者予以限定，要求以"实质经营"活动作为受条约保护的前提，减少投资者通过国籍筹划而使传统的投资条约重新在国际仲裁中加以适用；重塑外资待遇的涵义，限制投资者基于最惠国待遇条约援引基础条约以外的第三方条约；最为重要的是，欧盟设立常设投资法庭机制并架构起上诉程序，藉此来缓和国际投资法的"碎片化"，强化投资争端解决的体系化、完整性、系统性。[1]这些防范和克制外国投资者"挑选条约"的方式，不仅关系到国际投资仲裁中的法律适用，而且与仲裁庭的管辖权密不可分。具体而言，对"投资"的定义直接影响到仲裁庭的对事管辖权；对"投资中"的定义关系

---

〔1〕 王燕："欧盟新一代投资协定'反条约挑选'机制的改革——以 CETA 和 JEEPA 为分析对象"，载《现代法学》2018 年第 3 期。

到仲裁庭的对人管辖权；对争端产生、投资者变换国籍、申请人提出仲裁请求等重要事项的时间节点的认定，则关系到仲裁庭的属时管辖权。如果对跨国投资者"挑选条约"行为的效力一概予以否认，则可能妨碍正常的国际商业选择，只有结合关键时间点，从实际经营活动的客观现实出发，才能作出妥当的认定，从而维持国际投资法律秩序的稳定性。

第五章
涉华国际投资仲裁法律适用问题及实践评述

在中国对外缔结双边投资条约的实践中，ICSID 仲裁与非 ICSID 仲裁（如适用《联合国国际贸易法委员会仲裁规则》进行的临时仲裁、瑞典斯德哥尔摩仲裁院仲裁等）都是可供投资者选用的争端解决方式。自谢业深诉秘鲁案以来，中国投资者与中国政府先后参与数起国际投资仲裁案件，其中既有中国投资者以外国政府为被申请人的案件，亦不乏外国投资者以中国政府为被申请人的案件，在这些案件中，法律适用问题始终是一项困扰当事人和仲裁庭的重点问题。值得一提的是，在涉华投资仲裁案件的法律适用中，仲裁庭时常面临一些中国所特有的特殊问题，例如平安诉比利时公司案所折射出的新旧条约法律适用的时际法律冲突问题，北京城建集团诉也门案、黑龙江国际经济合作公司等诉蒙古案所反映出的国有企业的投资者主体地位问题，谢业深诉秘鲁案、澳门世能集团诉老挝案折射出的中国香港特别行政区、澳门特别行政区投资者能否适用中国中央政府所缔结的 BIT 的问题，北京城建集团诉也门案等暴露出的中国早期签订的 BIT 争端解决条款仅适用于"征收及补偿款额争端"而导致可仲裁事项过窄的问题，以及很多案件都涉及的最惠国待遇条款能否扩张适用于争端解决程序事项,并将仲裁范围扩展于所有投资争端的问题,等等。这些问题,有的是兼而涉及管辖权与法律适用的问题,有的主要是对投资条约中具体条款的理解与适用问题,还有的是新条约与旧条约、宽泛的争端解决条款与限制性争端解决条款相互的冲突问题,但归根结底都可以简化为法律适用这一基本议题。对涉华国际投资仲裁中法律适用的梳理和探讨,首先须立足于对中国签订的投资条约、国内立法、仲裁规则中的有关条款进行分析,其次是结合特有的问题进行专门的分析。鉴于此,本章将以独特的中国视角,对涉及有关问题的国际仲裁实践进行观察。

第一节 中国缔结的投资条约中对法律适用的规定

一、中国外资法律体系的构建与完善进程

据我国商务部统计,改革开放 40 年来,我国利用外资规模不断扩大,质量不断提升,取得了举世瞩目的成就。截至 2018 年底,我国累计设立外商投资企业约 96 万家,累计实际使用外资超过 2.1 万亿美元。据 UNCTAD 统计,自 1992 年以来,我国实际使用外资连续 27 年位居发展中国家首位。2018 年,我国实际使用外资达到 1349.7 亿美元(不含银行、证券、保险领域数据),位居世界第二位,约为 1992 年的 12 倍,1983 年的 150 倍。改革开放以来,我国利用外资的历史进程大体上可以分为四个阶段:其一,1978 年至 1991 年的试点探索阶段;其二,1992 年至 2000 年的快速发展阶段;其三,2001 年至 2011 年的

高层次开放阶段；其四，2012年以来的全面开放阶段。[1]自2013年以来，中国着力开展并推进"一带一路"建设，这有利于中国充分利用国际国内两种资源和国际国内两个市场，推动中国企业与中国资本走出去，同时给沿线国家带来巨大的发展机遇，创造多赢格局。

改革开放的启动意味着外资逐渐涌入中国的各个行业，由此便会涉及投资保护和争端解决等问题。[2]为了优化外商投资法制环境，为本国的海外投资者及在我国境内的外国投资者提供稳定的法律保障，我国逐渐建立健全了较为完整的外资法律制度：在国际层面，我国于1982年签署了第一个BIT，随后又缔结了大量的多边、区域、双边投资条约，与相关国家开展国际投资合作，以促进和保护相互之间的投资；在国内层面，我国先后颁布了外资三法（1979年《中外合资经营企业法》、1986年《外资企业法》、1988年《中外合作经营企业法》）及其配套实施细则与条例，并于2019年3月颁布了《外商投资法》，参照国际规则对外资三法予以系统性地整合。学界普遍认为，《外商投资法》作为我国在新的时代背景下制定的专门的外资法典，将重构我国的外资基础性法律。[3]这部法律具有鲜明的时代色彩与国际化特征，贯彻"准入前国民待遇加负面清单"的外资管理模式，从多个方面规范了对外资提供公正与公平待

---

〔1〕 李成钢："改革开放40年来利用外资法律制度的变迁与展望"，载中国人大网：http://www.npc.gov.cn/npc/c541/201902/061c546b82e745bb988389f90d346baa.shtml，最后访问日期：2019年4月18日。

〔2〕 高臻：《国际投资争端的全球治理》，社会科学文献出版社2018年版，第125页。

〔3〕 孔庆江："《中华人民共和国外商投资法》与相关法律的衔接与协调"，载《上海对外经贸大学学报》2019年第3期。

遇的保护水平。[1]此外，这部法律新增了外商投资安全审查制度、外商投资信息报告制度、外商投资企业投诉工作机制等新规定，尽管这些制度的"落地"仍然需要更为具体的配套措施，但该部法律的实施无疑将大大推动中国向更高水平的投资自由化与便利化迈进。[2]

综观中国与其他国家缔结的BIT，其中绝大多数都订入了争端解决条款，有些还更进一步，在条约中确定了投资争端解决的法律适用问题。有学者以BIT所处的历史环境与文本特征为标准，对这些条约进行了代际划分：1982年标志着中国第一代BIT计划的启动，但总体来看，1982年至1989年这段期间缔结的BIT在争端解决方面较为保守，整体基调定位为促进和保护投资，再三强调国家主权原则和东道国的外资管辖权，国际投资仲裁条款仅适用于征收补偿款额争端，且此类争端应首先由东道国当地的司法或行政机构评估，国内救济被规定为投资仲裁的前置程序；1990年至1997年期间，中国的第二代BIT不断涌现，伴随中国加入《华盛顿公约》，ICSID仲裁成为中外BIT中争端解决条款的新选择，但由于中国曾在加入公约之际根据该公约第25条第4款向中心提出过限制管辖事项的通知，第二代BIT中中国政府仅同意将征收补偿款额争端提交ICSID仲裁；[3]第三代BIT以1998年中国与巴巴多斯BIT为标志，新一代的BIT全盘接受国际投资仲裁的管辖权，允许争端当事方将所有的投

---

[1] 崔凡、蔡开明："《中华人民共和国外商投资法》初探"，载《上海对外经贸大学学报》2019年第3期。

[2] 宋晓燕："中国外商投资制度改革：从外资'三法'到《外商投资法》"，载《上海对外经贸大学学报》2019年第4期。

[3] 银红武、罗依凯："中国加入ICSID公约所作通知的性质及效力"，载《时代法学》2018年第1期。

资争端提交 ICSID 仲裁解决。[1]自 2010 年以来，中国商务部比照加拿大、英国、德国、美国等国家的 BIT 范本，主持起草了《中国投资保护协定范本》（草案），这标志着我国对外缔结 BIT 的历史进入了新的时代。[2]经过中国外资法的修订与中国 BIT 范本的革新，中国法律体系内的投资者与国家间争端解决机制日臻完善，这为研究涉华投资仲裁的法律适用问题奠定了完整的法律规范基础与规则框架。

二、中外 BIT 投资仲裁条款中关于法律适用的规定

在中国对外缔结的 BIT 中，并非所有的条约都含有投资者与国家间争端解决条款，而在订有投资争端解决条款的 BIT 中，又并非都规定了详尽的投资仲裁法律适用款项，鉴于此，对中外 BIT 投资仲裁法律适用问题的研究没有准确的标准答案，而必须通过文本的比较和分析才能准确总结其特征。通过比照、梳理、总结中国对外缔结投资条约的历史可以发现，尽管晚近缔结的 BIT 呈现出平衡保护投资者权益与东道国公益的趋势，但条约整体上仍然以约束东道国政府的公权力、保护投资者私人权益免受侵犯为中心。[3]

---

〔1〕 魏艳茹："论我国晚近全盘接受 ICSID 仲裁管辖权之欠妥"，载《国际经济法学刊》2016 年第 1 期。

〔2〕 关于中国制定的四个版本 BIT 范本的全文及对比，参见单文华、娜拉－伽拉赫：《中外投资条约研究》，魏艳茹、李庆灵译，法律出版社 2015 年版，第 451～467 页。

〔3〕 温先涛："中国投资保护协定范本（草案）论稿（一）"，载《国际经济法学刊》2011 年第 4 期。

表 5-1：中国 BIT 范本中的投资仲裁法律适用条款

BIT 范本	制定年份	主要特征	法律适用条款
中国的第一个 BIT 范本	1984 年	包含定义、公正公平待遇、最惠国待遇、征收和补偿、货币汇兑、转移、代位和权利保留条款。	仲裁庭应根据接受投资并作为争端方的缔约一方的法律，包括其冲突法、本 BIT 及缔约双方均接受的普遍承认的国际法规则作出裁决。
中国的第二个 BIT 范本	1989 年	保留第一版 BIT 的基本框架，新增了国民待遇标准（受国内法约束）和保护伞条款，在征收中纳入了市场价值和估价因素。	
中国的第三个 BIT 范本	1999 年	允许投资者就所有的投资者与国家间争端提请包括 ICSID 在内的国际仲裁，新增岔路口条款，在国民待遇等实体条款上稍作变动。	仲裁庭应根据接受投资并作为争端方的缔约一方的法律，包括其冲突法、本 BIT 及普遍承认的国际法原则作出裁决。
中国的第四个 BIT 范本（草案）	2010 年	明确最惠国待遇不适用于争端解决机制，增加国际投资协定例外条款，完善并细化投资者与国家间争端解决程序。	仲裁庭应依本协定和普遍承认的国际法原则作出裁决。缔约双方就本协定任何条款共同作出或一致同意的解释对仲裁庭具有拘束力。

如上表所示，中国最初的两版 BIT 范本在国际投资仲裁庭可适用的法律方面，均将争端当事方国家的国内法、BIT 自身的规定、缔约双方均接受的国际法规则作为准据法，在所提及的

三种法律渊源的关系上,并没有位阶高下或顺序先后,而是并行规定。为了避免产生疑义,BIT 中还特别述及东道国的国内法包括了其冲突法,这与《华盛顿公约》第 42 条第 1 款的表述基本一致。相比之下,第三版 BIT 范本在法律适用上的措辞稍有调整,其所规定的准据法除包含东道国国内法(含冲突法)、BIT 自身外,还包括普遍承认的国际法原则,不再将"缔约双方均承认"这一表述作为国际法原则的修饰语,这被视为更符合自由主义的举措。换言之,根据第三版 BIT 范本中的法律适用条款,即使作为被申请人的东道国政府并不承认某些国际法原则,但这并不妨碍仲裁庭适用该项普遍承认的国际法规范。[1] 由于这些 BIT 范本在中国不同历史时期的条约谈判进程中充当了基础文本的作用,很多 BIT 在投资仲裁准据法的表述方面与对应历史时期的 BIT 范本具有高度一致性。例如,1993 年中国与爱沙尼亚 BIT 第 8 条第 7 款几乎一字不差地照用了 1989 年范本中的法律适用条款,2004 年中国与乌干达 BIT 则纳入了 1999 年范本的法律适用条款,此类例证不胜枚举。不过,BIT 范本毕竟只是供谈判者对外商谈的一个基本文件,最终谈成的正式 BIT 文本可能受到双方博弈能力、要价水平的影响,因此并不必然与范本保持一致。例如,根据 2002 年中国与塞浦路斯 BIT 第 8 条第 7 款的规定,国际投资仲裁庭可适用的法律包括:接受投资的争端缔约方的法律(包括其冲突法规则)、本协议的规定以及可适用的国际法原则。该条关于投资仲裁法律适用的规定,比 1999 年的中国 BIT 范本更为宽泛,"可适用的国际法原则"并不需要是"被普遍接受的"。尽管这一措辞如何理解与适用应

---

[1] 单文华、娜拉-伽拉赫:《中外投资条约研究》,魏艳茹、李庆灵译,法律出版社 2015 年版,第 384 页。

交由仲裁庭决定，但其表述明显与各个 BIT 范本均有不同。

值得一提的是，中国缔结的部分 BIT 既允许投资者选择在 ICSID 仲裁庭提出索赔请求，也可以向专设仲裁庭寻求解决争端，对 ICSID 仲裁与专设仲裁分别适用不同的法律适用规则。例如，2001 年中国与荷兰 BIT 第 10 条第 4 款规定：该专设仲裁庭应根据当事各方约定的法律规则解决争议。如无此约定，该仲裁庭应适用争议当事方的缔约一方的法律（包括其冲突法规则）、本协定的规定以及可适用的国际法规则。言外之意即，如果争端当事方没有通过专设仲裁庭而是通过 ICSID 仲裁庭解决争端，则不适用该条款，而是直接适用《华盛顿公约》第 42 条第 1 款解决争端。1994 年中国与智利 BIT 第 9 条第 7 款亦有类似规定。

应当肯定的是，在订有投资者与国家间争端解决条款的 BIT 中，有相当一部分认可了临时仲裁的选项，相比于机构仲裁，临时仲裁更为灵活，程序的有效推进更主要依据争端当事方的协调与合作，且确定临时仲裁所适用的程序法与实体法尤为必要。如果 BIT 的争端解决条款中对法律适用作出了明确规定，那么确定准据法并非难事。实践中，投资仲裁的准据法往往是相关东道国国内法律与得到公认的国际法规则和原则的混合体。如果 BIT 的争端解决条款中对法律适用未作出明确规定，或者仅规定仲裁庭可适用"得到广泛承认的国际法规则和原则"，且实践中争端当事方对准据法并没有达成一致意见时，那么将赋予仲裁庭较大的自由裁量权来决定在国际法的框架内适用哪些法律。[1]

---

[1] [尼泊尔] 苏里亚·P. 苏贝迪：《国际投资法：政策与原则的协调》，张磊译，法律出版社 2015 年版，第 103 页。

除了来自 BIT 方面的条约规定存在差异外，在不同的国际仲裁规则中，对法律适用问题的处理也颇为不同。例如，《国际商会仲裁规则》规定在当事方对可适用的法律缺乏合意的情况下，仲裁庭有权适用其认为适当的法律。《UNCITRAL 仲裁规则》则规定，在当事方对法律适用缺乏合意的情况下，仲裁庭将通过适用它认为合适的冲突法来决定法律适用问题。在 ICSID 仲裁中，《华盛顿公约》第 42 条规定，在争端当事方缺乏准据法选择的合意时，仲裁庭将适用作为争端一方的缔约国的法律（包括该国的冲突法规范）以及可能适用的国际法。鉴于此，需要结合中国国内的外资立法来探讨外资争议解决中的法律适用问题。

三、中国国内立法中关于外资争议解决法律适用的规定

如前文所言，自改革开放以来，中国先后制定了《中外合资经营企业法》《中外合作经营企业法》《外资企业法》三部法律，为中国利用外资奠定了法律基础。由于中国改革开放初期处于从计划经济向市场经济的转轨阶段，国际通行的商业组织法并不完善，因此"外资三法"包含了商业组织法和外资管理法方面的内容。[1] 2019 年，《外商投资法》的出台，是我国的外资法律体系为了实现与国际接轨、与通行规则对标而作出的重要努力。根据《外商投资法》第 31 条，外商投资企业的组织形式、组织结构及其活动准则，适用我国的《公司法》《合伙企业法》等法律的规定。这意味着，新的外资立法仅仅着眼于外资管理和外资保护方面的内容，而外资企业的组织形式与组织机构方

---

[1] 余劲松主编：《国际经济法学》，高等教育出版社 2019 年版，第 213 页。

面的内容则统一纳入《公司法》与《合伙企业法》的调整范畴，从而保障内外资企业在形式上保持一致、无差别对待。

同投资者与国家间仲裁一样，私人投资者之间的国际投资纠纷亦可选择仲裁方式解决。原《中外合资经营企业法》第16条、《中外合作经营企业法》第26条都明确了私人之间外国投资争议的解决方式包括选择仲裁，既可以选择中国仲裁机构解决争议，也可以选择其他仲裁机构解决争议，这认可了约定外国或国际仲裁机构的仲裁协议的有效性。《外商投资法》虽然没有明确规定外商投资争议可以通过仲裁方法解决，但该法第26条确立的外商投资争议投诉机制主要限定于投资保护问题，对于其他争议，则不排除当事人约定仲裁方法解决，尤其是中国签订的大量BIT都规定了国际投资仲裁条款，这表明中国总体上是接受国际仲裁的。一旦私人投资者将争端提交至国际投资仲裁解决，仲裁庭就必须要根据适当的准据法进行裁断。如果当事人已经在投资协议中规定了准据法事宜，则仲裁庭通常会遵循当事人的合意裁判。如果当事人未选择准据法，则法律选择问题将留给仲裁庭解决。

值得一提的是，如果外国投资者在中国国内法院提起民事诉讼解决投资争议，则准据法只能适用中国法。《最高人民法院关于审理涉外民事或商事合同纠纷案件法律适用若干问题的规定》第8条规定：在中国领域内履行的中外合资经营企业合同、中外合作经营企业合同、中外合作勘探开发自然资源合同纠纷，适用中国法律解决。[1] 2014年修订的《中外合资经营企业法实

---

〔1〕 根据《最高人民法院关于废止1997年7月1日至2011年12月31日期间发布的部分司法解释和司法解释性质文件（第十批）的决定》，该司法解释因与《涉外民事关系法律适用法》部分条文相冲突，自2013年4月8日起废止。

施条例》第 12 条 2017 年《中外合作经营企业法实施细则》第 55 条规定，中外合资企业、中外合作企业合同的订立、效力、解释、履行及其争议的解决，应当适用中国法律。[1]但是，上述规定并不必然适用于国际投资仲裁中，如果双方当事人对于仲裁准据法作出了选择，则仲裁庭应依照当事人的意思自治确定法律适用问题，即可以适用外国法及国际法。如当事人未选择准据法，则遵循国际商事仲裁法律适用的一般方法，仲裁庭可根据仲裁规则的指引按照适当的方法确定准据法。

第二节 涉华国际投资仲裁实践中的法律适用问题评述

一、中方参与的国际投资仲裁案件中适用的法律

根据可以公开查询的资料显示，自 2007 年出现第一起中国投资者诉外国政府的案件以来，中国投资者依据中国政府签订的 BIT 对外国政府提起的投资仲裁案件已有 9 例，中国政府作为被申请人的投资仲裁案件已有 3 例（如下表所示）。在"一带一路"建设不断深入推进的背景下，中国政府持续对外开放，中国企业加速对外投资，由此可初步预见未来中国投资者提起的及针对中国政府提起的国际投资仲裁案件可能呈现继续增长的趋势。为了使参与国际仲裁的中方投资者能够获得公正的裁决并维护己方的经济利益，使遭遇外国投资者仲裁索赔的中国政府维护投资监管权，必须要解决好法律适用这一关键问题。

---

[1] 根据《中华人民共和国外商投资法》第 42 条，《中外合资经营企业法》《中外合作经营企业法》自 2020 年 1 月 1 日起废止，相关实施条例与细则也随之废止。

表5-2：截至2020年9月3日涉及中国投资者或中国政府的
国际投资仲裁案件

争端当事方	案号	案件审理状态
谢业深（香港）诉秘鲁案	ICSID Case No. ARB/07/6	已结案
渣打银行（香港）有限公司诉坦桑尼亚供电有限公司案	ICSID Case No. ARB/10/20	已结案
中国平安保险公司诉比利时案	ICSID Case No. ARB/12/29	已结案
北京城建集团诉也门案	ICSID Case No. ARB/14/30	审理中
渣打银行（香港）有限公司诉坦桑尼亚案	ICSID Case No. ARB/15/41	审理中
黑龙江国际经济技术合作公司等诉蒙古案	PCA Case No. 2010-20	已结案
世能集团（澳门）诉老挝案	PCA Case No. 2013-13	已和解
无锡赫兹科技有限公司与中建材浚鑫科技有限公司诉希腊案	UNCITRAL 仲裁庭	已撤诉
Ekran Berhad 诉中国案	ICSID Case No. ARB/11/15	已和解
Ansung Housing 诉中国案	ICSID Case No. ARB/14/25	已结案
Hela Schwarz GmbH 诉中国案	ICSID Case No. ARB/17/19	审理中
巴理克新几内亚公司诉巴布亚新几内亚案	ICSID Case No. CONC/20/1	审理中
闵凤振诉韩国案	ICSID Case No. ARB/20/26	审理中
Marco Trading 诉中国案	ICSID Case No. ARB/20/22	审理中
Mr. Goh Chin Soon 诉中国案	ICSID Case No. ARB/20/34	审理中

在中方当事人参与的国际投资仲裁案件中,暴露出以下特殊的法律适用问题:

第一,是否存在合格的"投资"及"投资者"。具体而言,就"投资"的定义问题而言,澳门世能集团诉老挝案的主要争议焦点之一即案涉贷款的投资属性,北京城建集团诉也门案的争议焦点之一即承包工程的投资属性;就"投资者"的定义问题而言,已有的涉华投资仲裁案件涉及间接投资者的身份识别、国有企业是否属于投资者的界定、港澳特别行政区投资者是否有权援引并受到内地对外缔结的 BIT 保护等问题。这些问题的解决,既关系到仲裁庭的属物管辖权及属人管辖权成立与否,也关系到案涉 BIT 适用的主体及客体范围,因此至关重要。

第二,如第一节所言,中国早期缔结的大量 BIT 将投资仲裁的管辖权仅限定为"有关征收补偿款项的争端",即中国政府只同意将少量的国际投资争端提交 ICSID 等国际仲裁庭解决。但中国当事人参与的国际投资仲裁案件,却有相当一部分超出了征收补偿款额争端,而是广泛涉及是否存在征收的事实认定问题。这就为仲裁庭提出了法律适用的难题,即能否对"征收补偿款额争端"进行适当的扩张解释以便涵盖征收存在与否的事实认定问题,对此,双方当事人往往各执一词,不同案件的仲裁庭得出了不同的结论。

第三,关于最惠国待遇条款能否适用于扩张仲裁庭的管辖权问题,涉华投资仲裁案件也常有涉及。中外投资协定下的最惠国待遇条款及争端解决条款往往在措辞或语言文字表达方面略有差异,但差之毫厘即可失之千里。目前,有四起涉华投资仲裁案件的仲裁庭都对最惠国待遇条款的适用问题作出了认定,由于案涉 BIT 的具体条款不尽相同,仲裁庭审查条款的角度和思路也不尽相同。在谢业深案及世能案中，仲裁庭认为应对最惠国待遇条款的适用进行适当限缩，拒绝申请人依据最惠国待遇条款援引第三方条约中更为宽泛的争端解决条款；在韩国安城公司诉中国案中，仲裁庭明确指出，案涉 BIT 中的最惠国待遇条款（中韩 BIT 第 3 条第 5 款）的适用范围是"在向法院、行政法庭或部门主张和抗辩权利方面"，明显不包括国际仲裁，因此拒绝以最惠国待遇条款和第三方条约来扩张仲裁庭的属时管辖权；在北京城建诉也门案中，仲裁庭虽然认定对本案拥有管辖权，但是不同意申请人援引最惠国待遇条款扩张仲裁管辖权的主张，理由是案涉 BIT 中的最惠国待遇条款（中也 BIT 第 3 条第 2 款）限定为"缔约方在其领土内就投资活动给予另一方投资者的待遇"，而国际仲裁并不属于在东道国领土内的投资活动，因此应予排除。[1]

第四，中国在 20 世纪 80 年代及 90 年代签署的 BIT 多数都将国际投资仲裁庭的管辖权限定为征收补偿款额争端，而在 21 世纪签署的 BIT 多数将仲裁管辖权放宽为所有投资争端，这种由限缩式争端解决条款向宽泛式争端解决条款的转型使国际仲裁庭面临着较为复杂的新旧条约时际法律冲突问题及属时管辖权协调的问题。例如，在中国平安保险公司（以下简称"中国平安"）诉比利时案中，中国与比利时曾签订过两份 BIT，其中 1986 年 BIT 规定只有关于征收、国有化以及其他类似措施的补偿额的争议才可以提交国际仲裁，而 2009 年 BIT 规定缔约一方对另一方的所有投资争议均可以提交 ICSID 仲裁，但是 2009 年 BIT 生效前已经进入司法或仲裁程序的与投资有关的争议或索偿

---

[1] 陈希佳、敖青："国际投资仲裁中的管辖权问题——聚焦依中国签订的双边投资协定提起的投资仲裁案"，载《中国国际仲裁评论》2018 年第 1 期。

除外。相较之下，2009 年 BIT 对投资者的保护程度更高。[1]该案争端发生于中国与比利时 2009 年签订的新 BIT 生效之前，属于已经通知但是尚未进入司法或者仲裁程序的投资争议。但是 2009 年 BIT 并没有对这种情况作出明确的规定，对此，仲裁双方有不同的理解。2009 年 BIT 第 8.1 条就争议适用条款表述为："缔约一方投资者与缔约另一方发生争议（when a legal dispute arises），争议任何一方应书面通知争议另一方。"比利时认为本案争议发生的时间在 2009 年 BIT 生效之前，而 2009 年 BIT 第 8.1 条限定其生效后发生的争议才可以提交 ICSID 仲裁。另外，中国平安并没有满足 2009 年 BIT 第 8.2 条要求的 6 个月的协商期限，而仅仅在向比利时发出"按照 2009 年 BIT 解决争议的书面通知"后的 2 个月的时间就向 ICSID 提交仲裁申请，因此仲裁庭应适用 1986 年版中国与比利时 BIT。中国平安认为，按照《维也纳条约法公约》第 31 条，对条约的解释应该按照上下文并参照条约的目的和宗旨善意地进行，据此 2009 年 BIT 第 8.1 条并没有限定 ICSID 管辖的争议必须发生于 2009 年 BIT 生效之后，通过结合上下文，将第 8.1 条和第 10.2 条联系起来，可以推断出本案的情况适用 2009 年 BIT。仲裁庭在综合考虑双方的抗辩后，采取了相对保守的认定，指出本案应适用 1986 年 BIT，而对 2009 年 BIT 的解释应限于文义解释，不宜采取其他的解释方式，其理由是为了防止扩大国际仲裁管辖而产生不良的示范后果。仲裁庭认为，如果本案的争议可以适用 2009 年 BIT 规定的国际仲裁，实际上扩大了 1986 年 BIT 所规定的只有关于征收、国有化或者类似措施的补偿额的争议才可以提交国

---

[1] 赵雪："中国平安诉比利时投资争端案的法律评议——以条约解释为视角"，载《法大研究生》2017 年第 1 期。

际仲裁的适用范围,这种扩大解释导致了很多本应该按照 1986 年 BIT 在国内进行诉讼的案件均选择国际仲裁,导致对日后案件造成不适当的示范作用。[1]这一案件折射出,中国今后在对既有 BIT 进行到期重订时,需要谨慎地处理新旧条约的时际冲突问题。[2]原则上,新条约不应溯及既往,但对投资者有利的溯及应作一定的扩大解读。

为了使国际投资仲裁庭在处理涉华投资仲裁案件时能够更好地解决法律适用难题,增强法律适用的稳定性和确定性,中国政府可以考虑采取缔约国联合发布解释声明的方式澄清条约用语的真正涵义。[3]事实上,中国在目前对外缔结的 BIT 中,已有六份文本包含了"联合解释"条款,即授权缔约双方通过联合解释处理争议中的法律问题。联合解释在国际投资争议中已有实践,但也因投资者正当期待、溯及力等问题,引发了其是否符合国际法治理念的质疑。从国际法律渊源的角度讲,条约联合解释属于缔约国固有权力的延伸,也是国际法治的基本推动力量。[4]在今后,我国学者应当从条约解释的视角对投资仲裁的法律适用问题进行更深入的探索,而政府也应当继续运用联合解释的方式完善投资仲裁法律适用问题的处理。

---

[1] Ping An Life Insurance Company, Limited and Ping An Insurance (Group) Company, Limited v. The Government of Belgium, ICSID Case No. ARB/12/29, Award, 30 April, 2015.

[2] 梁咏:"国际投资仲裁中的涉华案例研究——中国经验和完善建议",载《国际法研究》2017 年第 5 期。

[3] 张生:《国际投资仲裁中的条约解释研究》,法律出版社 2016 年版。

[4] 赵海乐:"国际法治视角下的 BIT '联合解释'问题研究——以中国缔约文本为切入点",载《现代法学》2017 年第 2 期。

二、中国仲裁机构国际投资仲裁规则中的法律适用条款

除了在缔结条约的过程中结合国际投资仲裁的现实需要对争端解决的法律适用问题作出处理外,中国一些国际知名的仲裁机构在制定其国际投资仲裁规则的过程中,也设置了专门的法律适用条款。例如,2017年《中国国际经济贸易仲裁委员会国际投资争端仲裁规则(试行)》第46条规定:"①当事人对案件实体应予适用的法律或法律规则作出约定的,从其约定。当事人没有约定或其约定与法律强制性规定相抵触的,由仲裁庭决定案件实体应予适用的法律或法律规则,包括有关国家的国内法、可适用的国际法律规则和商业惯例。②除非当事人明确授权,仲裁庭不得依据公允善良原则作出裁决。"再如,2019年《北京仲裁委员会国际投资仲裁规则》第40条规定:"①当事人对于仲裁案件的实体问题所应适用的法律或法律规则作出约定的,仲裁庭应从其约定。当事人未作约定的,仲裁庭可以适用其认为合适的法律或法律规则。仲裁庭在确定适用法律规则时,应考虑案件的相关情形,包括但不限于当事人国籍、争议措施的性质、所指控的违反等。②除非当事人明确授权,仲裁庭不得担当友好调解人或依据公允善良的原则作出裁决。"

值得一提的是,在贸仲的规则中,第46条的标题为"准据法",而在北仲的规则中,第40条的标题为"适用法律及法律规则",二者本无实质差异。但是,前者所用的措辞"准据法"实际上的国际私法中的专门术语,其通常用来指代在涉外民商事案件裁判中,法官或仲裁员经过冲突规范指引而适用的规定当事人实体权利义务关系的实体法;而北仲所用的措辞"适用

法律及法律规则"并没有限定所适用的法律具有何种属性。就学理而言，国际条约、国际惯例、非国家法规则能否被定义为"准据法"，存在一定的争论。但笔者认为，对上述二者的措辞，应从广义上加以解读，前文第二章所探讨的国内法、国际条约、习惯国际法、一般法律原则、友好及善良原则等均可作为国际投资仲裁庭的裁判依据。

第三节 中国中央政府缔结的投资条约适用于港澳特别行政区的争议及解决

一、"一国两制"对国际投资条约适用范围的影响

在"一国两制"基本国策的指导下，中国内地与香港特别行政区、澳门特别行政区的关系，属于同一主权国家内部不同法域之间的关系。[1] 相应地，港澳回归后所产生的国际条约的适用问题，因并不存在新国家的产生，此类问题绝非条约继承问题，而是国际条约地理适用范围的扩张问题。港澳回归后，《中华人民共和国香港特别行政区基本法》（1990年颁布，1997年生效实施，以下简称《香港基本法》）第151条、《中华人民共和国澳门特别行政区基本法》（1993年颁布，1999年生效实施，以下简称《澳门基本法》）第136条均肯定特别行政区的高度自治，在一定的领域，香港和澳门可以以"中国香港"和"中国澳门"的名义，与其他国家和地区签订有关的国际条约或

---

[1] 冯霞："涉港澳区际继承关系法律适用立法研究"，载《河南师范大学学报（哲学社会科学版）》2009年第2期。

协定。[1]当然，港澳特别行政区对外缔结国际条约的权限不是无限的，而是因领域而定：中央政府缔结的涉及国防与外交事务的条约，原则上适用于港澳特别行政区；而中央政府缔结的其他领域的国际条约，原则上并不当然适用于特别行政区，除非中央政府在征求特别行政区政府意见的前提下另有商定。[2]

具体到国际投资法领域，自1985年《中英关于香港问题的联合声明》（以下简称《中英联合声明》）生效至1997年香港回归，这12年"过渡期"内，香港先后与荷兰（1992年）、澳大利亚（1993年）、丹麦（1994年）、瑞典（1994年）、瑞士（1994年）、新西兰（1995年）签订了BIT。[3]在港澳回归后，中央政府与特别行政区政府在对外缔结BIT的问题上采取双轨制：中央政府对外谈判的BIT既没有明确规定适用于港澳特别行政区，也没有明确排除适用；但与此同时，港澳特别行政区政府已经单独对外缔结了不少BIT。其中，香港特别行政区在回归后，根据中央政府的授权已相继与奥地利、比利时—卢森堡经济联盟、加拿大、芬兰、德国、意大利、韩国、科威特等国签订了BIT，澳门特别行政区在回归后也与葡萄牙、荷兰先后签订了BIT。[4]那么，这就产生一个现实中的疑难问题：当某国政府仅与中国中央政府签订BIT而没有单独与港澳特别行政区签订BIT时，港澳投资者能否援引中国中央政府签订的BIT寻

---

[1] 沈涓：《中国区际冲突法研究》，中国政法大学出版社1999年版，第61页。

[2] 徐宏："当前国际形势和我国外交条法工作"，载《武大国际法评论》2017年第3期。

[3] 曾华群："过渡期香港双边条约实践初探"，载陈安主编：《国际经济法论丛》，法律出版社1998年版，第490~492页。

[4] 乔慧娟："港澳投资者适用中外双边投资保护协定问题之探讨——以谢亚深案和世能公司案为视角"，载《河南财经政法大学学报》2017年第5期。

求投资保护？当某国分别与中国中央政府及港澳特别行政区政府签订了 BIT 时，港澳投资者是受到中央政府所签 BIT 的保护，还是受到特别行政区政府所签 BIT 的保护？这些问题可以更明确地划归为一项问题：中国中央政府对外签订的 BIT 是否适用于港澳特别行政区及特别行政区的投资者？对此，谢业深诉秘鲁案、Sanum 诉老挝案的仲裁庭分别给出了肯定的回应，但其裁决作出后，却受到了不少批评。没有调查即没有发言权，为了更清晰地把握相关争论的焦点，有必要对仲裁庭的推理和分析进行梳理，在结合相关事实背景与条约条款基础上加以评析。

二、谢业深诉秘鲁案的案情与裁决及其引发的争论

（一）争端起因及仲裁庭的管辖权决定

2001 年，香港居民谢业深在秘鲁投资设立了一家鱼粉生产企业 TSG 公司，谢业深持有该公司 90% 以上的股份。2004 年至 2005 年期间，该鱼粉生产企业在经营过程中与秘鲁的税务当局发生了税收争端，税务机关不仅对该企业征收了溯及性的税款，而且对该鱼粉企业违反所得税法和营业税法的行为课以罚款，并冻结了企业的银行账户、扣押了企业所持有的汽车，扣留并告知该鱼粉企业的七家主要客户相关的处罚。由于在秘鲁国内提起的行政申诉、在秘鲁税收法院提起的上诉均屡被驳回，2006 年，谢业深根据 1994 年《中华人民共和国政府和秘鲁共和国政府关于鼓励和相互保护投资协定》（以下简称"中秘 BIT"）以秘鲁政府为被申请人向位于美国华盛顿的解决投资争端国际中心申请仲裁，主张秘鲁政府的行为不仅违反了 BIT 中的公正公平待遇、资本与收益的自由转移条款，而且其采取征收或类似措施时未予赔偿。[1]本案是涉及中国中央政府所签 BIT 是否适用于香港特别行政区的第一案，也是 ICSID 仲裁庭第一次对中秘 BIT 实体条款进行解释与适用所作出的裁决，又因为涉及征收条款的认定，因此备受重视。[2]在该案中，秘鲁政府提出管辖权异议，称中秘 BIT 仅适用于中国内地而不适用于香港特别行政区，谢业深是香港居民，并非中秘 BIT 中所规定的"中国投资者"，因此就其投资被征收而引发的争端无权援引中秘 BIT 中的仲裁条款，本案仲裁庭亦不具有管辖权。对此，仲裁庭经过审理后于 2009 年作出管辖权决定，驳回了秘鲁所提出的管辖权异议，确认谢业深先生符合《中秘 BIT》中对合格投资者的定义，进而有权援引该协定申请国际仲裁、寻求国际保护，仲裁庭对本案拥有管辖权，并可进一步作出实体审理。[3]本案管辖权裁决作出后，曾一度引发海内外学界的热议，批评与质疑的声音此起彼伏。[4]2011 年 7 月，仲裁庭在确认自身拥有管辖权的基础上，对本案作出了实体裁决，裁决秘鲁政府应向本案申请人谢业深赔偿 78 万美元。裁决作出后，秘鲁政府于 2011 年 11 月 9 日依据《华盛顿公约》第 52 条第 1 款 b 项、d 项、e 项申请撤销仲裁庭的管辖权决定以及实体裁决，主张仲裁庭不仅明显越权、严重背离基本的正当程序规则，而且未能阐述其

---

[1] Tza Yap Shum v. The Republic of Peru, ICSID Case No. ARB/07/6, Decision on Jurisdiction and Competence, 19 June, 2009.

[2] Shen Wei, *Tza Yap Shum v. Republic of Peru*, 108 Am. J. Int'l L. (2014), p. 318.

[3] Señor Tza Yap Shum v. The Republic of Peru, ICSID Case No. ARB/07/6, Award, 7 July, 2011.

[4] 陈安："对香港居民谢业深诉秘鲁政府案 ICSID 管辖权裁定的四项质疑——《中国—秘鲁 BIT》适用于'一国两制'下的中国香港特别行政区吗？"，载《国际经济法学刊》2010 年第 1 期。

据以作出管辖权决定的理由,同时申请暂时中止执行已经作出的 ICSID 裁决。[1] 在撤销程序中,争端当事双方再次对仲裁庭就征收赔偿以外的投资争端是否拥有管辖权、中秘 BIT 是否可适用于香港投资者、中秘 BIT 中的最惠国待遇条款能否用于扩张仲裁庭管辖权等关键问题进行了辩驳。最终,专门委员会认定秘鲁政府所提出的各项申请撤销的理由均不成立,仲裁庭拥有本案的管辖权是毋庸置疑的,因此专门委员会维持了仲裁庭对自身拥有管辖权的认定,驳回了秘鲁政府的撤销请求,从而使得本案最终得以尘埃落定。

(二) 仲裁庭认定中秘 BIT 适用于香港投资者的主要理由

通过研读本案仲裁庭及专门委员会对管辖权的认定可知,其倾向于支持将中秘 BIT 适用于香港特别行政区,但却并未以明示的方式在裁决中指出这一点。为了灵活地回避中秘 BIT 的属地适用范围这一敏感且复杂的问题,仲裁庭主要是从投资者的国籍及其属人管辖权的角度进行论证的,并判定允许香港投资者谢业深依据中秘 BIT 申请仲裁。具体而言,仲裁庭如此处理,主要基于以下几方面考虑:

第一,谢业深先生虽然是香港居民,但他同时具有中国国籍。根据中国《国籍法》规定的取得国籍的原则,谢业深是出

---

[1] 值得一提的是,在秘鲁政府所提出的撤销请求中,其原本向专门委员会申请撤销全部的管辖权决定和实体裁决,但这一请求遭到专门委员会的否决后,秘鲁政府转而仅申请撤销实体裁决。随后不久,秘鲁政府又提出,其同意仲裁庭关于拥有管辖权的认定,谢业深属于中秘 BIT 中的合格投资者,其在争端发生时所持有的投资可以受到中秘 BIT 的保护,且谢业深已经在表面上充分证明了征收的存在,但是中秘 BIT 第 3 条第 2 款中的 MFN 条款不能被用于扩张仲裁庭的管辖权。因此,秘鲁政府经过多次转变,最后仅申请撤销仲裁庭所作的管辖权决定中的部分内容。Señor Tza Yap Shum v. The Republic of Peru, ICSID Case No. ARB/07/6, Decision on Annulment, 12 February, 2015, para. 4.

生于中国领土内的自然人,其因出生的事实而享有了中国国籍。尽管住所地位于香港特别行政区,但这并不能改变谢业深出生于中国领土内的事实,且中国《国籍法》平等地适用于内地与香港特别行政区的居民。因此,仲裁庭认定,申请人虽然未提供出生证明,但其所提供的护照及身份证件已足以证明其拥有中国国籍,有权作为中国"投资者"享受中秘 BIT 提供的实体保护和争端解决程序。[1]

第二,秘鲁政府坚称,即便谢业深具备中国国籍,其仍然无权援引中央政府对外缔结的 BIT 寻求国际仲裁庭的保护,因为香港特别行政区享有高度自治权,在法律制度与实践方面自成一体,且有权独立对外缔约,因此香港居民应被默认为排除在中秘 BIT 的保护范围之外,且中秘 BIT 并没有列入《香港基本法》附件三(在香港特别行政区实施的全国性法律)当中,因此不应适用于本案。[2]但仲裁庭驳回了秘鲁政府的这一抗辩理由,其认定关于香港立法自主权的讨论已经超出了本案争端的范围,在确定本案仲裁庭的管辖权时,只需要认定谢业深及其受损的投资项目符合中秘 BIT 中的"投资者"及"投资"定

---

[1] 本案仲裁庭淡化住所、居所的概念,而是强化国籍在确定外国投资者身份及权利方面的重要角色,这与既有的投资仲裁案件是相符的。例如,在 Feldman 诉墨西哥案中,仲裁庭同样指出,享有公民的国籍是链接外国投资者与其母国政府并确定 BIT 适用的首要纽带。Marvin Roy Feldman Karpa v. United Mexican States, ICSID Case No. ARB (AF) /99/1, Award, 16 December, 2002. 在 Siag 诉埃及案中,仲裁庭拒绝考虑申请人过去的以及持续的住所,而是认为住所因素在确定国际法的出诉资格时欠缺相关性,在证明申请人国籍时,可以参考的表面证据应为护照、国际证书,但其证明力是可以推翻、可予反驳的。Waguih Elie George Siag and Clorinda Vecchi v. The Arab Republic of Egypt, ICSID Case No. ARB/05/15, Award, 1 June, 2009.

[2] Shen Wei, The Good, the Bad or the Ugly - A Critique of the Decision on Jurisdiction and Competence in Tza Yap Shum v. the Republic of Peru, 10 Chinese J. Int'l L. (2011), p. 61.

义即可，而根本无需过多地分析中秘 BIT 是否适用于香港特别行政区的问题。

当然，仲裁庭的这种回避式的审理方式，虽然比较巧妙且灵活地绕开了中秘 BIT 能否适用于香港的问题，但客观上却支持了其可行性，因此其管辖权裁决引发了一系列的批判。尤其是，学者多指控本案仲裁庭忽视了香港问题的独特性及"一国两制"的重要性，且与条约法基本原理相悖。[1] 但随着本案投资者申请撤销仲裁裁决的请求被驳回，ICSID 仲裁的救济机制已经用尽，且本案对后续的类似案件起到了重要的参考作用。

无独有偶，谢业深诉秘鲁案伴随着撤销决定的作出而于 2015 年宣告终结后不久，2016 年的 Sanum 诉老挝案再次将中央政府签署的 BIT 是否适用于特别行政区的问题提上议程，且由于该案件不属于 ICSID 仲裁，裁决作出后受制于仲裁地法院的上诉程序与撤销程序的司法审查，因此新加坡法院对仲裁庭管辖权的事后审查备受关注。为了更为清晰和准确地把握 Sanum 诉老挝案的管辖权争点，下文将先后就仲裁庭、新加坡高等法院、新加坡上诉法院对 BIT 能否适用于澳门特别行政区的认定逐一进行分析。

三、Sanum 诉老挝案的基本事实及其争论焦点

（一）案件基本背景与仲裁程序的进展

Sanum 诉老挝案事实上涉及两起关联企业对同一东道国政府提起的国际投资仲裁案件。据悉，美国商人约翰·鲍德温（John Baldwin）在荷兰属地安的列斯群岛投资设立了老挝控股股份有限公司（Laos Holdings N.V.，以下简称"老挝控股公

---

[1] 王海浪："谢业深诉秘鲁政府案管辖权决定书简评——香港居民直接援用《中国—秘鲁 BIT》的法律依据"，载《国际经济法学刊》2010 年第 1 期。

司")。2012年，该公司依据2005年《荷兰王国与老挝人民民主共和国关于鼓励和相互保护投资协定》以老挝政府为被申请人提起了国际投资仲裁。由于荷兰是1965年《华盛顿公约》的缔约国，但老挝并非该公约的缔约国，本案适用2006年修订的《ICSID附加便利规则》进行仲裁。[1]同年，老挝控股公司在澳门特别行政区投资设立的子公司世能投资有限公司（Sanum Investments Ltd，以下简称"Sanum公司"）依据1993年《中华人民共和国政府与老挝人民民主共和国政府关于鼓励和相互保护投资协定》（以下简称"中老BIT"）而以老挝政府为被申请人提起了国际投资仲裁。本案由常设仲裁法院（Permanent Court of Arbitration，以下简称"PCA"）管理的专设仲裁庭适用2010年版《联合国国际贸易法委员会仲裁规则》（以下简称"《UNCITRAL仲裁规则》"）进行仲裁。这两起投资仲裁案件源起于相似的事实背景：由美国股东鲍德温控制的荷兰投资者老挝控股公司、澳门特别行政区投资者世能公司在老挝境内设立了大型酒店、赌场、综合娱乐场项目，该项目遭到老挝政府吊销经营许可证，并被征收了巨额税款，两家投资者分别基于不同的BIT对老挝政府的外资管理措施提起国际仲裁请求，要求损害赔偿。这两起相互关联的仲裁案件虽然分别由ICSID和专设仲裁庭裁断，但仲裁地均为新加坡。考虑到老挝控股公司诉老挝案与中国BIT争端解决条款的适用不存在直接关联，笔者重点探讨Sanum诉老挝案所揭示的问题和仲裁庭的认定。

具言之，在Sanum公司诉老挝案中，申请人Sanum公司是一家在中国澳门特别行政区成立的企业，其自2007年起开始与

---

[1] Lao Holdings N. V. v Lao People's Democratic Republic, ICSID Case No. ARB (AF) /12/6, Decision on Jurisdiction, 21 February, 2014.

一家老挝的公司合作,在当地成立了合资企业,并通过该合资企业在老挝投资经营赌场及酒店行业。后 Sanum 公司与老挝政府就投资问题产生争议,老方决定收回 Sanum 公司的土地并扣押其财产。2012 年 8 月 14 日,Sanum 公司依据中老 BIT 第 8 条第 3 款的规定,针对老挝政府向 PCA 提起仲裁。在仲裁申请书中,Sanum 公司提出,老挝政府吊销其经营许可证等行为违反了 BIT 项下的公平公正待遇条款(第 3 条第 1 款)、禁止征收条款(第 4 条)、最惠国待遇条款(第 3 条第 2 款),且构成对资本和利润转移的限制(第 5 条),因此应予以赔偿。[1]

本案中,被申请人老挝政府于 2013 年 8 月向仲裁庭提出了管辖权异议,这使得仲裁庭不得不处理中老 BIT 是否适用于中国澳门特别行政区这一颇为棘手的问题。仲裁庭于 2013 年 12 月 13 日作出关于管辖权问题的裁决,认定 1993 年中老 BIT 适用于中国澳门特别行政区的投资者及其投资,本案争端所涉事项属于 BIT 第 8 条第 3 款的范围之内,因此对本案享有管辖权。

根据 2002 年修订的《新加坡国际仲裁法》第 10 条第 3 款 a 项,仲裁庭根据"自裁管辖权原则"(competence-competence principle)作出的管辖权裁决,任何一方当事人如果对其存在异议,可以在收到裁决通知之日起 30 天内向新加坡高等法院上诉。由于不满于仲裁庭的管辖权决定,老挝政府于 2014 年 1 月 10 日向仲裁地新加坡高等法院提交撤销之诉,请求法官认定仲裁庭对本案没有管辖权,并请求法院判决撤销仲裁庭就 Sanum 案作出的管辖权裁决。老挝政府向新加坡高等法院提供的主要证据包括 2014 年 1 月 7 日老挝外交部致中国驻老挝首都万象大使馆的函件和一份

---

[1] Sanum Investment Ltd v. The Government of The Lao People's Democratic Republic, PCA Case No. 2013 - 13, Award on Jurisdiction.

注明日期为 2014 年 1 月 9 日中国驻万象大使馆的回函。在回函中，中国驻万象大使馆明确表示"中老 BIT 不适用于澳门特别行政区，除非中老双方将来另行做出安排"。2015 年 1 月，新加坡高等法院支持了老挝政府的诉求，其作出的一审裁定判定撤销 Sanum 案仲裁庭的管辖权裁决，认为中老 BIT 不适用于澳门特别行政区。Sanum 公司对该一审裁定不服，于是向新加坡上诉法院提起上诉。2015 年 11 月，中国外交部照会老挝外交部，重申中国驻老挝使馆 2014 年照会中所阐明的立场。2016 年 9 月 29 日，新加坡上诉法院拒绝接受中国外交部照会立场，并推翻了高等法院判决，在终审判决中维持了仲裁庭拥有管辖权的认定结论。

（二）仲裁阶段的管辖权异议及其裁决

1. 争端当事双方对仲裁管辖权的争论

根据双方在管辖权问题上辩论的基本主张，仲裁庭将争议点总结为如下五个主要方面：

第一，属地管辖权之争。本案仲裁申请人是否为中老 BIT 所涵盖，其焦点即在于本案中国中央政府所签署的 BIT 是否适用于澳门特别行政区。仲裁被申请人老挝政府所提出的管辖权异议，主要理由是认为中老 BIT 不应适用于澳门，Sanum 公司作为澳门投资者，无权援引中老 BIT 第 8 条第 3 款项下的争端解决机制。众所周知的是，在 1999 年回归中国之前，澳门处于葡萄牙的国家主权控制和管理之下。在 1987 年，中国与葡萄牙签署了《关于澳门问题的联合声明》，根据该声明，中国自 1999 年 12 月 20 日起恢复对澳门行使主权，并宣称将对澳门适用"一国两制"。[1] 1993 年 1 月，中国与老挝签署了前述中老 BIT，该

---

〔1〕 黄进：《宏观国际法学论》，武汉大学出版社 2007 年版，第 49 页。

BIT 于 1993 年 6 月开始生效，但 BIT 中并未明确规定是否将在适当的时间适用于澳门。1999 年，葡萄牙将澳门主权移交中国后，中国政府恢复对澳门的主权并将其设立为特别行政区，但此后中国与老挝仍未就中老 BIT 是否适用于澳门特别行政区进行过任何谈判或说明。[1]

第二，属人管辖权之争。本案投资者是否属于中老 BIT 项下的"适格投资者"，其焦点在于本案仲裁申请人是否是根据中华人民共和国法律所成立的实体。根据中老 BIT 第 1 条第 2 款，适格投资者必须是根据某一缔约国的法律法规而成立的法人，对中国而言，当然是指根据中国法律法规而成立的法人，这一点并不存在争论的余地。被申请人异议的核心即在于，Sanum 是根据澳门特别行政区的法律法规而成立的，而不是根据中国内地的公司法成立的，因此 Sanum 不符合 BIT 项下的投资者定义，仲裁庭对本案不具有属人管辖权。此外，在属人管辖权方面，被申请人还质疑 Sanum 不符合 BIT 第 1 条第 2 款项下的"经济实体"（economic entity）身份，原因在于 BIT 项下的经济实体必须要在中国境内开展经济或商事活动，且 BIT 并不旨在保护本案投资者这类"壳公司"。

第三，属物管辖权之争。本案中 Sanum 公司所提出的仲裁请求是否构成 BIT 项下与征收补偿问题有关的请求，即可仲裁

---

[1] 不过，对该问题并非无规则可循，根据 1993 年《澳门基本法》第 138 条，在澳门回归之后适用于澳门特别行政区的国际条约可分为两类：其一，澳门回归前中国内地已缔结的国际协议，中央人民政府可根据情况和澳门特别行政区的需要，在征询澳门特别行政区政府意见后，决定是否适用于澳门特别行政区；其二，澳门回归前中国内地尚未参加但已适用于澳门的国际协议仍可继续适用。中央人民政府根据情况和需要授权或协助澳门特别行政区政府作出适当安排，使其他与其有关的国际协议适用于澳门特别行政区。但遗憾的是，中老 BIT 不属于两者中的任何一种情况，以致其很容易在仲裁实践中产生模糊混沌、百口莫辩的状况。

性的要件是否成就。根据 BIT 第 8 条第 1 款及第 3 款,可提交国际仲裁的争端事项仅限于对缔约国领土内的投资实施征收而引发的补偿问题。被申请人注意到,本案申请人仅仅提交了老挝境内的两家赌场 Savan Vegas 及 Paksong Vegas 的公司章程,希望藉此证明 Sanum 在老挝境内拥有投资,而 Sanum 的出资方式是以贷款的形式存在,且要求赌场以每年收入的特定比例偿还该项贷款。被申请人称,此种出资形式并不符合 BIT 第 1 条第 1 款 b 项对投资的定义。

此外,争端当事双方关于同意仲裁管辖权的范围、未决诉讼禁止重复起诉原则(Lis Pendens)以及不得滥用程序原则(against the abuse of process)是否能用于阻却本案仲裁申请人的仲裁请求等,也存在诸多争论,由于其与本文主题相关度不高,暂且不予讨论。

2. 仲裁庭对管辖权异议的认定

对于上述问题,仲裁庭逐一作出了认定。在管辖权裁决中,仲裁庭重点分析了中老 BIT 能否适用于澳门特别行政区,以及澳门投资者能否主张受到中老 BIT 保护的问题,如果这一问题是否定的,则本案仲裁庭的管辖权将被彻底否定,也就不需要再审查其他的管辖权异议是否成立了。对此,仲裁庭分析了中国政府于 1999 年向联合国秘书长发送的一份通知,该项通知中列明了中国政府所签署的、意图适用于澳门特别行政区的所有条约,其中并不包括中老 BIT。但 Sanum 则指出,这份通知不足以说明问题,因为该通知中所列的都是多边条约而不包括双边条约,中老 BIT 未列入其中并不表明该项 BIT 不能适用于澳门特别行政区。对于这种争论,仲裁庭认为其无关紧要,因为联合国在这一问题上仅仅充当了多边公约存管机构或双边条约登记机构的角色,中老 BIT 是否经过联合国的公布不影响对 BIT 是否适用于澳门的判断。

随后,仲裁庭重点论述了 1969 年《维也纳条约法公约》第 29 条和 1978 年《关于国家在条约方面继承的维也纳公约》第 15 条与本案的关系。[1] 仲裁庭认定,这两个条款是彼此关联的习惯国际法规则,对移动条约边界的基本规则及其但书例外的理解与适用,将直接决定中老 BIT 能否适用于澳门特别行政区,因此是认定管辖权争议的核心焦点。具体而言,解决本案管辖权的核心在于应适用"条约适用于全部领土"的一般规则,还是适用但书中的例外规则。如果通则适用,那么结论是中老 BIT 适用于澳门;如果但书适用,则中老 BIT 不适用于澳门。在仲裁庭看来:移动条约边界条款的一般规则是,自从主权移交时被继承的条约自动适用于缔约国的所有领土。为了确定是否适

---

[1] 老挝政府主张,中国与老挝同为 1969 年《维也纳条约法公约》缔约国,该公约第 29 条确立了国际习惯法上的"移动条约边界规则"(moving treaty frontiers)。另外,1978 年《关于国家在条约方面继承的维也纳公约》第 15 条对国家继承引起的条约适用问题作出了规定。进一步明确了国际习惯法对此问题的规则。1969 年《维也纳条约法公约》第 29 条和 1978 年《关于国家在条约方面继承的维也纳公约》第 15 条是紧密相连和相通的。本案中老 BIT 之所以不应适用于澳门特别行政区,理由正在于这两条国际习惯法规则中但书的适用。Sanum 公司则针锋相对,对 29 条与第 15 条在本案中的适用给出相反的结论。第 29 条规定"除条约表示不同意思,或经确定外,条约对每一当事国之拘束力及于其全部领土"。而在本案中,没有任何迹象表明中国政府另有意图,因此中国在 1999 年澳门回归当时合法有效的国际条约应当自动适用于其领土组成部分的澳门。第 15 条的但书条款并没有任何领土限制,也没有限定投资者寻求保护的领土来源。另外,中老 BIT 在澳门的适用并不违反或抵触中老 BIT 序言中明确了的目的——"鼓励和保护缔约国一方的投资者在缔约国另一方领土内的投资"。允许澳门投资者受益于中老 BIT 的保护,完全符合 BIT 的目的,且如此解释也有利于促进外国投资者投资于澳门这一中国领土。Sanum Investment Ltd v. The Government of The Lao People's Democratic Republic, PCA Case No. 2013 – 13, Award on Jurisdiction, paras. 212 ~ 218.

用该一般规则，仲裁庭采取了否定式的推理方法，即首先考察是否启动但书例外，如果答案是否定的，则适用一般规则。

第一，仲裁庭分析了中老 BIT 的序言部分，以此为基础推导 BIT 的宗旨与目的。中老 BIT 的缔约目的是双重的，既要保护投资者，又要发展经济合作。将中老 BIT 延伸适用于澳门特别行政区，并不会与 BIT 的宗旨与目的产生矛盾。事实上，中老 BIT 的条约覆盖范围越是宽泛，则该条约的目的越有可能更好地实现。

第二，仲裁庭进一步分析：①在中国对澳门恢复行使主权时，缔约国之间是否存在排除将中老 BIT 适用于澳门的特殊约定，如果存在另行约定，则不应适用移动条约边界的一般规则；②将中老 BIT 适用于澳门是否会造成条约实施条件的根本改变，如果会造成根本改变，那么应当排除适用于澳门。

对于第一点，中老 BIT 既没有从正面规定其能够适用于澳门特别行政区，也没有明文规定其不适用于澳门特别行政区。1993 年，中老 BIT 缔结之际，中老双方已经能够有效预见到澳门即将于 1999 年回归的未来事件，却未对此作出明文安排，这种有意的沉默使得仲裁庭无法对此但书适用与否作出确定性的结论。

对于第二点，就本案而言，考虑到中国"一国两制"的基本国策，中老 BIT 的两个缔约国均为社会主义国家，而本案的投资者所在地澳门则实行资本主义制度。单纯从理论上讲，两个社会主义国家缔结的 BIT 别具特色，很大程度上受制于计划经济的制约，如果不加考虑地延伸适用到实行资本主义制度的地域，很可能会从根本改变条约的实施条件。不过，这种理解貌似有理，实则主观臆断，且仲裁庭并没有发现老挝一方曾提出过类似的抗辩主张。事实上，通过对比荷兰和葡萄牙与中国中央政府及澳门特别行政区签署的 BIT，仲裁庭发现，其内容高度相似，这能够表明，将中老 BIT 适用于澳门并不会与澳门的资本主义制度相抵触，不应以此理由排除 BIT 在澳门的适用。

第三，针对老挝援引《中葡联合声明》以及与其内容相同的《澳门基本法》第 138 条，主张本案中没有征询过澳门特别行政区关于适用中老 BIT 的意见，仲裁庭指出：《中葡联合声明》的法律性质属于移交协定，此类条约中关于就拓展条约适用须征询意见的程序性规定只能拘束中葡双方，对包括老挝在内的第三方不具有法律约束力，老挝亦无权以此作为抗辩理由。

第四，对于条约中是否"另行确定"了中老 BIT 不适用于中国全境的问题，仲裁庭支持了 Sanum 公司的主张，即中国中央政府授权澳门特别行政区可以自主对外签署 BIT，并不意味着其自身的 BIT 就不再适用于澳门。事实上，这是对澳门投资者法律保护的补充。例如，如果对中葡 BIT 第 9 条和澳葡 BIT 第 8 条进行比较可知，这两个条款唯一的区别在于中葡 BIT 给予了投资者除了向内国法院起诉或者根据《UNCITRAL 仲裁规则》申请临时仲裁外的一个权利救济途径——申请 ICSID 仲裁。本案仲裁庭认为，可供投资者选用的争议解决方法越是多元，其获得的法律保护越是充分，相应地，BIT 缔约国之间的经济合作就越是紧密。对于老挝政府提出的"澳门特别行政区没有与老挝签署 BIT 的事实本身揭示出澳门特别行政区自由选择了其不与老挝签署任何投资保护条约"的主张，仲裁庭不予支持。仲裁庭认为：恰恰相反，澳门特别行政区未与老挝签署 BIT，很可能正是因为其考虑到澳门投资者已经受到中老 BIT 的充分保护。

基于以上的推理和论证，仲裁庭最终认定：其一，中老 BIT

适用于澳门特别行政区；其二，Sanum 公司是 BIT 项下的适格投资者，其提出的仲裁请求也是与投资相关的；其三，本案仲裁庭仅对 Sanum 根据 BIT 第 8 条第 3 款提出的仲裁请求享有仲裁管辖权；其四，根据 BIT 第 3 条第 2 款，仲裁庭对申请人提出的其他请求没有管辖权；其五，驳回被申请人所提出的本案因为与 Lao Holdings 案仲裁请求相重叠而不应审理的主张；其六，仲裁当事人之间关于费用的争议将在实体审理阶段作出判定，而不在管辖权阶段解决。

此外，对于不同的投资者基于两个 BIT 当中不同的争端解决条款分别在两个仲裁庭提出互有重叠的仲裁请求，这是否构成对投资仲裁程序的滥用？对此，仲裁庭认为，已经有充分证据表明，之所以造成平行程序的状况，归因于本案的被申请人老挝政府拒绝合并仲裁，这也就使得投资者不得不按照其所适用的条约分别主张救济，因此也就不存在所谓的申请人滥用仲裁程序之说了。[1]

（三）新加坡高等法院对仲裁裁决的司法审查

仲裁庭作出管辖权裁决后，老挝依据新加坡《国际仲裁法》向新加坡高等法院申请撤销仲裁庭关于中老 BIT 适用于澳门特别行政区的管辖权裁决。作为支持其立场的论据，老挝向法庭提交了中国外交部及使馆发布的两封外交函件，以主张中老 BIT 不适用于澳门特别行政区。作为回应，Sanum 公司提出以下抗辩：

其一，老挝的申请属于国际法问题，而不具有新加坡国内法意义上的可审判性，新加坡并非中老 BIT 的缔约国，因此无权对该条约作出有权解释，新加坡法院对裁决进行司法审查的

---

[1] Sanum Investments Limited v. Lao People's Democratic Republic, UNCITRAL, PCA Case No. 2013–13, Award on Jurisdiction, 13 December, 2013, paras. 205~368.

标准应该尊重仲裁庭已经作出的处理结论；其二，老挝提供的由中国官方出具的两封函件不应被纳入新加坡司法审查的考量范围内，因为这些函件不符合证据的可采性标准；其三，根据国际法上的"移动条约边界规则"，由于中国自 1999 年 12 月 20 日起恢复对澳门行使主权，这使得澳门成为中国领土的一部分，中老 BIT 没有理由不适用于澳门。

新加坡高等法院原讼庭围绕着双方的三点核心争论，作出了以下裁判结论：

第一，尽管新加坡并非中老 BIT 的缔约国，但新加坡作为仲裁地，老挝政府有权依据 2002 年新加坡《国际仲裁法》第 10 条第 3 款 a 项向新加坡法院申请撤销裁决，作为司法审查的管辖法院，新加坡有权依据《国际仲裁法》对仲裁庭的管辖权进行判定，这就意味着需要对中老 BIT 作出独立的解释。对此，原讼庭参考了英格兰高等法院上诉庭在"厄瓜多尔共和国与美国 Occidental 石油勘探开发公司案"中的判决。[1]

第二，对于中国外交部及使馆出具的函件能否作为证据，新加坡法院基于先例认定，在以下三项条件同时满足的情况下，法庭可自行裁量是否将新证据纳入考量范围内：①提交新证据的一方当事人充分说明，在先前程序中，经合理努力仍无法获得该证据，以致未在仲裁庭审时提交；②所提交的新证据一旦被采纳，将对案件结果产生重要影响；③该新证据至少在表面上是明显可以被接受的。基于这三项要件考虑，原讼庭决定将老挝政府提交的两封函件纳入本案证据考量范围。[2]

---

[1] Republic of Ecuador v Occidental Exploration and Production Co [2006] 2 WLR 70.
[2] 王俊："中外双边投资协定是否适用于港澳特别行政区"，载"一裁"仲裁数据库，www. cnarb. com/Item/7452. aspx，最后访问日期：2017 年 5 月 1 日。

第三，对于中老 BIT 是否适用于澳门特别行政区的问题，原讼庭注意到，双方当事人的争论集中在前述《维也纳条约法公约》第 29 条的理解、《关于国家在条约方面继承的维也纳公约》第 15 条的"但书条款"是否适用的问题上。但原讼庭指出，中老 BIT 文本中对是否适用于澳门未提及只言片语，因此，不能简单地推论，而应当将推理集中于中老 BIT 是否"另经确定"该条约不适用于澳门。参考老挝政府提供的函件和中国外交部的照会，法庭认定中国有意排除将 BIT 适用于澳门，这意味着双方"另经确定"了 BIT 不适用于澳门。尽管 Sanum 试图借助中国政府缔结的其他 BIT 说明，如果中国政府有意排除适用于港澳，将明文写明，如果没有明文写明，不能推定相关 BIT 不适用于港澳。但原讼庭没有采取这种异议，原因是其他的 BIT 如何缔结，与中老 BIT 的缔结及解释并无必然关联。[1]

（四）新加坡上诉法院对仲裁裁决的二次司法审查

2016 年 9 月，新加坡上诉法院依据 Sanum 公司的申请，对仲裁裁决进行了第二次司法审查。新加坡上诉法院在裁判中老 BIT 是否适用于澳门这一争点问题时，主要将问题集中于中国与老挝政府是否"另经确定" BIT 不适用于澳门特别行政区的明确意思。尤其是，上诉法院重点讨论了中国外交部及中国使馆提供的照会，是否可以作为判定 BIT 不适用于澳门的有效证据。对此，老挝政府向新加坡上诉法院提供了大量的证据，对中国政府在不同法律文件中对适用于澳门的条约范围所作的立场进

---

[1] Government of the Lao People's Democratic Republic v. Sanum Investments Ltd., Judgement, 20 January, 2015, Singapore High Court, [2015] SGHC 15.

行了呈递，上诉法院基于"关键日期"[1]理论，对这些证据材料进行了逐个分析。

第一，在老挝提交的全部材料中，发生于澳门移交前的证据主要是：《中葡联合声明》及中英有关相关的条约实践。对此，上诉法院认为，《中葡联合声明》仅仅是一双边条约，鉴于老挝不是缔约国，对老挝没有约束力；"移动条约边界规则"是习惯国际法规则，对中国具有约束力；中国并没有在该联合声明中表明，相关规定欲取代"移动条约边界规则"；中英有关香港的缔约实践，也无法排除"移动条约边界规则"的适用。

第二，老挝提交的证据材料中，发生于澳门移交中国政府后、仲裁程序启动前的主要是：1999 年联合国秘书长的说明，及 2001 年世界贸易组织的一份报告。上诉庭通过对这两份文件的分析，认为其同样无法构成"另经确定"中老 BIT 不适用于澳门的证据。

此外，老挝还提交了仲裁程序启动之后所出现的新证据，即中国外交部及中国大使馆发布的照会。对此，上诉庭认为：2014 年照会并不构成对先前立场的确认，关键日期前的证据已足以表明，"移动条约边界规则"并没有被取代，而此照会却主张中老 BIT 不适用于澳门，这实际上与先前的证据目的相反；即便关键日期前的证据不具有终局性，2014 年照会具有证据可

---

[1] "关键日期"（Critical Date Doctrine）是国际司法与仲裁实践中的一项关键概念，特指争端正式产生的日期，主要用于决定争端当事各方所提交的证据是否具有可采性、相关时际法的确定。该原则最初运用于 1928 年的帕尔马斯岛仲裁案中。超出关键日期的事实、行为、法律变动不能再对之前启动的仲裁程序产生拘束力，关键日期之后提交的证据也应当被排除。参见王军敏："国际法中的关键日期"，载《政法论坛》2012 年第 4 期；疏震娅、李志文："国际司法和仲裁实践视角下的关键日期"，载《太平洋学报》2017 年第 8 期。

采性,照会的证明力也是值得质疑的,该照会的作出,归根结底是国内法的产物,而依据《维也纳条约法公约》第 27 条,缔约国不得以国内法上的借口来反抗国际条约施加的义务;对于老挝所称的 2014 年照会构成《维也纳条约法公约》第 31 条第 3 款 a 项和 b 项所规定的"嗣后协议"或"嗣后惯例"的观点,上诉法院指出,"嗣后协议"或"嗣后惯例"并不具有溯及力,也不得从本质上溯及性地修改中老 BIT。[1]

基于以上考虑,新加坡上诉法院最终推翻了高等法院的判决,认定中国外交部的照会及使馆的函件并不具有证据效力,且中国恢复对澳门行使主权应适用"移动条约边界规则"确定澳门回归后所适用的条约问题。由于不存在"另经确定"不予适用的合意,中老 BIT 应适用于澳门特别行政区。据此,新加坡上诉法院肯定并维持了仲裁庭对本案的管辖权,且其行使管辖权并不存在法律障碍。[2]

(五) 对新加坡上诉法院终审判决的正反评论

新加坡上诉法院的判决作出后,尽管司法程序已经用尽,但判决中关于中老 BIT 适用于澳门特别行政区、仲裁庭拥有管辖权的认定结果却引发了各界的激烈辩论,既有赞成者,也有反对者,基本可以概括为正反两方面立场,对其论点,笔者总结如下:

1. 正方观点

正方观点认为:中老 BIT 适用于澳门,仲裁庭可以据此行

---

[1] 宋杰:"《中老投资协定》在澳门的适用问题——评新加坡上诉法院有关'Sanum 公司诉老挝案'判决",载《浙江工商大学学报》2017 年第 2 期。

[2] Sanum Investments Ltd. v. Government of the Lao People's Democratic Republic, Judgement, 29 September, 2016, Singapore Court of Appeal, [2016] SGCA 57.

使管辖权。部分学者、律师与仲裁实务界人士主张，新加坡上诉法院的判决无误，其裁判逻辑、法律适用、事实认定均得以自洽。对于中国外交部与使馆所提交的照会，"关键日期"原则足以支持法院拒绝采信此类新证据。依据《中英联合声明》《中葡联合声明》《香港基本法》《澳门基本法》等重要法律依据，在港澳回归前中国中央政府所缔结的条约可以在征询特区政府意见的基础上适用，尽管中外 BIT 并未征询意见，但这并不意味着当然排除适用，而是存在不确定性。对于这种不确定性，实践中合理的解决方案应当是，除非存在相反的意思表示，否则应当根据《维也纳条约法公约》第 29 条、《关于国家在条约方面继承的维也纳公约》第 15 条的原则性规定，参照 BIT 保护外国投资的目的与宗旨，将中老 BIT 适用于澳门特别行政区。港澳投资者适用中国 BIT 完全符合"一国两制"的政治原意，不应被视作是对"一国两制"政策的抵触或违背。需要指出的是，"一国两制"是当时解决内地与港澳地区发展不均衡问题的例外安排，而并非一种历史的常态。鉴于目前内地经济发展水平已有较大的改观，在此情况下，将中国 BIT 适用于港澳，非但不会危害港澳资本主义制度和自由生活方式，相反更有利于港澳的长期稳定和繁荣。[1] 基于这些考虑，此种观点支持新加坡上诉法院的终审判决，认可仲裁庭的管辖权不存在法律障碍。

2. 反方观点

反方观点认为：中老 BIT 不适用于澳门，本案仲裁庭没有管辖权。反方观点对新加坡上诉法院的判决提出强烈的批评和质疑，指出该最终判决不仅违背中国在澳门特别行政区实行的

---

[1] 陈鲁明、陈雨崴："从 Sanum 案上诉裁决评中国 BIT 适用于港澳的现状及发展"，载《争议解决资讯》2016 年 10 月 16 日。

"一国两制""澳人治澳"、高度自治的方针,且在事实认定、法律适用、条约解释等方面都存在严重瑕疵。[1]具言之,该判决错误地将条约属地适用范围的问题视为条约继承问题。新加坡法院上诉庭的裁判逻辑是:澳门回归中国是因国家领土变更导致的"国家继承"问题,葡萄牙是被继承方,中国是继承方,因此在澳门适用条约问题上应遵循条约继承规则;《关于国家在条约方面继承的维也纳公约》第 15 条等反映了"移动条约边界"这一"习惯国际法规则",即在一国领土发生变更时,被继承国的条约停止对所涉领土有效,继承国的条约对该领土有效。[2]因此,澳门回归中国后,除条约明示或另经确定的特殊情形以外,中国参加的条约都要自动适用于澳门特别行政区,中老 BIT 也不例外。批评者指出,上述判断站不住脚,澳门的回归不构成"国家继承",而仅仅是恢复领土主权的行使,相应地,对澳门特别行政区适用哪些条约的问题进行回答,并不能完全遵循或套用"条约继承规则"处理。相反,澳门具体适用哪些条约,应按照"一国两制"方针,遵循《中葡联合声明》的相关条款及《澳门基本法》第 138 条进行判断,这些规则,与适用于条约继承问题的"移动条约边界"规则南辕北辙。此外,新加坡上诉法院还曲解了中国政府在《中葡联合声明》及《澳门基本法》当中的立场,例如声称《中葡联合声明》等文

---

〔1〕 傅铸:"新加坡法院关于中老投资协定适用于澳门特别行政区的判决是一项错误判决",载《中国国际法前沿》2016 年 10 月 12 日。
〔2〕 有学者指出,新加坡上诉法院在将"移动条约边界规则"定性为习惯国际法时,也存在严重的逻辑瑕疵和证据缺失,该规则并不当然构成习惯国际法,即使构成习惯国际法,也应当随着新的国家实践而与时俱进,并容许中国"一国两制"的独特实践构成其重要例外。宋杰:"《中老投资协定》在澳门的适用问题——评新加坡上诉法院有关'Sanum 公司诉老挝案'判决",载《浙江工商大学学报》2017 年第 2 期。

件只能约束中葡双方,《澳门特别行政区基本法》只是中国的国内法,均不能减损中国依所谓"习惯国际法规则"所承担的国际义务,这实际上漠视了国内法对阐释与理解国际法的重要作用,难以称其为合理。[1]

四、对中国中央政府缔结的 BIT 在港澳特别行政区适用的思考

结合 Sanum 诉老挝案的仲裁裁决、新加坡高等法院原讼庭的一审判决、新加坡上诉法院的终审判决来看,参考谢业深诉秘鲁案的撤销决定,这一系列案件所涉及的核心问题是中外 BIT 能否适用于港澳特别行政区以及能否被港澳投资者所援引的问题。学者的不同观点实际上出于不同的价值考量:支持中外 BIT 适用于港澳的主张,是出于保护港澳同胞和企业海外投资的角度;而反对的观点,则侧重于"一国两制"的基本立场进行批判。[2] 笔者认为,对这一问题的处理不是简单的"屁股决定头脑"、立场决定观点的模式,而应当侧重于从法律解释与法律适用的细节出发进行有力的评判。以 Sanum 案为例,这一重要问题在审理中又具体涵盖三个层面的小问题:其一,移动条约边界规则(《条约继承公约》第 15 条)是否适用于港澳回归引起的条约适用问题,尽管中国内地学者对此多持否定立场,但本案当事人、仲裁庭、原讼庭及上诉庭都没有排除该规则对澳门特区的适用;其二,在本案中,关系到条约的领土适用范围规

---

〔1〕 还有观点提出,确定中老 BIT 的地域适用范围时,最终应取决于缔约双方的真实意愿,属于国家行为的事实问题,而不是需要由第三国法院决定的法律问题。中国作为缔约一方,以外交照会的形式对此问题作出澄清,这一照会应被接受为决定性证据,新加坡法院无权质疑。傅铸:"新加坡法院关于中老投资协定适用于澳门特别行政区的判决是一项错误判决",载《中国国际法前沿》2016 年 10 月 12 日。

〔2〕 余劲松:《国际投资法》,法律出版社 2018 年版,第 327 页。

则(《条约法公约》第29条)的适用,但究竟适用该规则的一般原则(适用于缔约方全部领土)抑或例外规则(排除适用于澳门特区),则争执较大,中国大使馆与外交部的照会试图说明本案应适用例外规则,原讼庭采纳了中国照会的意见,但上诉庭则根据"关键日期理论"拒绝采信中国的照会,从而作出了截然相反的结论;其三,《澳门基本法》能否在本案中作为否认中老BIT适用于澳门的理由,各方也颇有分歧。

对于这些具体问题,通过研读各界对本案所作的正反评析可以发现:首先,中国政府认为港澳的回归并非领土的转移,而是恢复对其的主权,因此《条约继承公约》第15条所确立的移动条约边界规则不适用于港澳回归;其次,关键日期理论并不能排除法庭采信中国大使馆及中国外交部照会的证据效力,原因是照会只是作为"另经确定"中老BIT"不同意思"的证据,是对已有条约的解释,并没有修改或创设任何新的规则;最后,履行条约义务与确定条约的地域适用范围,是两个不同阶段的问题,前者以后者为前提,只有确定了某个条约能够适用才会考虑《条约法公约》第27条,本案中《澳门基本法》可用于证明缔约方存在"另经确定"中老BIT不适用于澳门特别行政区的证据,这是为了说明条约的缔约适用范围,但仲裁庭与上诉庭却"提前适用"了《条约法公约》第27条,这实际上违背了法律适用的基本逻辑。[1]

尽管中外各界对中老BIT能否适用于保护澳门投资者各持己见,正反观点交锋颇为激烈,但客观来看,无论学理上的讨

---

[1] 伍俐斌:"国家缔结的双边投资协定对港澳特别行政区的适用问题——澳门世能公司诉老挝政府一案评析",载中国国际法学会主办:《中国国际法年刊》,法律出版社2017年版,第228~229页。

论还是实务界的评论都无法改变既判结果。这一仲裁案件的管辖权程序、仲裁裁决的司法监督程序已经用尽，仲裁程序已经进入实体阶段，因此，难以再从新加坡司法程序的角度进行上诉。不过，这对中国的司法界与仲裁界提出了反思和警醒。严格来讲，笔者赞同中国外交部照会及中国大使馆函件中的前提，即判断中老 BIT 是否适用于澳门特别行政区，由于并不是新政府的产生或新国家的产生，也不存在领土的变动，因而并非条约继承的问题，而是在中国恢复对特别行政区行使主权的背景下，受"一国两制"方针指导、受《澳门基本法》调整的条约适用问题。至于仲裁庭的管辖权裁决及新加坡上诉法院的判决，之所以认定中老 BIT 适用于澳门，归根结底在于 BIT 本身没有对是否适用于澳门作出规定。为了避免将来继续产生类似的案件、类似的判决，以至于影响我国外国投资协定和其他双边条约关系的稳定性，我国外交部及商务部应适时采取适当措施，或通过重订 BIT 的方式，或通过签订 BIT 议定书的方式，明确中央政府所订 BIT 是否适用于港澳特别行政区，这样才有望从根本上解决问题。

第四节　国际投资仲裁中的国有企业及其法律适用

一、传统理论与现代理论关于国际法主体的范围辩争

传统国际法理论认为，国际法是文明国家所认可的、在彼此交往中形成的、具有法律拘束力的规则的总体。因此，只有属于文明国家之列的主权国家，方才构成国际社会的成员。在国际法律关系中，国家是享有国际法上权利和承担国际法上义

务的唯一主体,也是独一无二的国际人格者。学者波利蒂斯特别指出:国际社会只能是以国家为成员单位组成,国际法亦只能以国家为主体;至于个人,由于其以个人名义从事某些法律行为,并非国际社会的成员,因此其与土地一样,只能成为国际法的客体;个人既不能援用国际法,也不能直接受国际法管辖;个人的行为绝不构成对国际法的违反,他不能设想可依仲裁方式或在一个国际法庭控诉某一国家;如果个人需要寻求国际保护,只能通过其母国作为中介。[1]

与传统国际法观点完全相反的另一个极端是主张个人是国际法的唯一主体,其代表人物是狄骥。这种观点称,只有个人才是国际法的主体,国家不是国际法的主体。其推理在于:国家的行为,实际上是以国家机关代表的身份活动的个人的行为,国家的权利义务最终要靠个人来承受,组成国家和社会的基本粒子是个人。但有学者对此作出了批判,指出此类观点混淆了国际和个人两项概念的联系和区别,国家必有居民,但国家一旦产生,就具有了独立于社会成员而凌驾于社会之上的具有最高权威的物质力量,这是个人所无法比拟的。[2]

随着学理上论战的展开和研究的不断丰富,值得指出的是,过分推崇传统理论中以国家为唯一主体的主张,与一味强调个人地位的极端论断,二者均有失偏颇。一方面,国际法上的大部分法律规范仍然主要是用于拘束主权国家、调整国家间关系的规则,专门适用于个人(包括自然人与法人)、国际组织、准

---

[1] 德国法学家奥本海、意大利法学家安齐洛蒂、德国学者李斯特、英国法学家霍兰德等人也持有相同的主张,参见周鲠生:《国际法》,商务印书馆1976年版,第63页。

[2] 梁西原著主编,王献枢副主编,曾令良修订主编:《国际法》,武汉大学出版社2011年版,第74页。

国家实体的规则只占据小部分；但另一方面，国际法不独增进国家的政治利益及需要，而且关注个人的权利和义务关系，尤其是在国际人权法、国际环境法、国际投资法等具体领域，完全否认个人的主体地位已经与国际社会的发展趋势相背离。[1]

就国际法意义上的个人而言，其范围囊括了自然人与法人。作为法律上的抽象拟制主体，无论是法律制度赋予这些组织以人的属性，还是当事人谋求这一承认，法人的产生主要基于便利交易和责任限制两方面考虑。[2]作为组织化的个人，法人是具有利益关联的自然人经过自主选择所创造出的有机体，集合只不过是单个人物质利益实现的手段而言，但就其法律后果而言，却缔造了独立享受权利、承担义务的新主体。[3]国际经济法视角下所探讨的特殊法人，主要是跨国公司和国有企业：前者是随着国际分工的不断细化及国际贸易的深入发展而产生的新现象，由公司内部具有相互联系的不同实体，秉持共同的决策机制和经营战略而追求资源的最优配置[4]；后者主要是在自由市场的经济调节功能失灵的背景下，由具有公共资本背景的国家企业落实国家的宏观经济政策，其经营范围关乎国计民生的各行各业。本文主要以国有企业作为讨论中心，首先对其特征进行界定，继而梳理此类企业在国际经贸法律制度与实践中引发的重点问题，并以国际投资仲裁中国有企业的主体地位为例，探讨我国在国有企业进一步改革中应当着力的方向和发展前景。

---

[1] 林灿铃：《国际环境法》，人民出版社2004年版，第127页。

[2] [德]迪特尔·梅迪库斯：《德国民法总论》，邵建东译，法律出版社2000年版，第814~815页。

[3] 赵红梅：《私法与社会法：第三法域之社会法基本理论范式》，中国政法大学出版社2009年版，第80页。

[4] 王传丽、史晓丽：《国际贸易法》，中国人民大学出版社2012年版，第9页。

二、国有企业在国际经贸实践中引发的特殊法律问题

(一) 对国有企业的界定争论

在很多国家,中央政府并不直接负责有关外国投资的政策性内容和运作事宜,与外国投资者打交道的往往是专门为此设立的国家实体。这些国家实体在政府等级制度中的地位和法律独立性程度不尽相同,其成立目的主要是为了实现职能专业化、提升工作效率。[1]所谓国有企业(state-owned enterprise, SOEs),是此类国家实体的类型之一,它指的是国家通过全部、多数或少数所有权对企业实行实质性控制的公司。随着国有企业在国际经济活动中,特别是在国际贸易与国际投资领域日趋活跃并成为一支不容小觑的力量,围绕国有企业的作用及影响产生的法律问题引起了国际社会的广泛和持续关注。[2]当前,有不少国家,包括发达国家与发展中国家,或出于保障民生,或出于技术创新,或出于国家安全等社会、经济、政治、战略利益的需要,在不同行业中设立了数量、规模不等的国有企业。这些国有企业在巩固一国国内生产总值(gross domestic product, GDP)、构建本国国内就业及市场、实现本国宏观经济政策方面

---

[1] [德] 鲁道夫·多尔查、[奥] 克里斯托弗·朔伊尔:《国际投资法原则》,祁欢、施进译,中国政法大学出版社2015年版,第230页。

[2] 2013年4月,经济合作与发展组织(Organization for Economic Co-operation and Development, OECD)发布了题为《国有企业:贸易效果及政策意涵》的贸易政策报告,报告指出根据福布斯统计,在全球前2000家最大的公开发行公司中,有204个公司均为国有企业。这些国有企业散布于37个国家的35类行业领域,多数来自于新兴经济体国家,在2010至2011年间,这些企业了约3.6兆美元的营业额。See Przemyslaw Kowalski, State-Owned Enterprises: Trade Effects and Policy Implications, https://ideas.repec.org/p/oec/traaab/1-47-en.html#citations-body, 12 October, 2017 last visited.

发挥了重要作用。在西方发达国家,早期对国有企业的关注主要限于其对国内市场和国内竞争的影响。随着经济全球化不断向纵深发展,以及资本主义世界频繁发生全球性经济危机,市场失灵的现象引发社会的重视,各国开始采取国有化等措施以实现政府对经济的有效干预和调控。在一些新兴经济体,为了缓和自由资本主义引发的危机,国有企业开始参与到国际经济活动的部分领域,被称为"国家资本主义的崛起"。[1]所谓"国家资本主义"(state capitalism),其试图融合国家的力量与资本主义的优势:一方面,由国家来择选市场中的获胜者并促进经济的增长;另一方面,兼而采用资本主义的制度工具,例如国有企业、证券市场等,逐步走向全球化。早在19世纪70年代的德国和20世纪50年代的日本,就已经萌生了国家资本主义的部分要素,但从未达到现如今这般的规模和复杂程度。[2]

(二)国有企业引发的特殊国际法问题

尽管理论上对国有企业的主体地位存在争论,但不容否认的是,国有企业已经对传统的国际经济法提出了新的挑战和要求,这在以下方面体现得尤其突出。

第一,国有企业的竞争中立问题。国有企业不同于私营企业的核心特点在于其资本所有者和经营管理体制,由于资本来源的公共色彩,国有企业有机会利用国家雄厚的资金作为后盾,利用补贴、低息贷款等融资优惠和担保便利,以及监管上的特殊政策、松缓的公司治理等不符合经济理性的优势,在部分行

---

[1] 王传丽主编:《国际经济法》,中国人民大学出版社2015年版,第14页。
[2] Todd Berman et al., *The Visible Hand*, in The Economist, 21 January 2012, p.1.

业内获取垄断地位，并保持其市场竞争力与支配力。[1]为了保持市场的充分活力和竞争的真正公平，一些国家努力在制定其国内法或参与谈判国际条约时纳入限制国有企业的条款。在这一背景下，竞争中立的概念被提上制定国际经贸规则的日程。

所谓竞争中立（competitive neutrality），是指任何经济实体不得仅仅因为所有权而取得优势或劣势。这一制度首先缘起于澳大利亚联邦于1995年与各州之间达成的《竞争原则协定》，其中明确提出"政府从事商业活动不得仅仅因其公共部门所有权而享有净竞争优势"。之后，澳大利亚关于竞争中立行政审查和国企改革的实践产生了强烈的示范效应，并逐步提升为贸易与投资领域的国际法规则，现已形成了澳大利亚、欧盟、美国三种典型模式。[2]就国际层面来看，早在2005年，OECD就发布了《国有企业公司治理指南》，试图为OECD国家和非OECD国家的国有企业治理设定统一的国际标准。2011年，OECD发布题为《竞争中立与国有企业：挑战与政策选择》的公司治理工作报告，第一次提出竞争中立的框架。[3]该报告不仅为国有企业与私营企业在国际经济贸易中构建了公平的竞争平台，而且为监督政府政策制定、确认和消除国有企业可能享有的不公平优势建立了法治基础，其所提出的法治和透明度要求对中国国有企业改革也具有深远的影响。

此外，在美国主导下于2015年10月完成谈判的《跨太平洋

---

〔1〕 中国社会科学院世界经济与政治研究所国际贸易研究室：《〈跨太平洋伙伴关系协定〉文本解读》，中国社会科学出版社2016年版，第260页。

〔2〕 冯辉："竞争中立：国企改革、贸易投资新规则与国家间制度竞争"，载《环球法律评论》2016年第2期。

〔3〕 Capobianco et al., *Competitive Neutrality and State-Owned Enterprise: Challenges and Policy Options*, OECD Corporate Goverance Working Papers, No. 1, OECD Publishing.

伙伴关系协定》(Trans-Pacific Partnership Agreement, TPP)中,第十七章专门就国有企业与指定垄断问题进行了规范,明确了竞争中立规则的适用主体、适用标准、监督与执行机制。[1]就其意义而言,相关规定既突出了该协定"高标准、高质量、高层次、面向21世纪"的特征,又凸显了美国对国有企业问题的高度关注,旨在通过自由贸易协定的方式确保国有企业以纯商业的方式经营,并与私营企业进行公平竞争。

第二,国有企业引发的国家责任问题。在外商投资领域的国家实体必须遵守国家统一性的国际原则,由此产生了将国家实体的行为归责于国家的相关问题。当然,归责并不限于外商投资领域。[2]国际法上的国家责任,是指国家对其国际不法行为所应当承担的国际法律责任,对国家行为追究国际责任,需同时满足两个方面的构成要件:其一,主观要件,即某一行为根据国际法的规定可以归因于特定国家而成为该国家的行为;其二,客观要件,即可归因于一国的行为违反了该国所承担的有效的国际义务。[3]许多国家的中央政府仅负责有关外国投资的政策制定,具体的投资运营和政策执行则往往交由为此设置的国家实体专门负责。就国有企业而言,有必要判断在哪些情形下企业的行为可归因于国家,企业签署的合同或实施的其他行为对成立该企业的国家是否具有拘束力。进一步追问,国有企业作出的承诺,能否被视为国家同意国际投资仲裁庭的管辖,以及如果国有企业的行为侵犯了投资者根据条约或习惯国际法

---

[1] 马其家、樊富强:"TPP对中国国有企业监管制度的挑战及中国法律调整——以国际竞争中立立法借鉴为视角",载《国际贸易问题》2016年第5期。

[2] [德]鲁道夫·多尔查、[奥]克里斯托弗·朔伊尔:《国际投资法原则》,祁欢、施进译,中国政法大学出版社2015年版,第231页。

[3] 马呈元主编:《国际法》,中国人民大学出版社2012年版,第65~67页。

享有的权利,是否应由国家承担相应的国家责任等。[1]

联合国国际法委员会第53届会议于2001年11月通过的《关于国家对国际不法行为的责任条款草案》(以下简称《国家责任条款草案》)兼而采用了"结构标准""职能标准""控制标准"对行为可归因于国家的几类情况进行了清晰的界定。[2]

其中,《国家责任条款草案》第4条采用的是"结构标准",该条规定:"①任何国家机关,不论行使立法、行政、司法职能,还是任何其他职能,不论在国家组织中具有何种地位,也不论作为该国中央政府机关或一领土单位机关而具有何种特性,其行为应视为国际法所指的国家行为。②机关包括依该国国内法具有此种地位的任何个人或实体。"《国家责任条款草案》第5条规定了将行使政府权力要素的个人或实体的行为归因于国家的可能性,该条明确:"虽非第4条所指的国家机关,但经该国法律授权而行使政府权力要素的个人或实体,其行为应视为国际法所指的国家行为,但以该个人或实体在特定情况下以此种资格行事者为限。"就文义解释而言,该条采用的是"职能标准"。《国家责任条款草案》第8条还兼而采用了"控制标准"规定了受到国家指挥或控制的行为可归因于国家,该条明确:"如果一人或一群人实际上是在按照国家的指示或在其指挥或控制下行事,其行为应视为国际法所指的一国的行为。"在具体的投资仲裁实践中,仲裁庭通常采取融合了结构、职能、控制等因素在内的综合性标准。

第三,国有企业能否援引国家豁免的问题。国家及其财产

---

[1] Rudolf Dolzer and Christoph Schreuer, *Principles of International Investment Law*, Oxford University Press, 2012, p. 220.

[2] Santiago Montt, *State Liability in Investment Treaty Arbitration: Global Constitutional and Administrative Law in the BIT Generation*, Hart Publishing, 2009, p. 59.

管辖豁免,通称为国家豁免,涵盖司法管辖豁免、诉讼程序豁免、强制执行豁免三个方面。其中,管辖豁免是指未经一国同意,不得在另一国法院对该国提起民事诉讼或将该国财产作为诉讼标的;诉讼程序豁免,是指即使一国放弃管辖豁免,也不得对其财产采取诉讼保全措施,亦不得强制国家出庭作证或参与其他诉讼行为;执行豁免是指即使一国同意在他国法院作为被告或主动作为原告参加民事诉讼,在未经前者同意时,仍不得根据法院决定对国家财产采取强制性的执行措施。[1]无论采取限制豁免主义还是绝对豁免主义,最关键的因素是判断哪些主体享有豁免权。2004年12月,第59届联合国大会通过了《联合国国家及其财产管辖豁免公约》,其中第2条明确了享有国家豁免权的主体范围:其一,国家及其政府的各种机关;其二,有权行使主权权力并以该身份行事的联邦国家的组成单位或国家的政治区分单位;其三,国家机构、部门或其他实体,但须他们有权行使并且实际在行使国家的主权权力;其四,以国家代表身份行使的国家代表。由前两项可见,原则上只有国家机构有权享受国家豁免,如果某实体不属于国家机构或其组成部分,则不涉及豁免的问题;但由后两项可见,某些并非国家机构的实体,即使具有独立的法律人格,如果有权行使并实际行使主权权力,亦有可能享受豁免。[2]

---

〔1〕 何其生:《比较法视野下的国际民事诉讼》,高等教育出版社2015年版,第43页。
〔2〕 在特兰德克斯贸易公司诉尼日利亚中央银行案中,法官指出:在解决涉及外国公司以及公司是否享有豁免权这一问题时,应适用外国法认定,尼日利亚的公司章程及权限必须根据尼日利亚的国内法进行判断。推而广之,有关实体的国际地位必须根据产生该实体的国内法来确定,尼日利亚银行是否属于英国法所理解的政府部门,是否享有国家豁免权,应适用尼日利亚法。Trendtex Trading Corporation v. Central Bank of Nigeria, [1977] 2 W. L. R. 356.

考虑到每个国家国内立法中都存在用于规范公司经营的规则和用于规范政府部门的规则,如果法院地法与外国法存在重大分歧,那么,在分析某个机构的性质是公司抑或政府组成部分时,就产生了国际私法上的法律选择问题,即适用哪个国家的公司法来认定某具体机构的法律地位和权利义务关系。[1]对此,各国国际私法理论与立法中主要采取法人的属人法作为冲突规范的系属,具体涵盖"设立准据法说"与"住所地法说"两类基本主张,瑞士、中国等倾向于采取前一类,德国、法国、奥地利、比利时等倾向于采取后一类。[2]相比较而言,采取"住所地法说"的国家,法人住所地的迁移会直接导致法人准据法的变更。

不过,当依据国际私法规则指引的准据法是外国法时,根据该外国法对国有企业豁免资格的认定意见并非终局性的结论。在英国法院审理的"克拉季娜诉塔斯社"案[3]中,法官指出,外国官员提供的关于尼日利亚银行是政府机构的观点不具有结论性,因为外国官员是根据政府控制标准得出的结论,而英国法院并不认同这一标准具有决定性。相比之下,英国法院倾向于采纳职能标准作为判断主权豁免的关键标准,政府在设立和规范某个实体时的立法意图及控制程度更加重要。斯蒂芬法官在考察了该实体的权限和指责后,认定其不具有豁免权,原因是其未能充分证明政府设立该银行的目的是为了将其作为自己的组成部分。这种认定标准上的转变,体现了在判断国有企业

---

〔1〕 一般而言,一个国家设置哪些国家机构,是应当由该国宪法和其他有关机构组织的法律确定的,不应由其他国家妄加评判。参见黄进:《国家及其财产豁免问题研究》,中国政法大学出版社1987年版,第9页。

〔2〕 陈卫佐:《比较国际私法》,清华大学出版社2008年版,第305~306页。

〔3〕 [1949] 2 All ER 274.

豁免资格时，不再单纯从抽象意义上考察其是否属于政府机构，而是强调某个具体事项的性质。[1]

第四，主权财富基金的投资属性问题。主权财富基金（Sovereign Wealth Funds，SWFs）并非国际投资法领域的新现象。早在1953年，科威特投资管理局就创设了最早的SWFs，以期在其本国的净石油储备行业投资；1956年，基里巴斯也创立了一项SWFs；此外，美国于1976年创建的阿拉斯加永久储备基金、加拿大于1976年创建的阿尔伯达遗产储蓄信托基金也是典型的代表。但在理论上，学术界对SWFs的界定并未达成一致共识。有观点侧重于从国家所有权和管理权、SWFs稳定宏观经济的效果、代际资金转移的功能角度进行界定[2]；也有观点强调以职能为基础对政府所控制的不同实体进行分类，包括公共养老基金、SOEs、SWFs，其中，SOEs主要在商事环境下从事工业投资、生产及贸易，而SWFs主要面向公共对象从事金融投资。[3]在国际组织的文件中，对SWFs最具代表性的定义体现在国际货币基金组织（International Monetary Fund，IMF）的工作组报告中，其认为：SWFs是具有特殊目的的公共投资资金或安排，这些资金由政府所拥有或控制、持有、经营、管理，主要服务于中长期的宏观经济及金融目标。这些资金通常利用一套投资策略，在官方外汇行动、私营化收益、财政盈余、商品出口收入

---

〔1〕［英］马尔科姆·N. 肖：《国际法》，白桂梅等译，北京大学出版社2011年版，第576页。

〔2〕Fabio Bassan, *The Law of Sovereign Wealth Funds*, Edward Elgar Publishing, 2011, p. 18.

〔3〕Karl P. Sauvant and Jonathan Strauss, *State-Controlled Entities Control Nearly US $ 2 Trillion in Foreign Assets*, https://core.ac.uk/display/27292431, 13 October, 2017 last visited.

之外进行投资,投资目标包括海外金融资产。IMF 的这一定义,与 SWFs 国际工作组的定义相吻合。该小组于 2008 年 10 月发布了所谓的《主权财富基金圣地亚哥原则》,其中将 SWFs 定义为:特殊目的的投资基金或安排,由一般性政府所拥有,并由政府出于宏观经济目标而创建。SWFs 为实现财政目标而持有、经营、管理资产,并采用了一套投资战略(包括投资于海外金融资产)。SWFs 通常在国际收支、官方外汇操作、私有化收益、财政盈余、商品出口收入以外设立。[1]

主权债务是主权财富基金的重要投资标的,具体包括主权贷款与主权债券两类。其中,主权贷款的债权人主要是国家、国际组织、跨国银行等,为了与债务国维持长期持久的合作,债权人能够在适当的范围内接受债务重组。相比之下,一国在国外发行的主权债券则首先由大型金融机构认购,而后再通过电子方式将证券权益出售给大批中小型债权人,形成债券的一级市场与二级市场,由于中小型债权人不具有长期的利益需求,因此债务重组的难度较大。[2]因主权债务违约导致的国际投资仲裁案件,是近年来国际争端解决领域的热点问题。其中,阿根廷为应对 2001 年经济危机采取的措施招致了大量的投资者与国家间仲裁,2005 年阿根廷为了缓和危机而提出了主权债务重组的计划,抵制此项计划的投资者仍然通过提起投资仲裁的方式获得救济,并在仲裁胜诉后通过秃鹰基金实现裁决的执行。

---

[1] Christian Tietje, *Investment Law and Sovereign Wealth Funds*, p. 1804.
[2] 肖军:《规制冲突裁决的国际投资仲裁改革研究——以管辖权问题为核心》,中国社会科学出版社 2017 年版,第 84 页。

对此，Abaclat 等诉阿根廷案[1]、Ambiente 等诉阿根廷案[2]、Giovanni Alemanne 等诉阿根廷案[3]被称为阿根廷主权债务争端"三部曲"。在这些案件中，阿根廷提出的管辖权异议均被仲裁庭驳回，但为了避免不利裁决，阿根廷采取各类组合拳策略阻却实体审理，例如说服申请人撤回仲裁请求、质疑仲裁员公正性并申请回避、控诉申请人滥用仲裁诉权等。与这三起案件不同的是，在 Banka 等诉希腊仲裁案[4]中，仲裁庭首先认定对主权债务违约争端不具有管辖权，因此没有进入实体审理阶段。由此可见，国际投资仲裁庭对主权债务争端是否有管辖权，仍是值得讨论的未决问题。

第五，准入前国民待遇对国有企业的适用问题。以 2012 年《美国双边投资协定范本》为例，国际投资的过程包括设立、获取、扩大、管理、实施、运行、出售或其他形式的投资处置，其中，设立、获取、扩大发生于外资准入阶段，而其他的处置形式发生于外资准入后阶段。[5]而所谓国民待遇，是指外国人

---

[1] Abaclat and others v. The Argentine Republic, ICSID Case No. ARB/07/5, Decison on Jurisdiction and Admissibility, 4 August, 2011.

[2] Ambiente Ufficio S. P. A. and Others v. The Argentine Republic, ICSID Case No. ARB/08/9, Decision on Jurisdiction and Admissibility, 8 February, 2013.

[3] Giovanni Alemanni and Others v. The Argentine Republic, ICSID Case No. ARB/07/8, Decision on Jurisdiction and Admissibility, 17 November, 2014.

[4] Poštová banka, A. S. and Istrokapital SE v. Hellenic Republic, ICSID Case No. ARB/13/8, Award, 9 April, 2015.

[5] 狭义上的投资准入特指是否允许外资进入的问题，即准入权问题；而广义的投资准入不仅涵盖准入权问题，还包括外国投资者是否有资格在东道国设立商业存在或非临时性企业的权利，即设业权。发展中国家所缔结的区域投资协定，其所适用的投资概念、保护范围侧重于获得东道国准入后的投资，即设业权；而发达国家主导下的自由贸易和投资协定则将国民待遇和最惠国待遇贯穿于准入前后。杨丽艳：《FTA 投资机制新发展与中国企业境外投资》，广西师范大学出版社 2016 年版，第 36 页。

与内国人在享有权利和承担义务方面享有同等的法律地位,在投资领域特指,东道国给予外国投资者和外国投资的待遇,在同等情形下不低于给予类似的本国投资者和本国投资的待遇。[1]以国有企业为切入点讨论准入前国民待遇的适用问题,主要可以区分为两个角度:其一,资本输入国的国有企业,即外国投资者可否通过准确前国民待遇原则享有东道国给予其本国国有企业的待遇;其二,资本输出国的国有企业,即此类企业能否作为外国投资者而享有准入前的国民待遇,是否会因其资本性质或政治因素而减损国民待遇的适用。[2]

当一国国有企业以外国投资者的身份进入东道国市场时,由于其附带的政治因素或母国控制力,东道国在进行外资审批时,往往会对此类企业实行更为严苛的国家安全审查。[3]绝大多数国家在签订双边或区域性投资条约时,基于保留本国政策调整、加强管理本国国民经济的自主权力、维护本国根本安全利益的考虑,往往对条约义务设定例外。在认定外国投资有违本国安全时,东道国可根据安全例外条款拒绝批准相关的投资项目,且因为例外条款的存在,此种拒绝不构成对条约义务之违反。[4]

---

〔1〕 史晓丽、祁欢:《国际投资法》,中国政法大学出版社2009年版,第103页。

〔2〕 孙劼:"国有企业适用国际投资准入阶段国民待遇的特殊问题研究",载何志鹏等著:《国际法的未来》,法律出版社2017年版,第129页。

〔3〕 我国国有企业在走出去投资的过程中,即遭遇了东道国更为严格的安全审查,例如2004年中国中央企业中国海洋石油总公司收购美国优尼科石油公司、2004年中国五矿集团公司收购加拿大诺兰达矿业公司、2009年中国铝业公司收购澳大利亚力拓公司等。

〔4〕 李小霞:《国际投资法中的根本安全利益例外条款研究》,法律出版社2012年版,第16~17页。

（三）中国对国有企业的界定及其法律地位

我国现行立法中，没有对国有企业进行直接定义，但在2013年修订《公司法》时对国有独资公司进行了界定。[1]在对外贸易及司法实践中，我国倾向于把国家本身的活动与国有公司或实体的活动区别开来。[2]原则上，国家和国有企业都应独立对其行为承担义务和责任，这意味着：国有企业对因国家行为导致的违反合同的情形可以援引免责事由；国家对国有企业引起的诉讼不负担连带责任；国有企业具有独立法律人格的经济实体，并不享受国家豁免。[3]

2013年7月进行的第五轮中美战略与经济对话中，中国同意与美国进行投资协定的实质性谈判，谈判将对包括准入前环节的投资各个阶段提供国民待遇，并以"负面清单"模式作为谈判基础。"准入前国民待遇"加"负面清单"的立法模式，实际上意味着除了负面清单所列举的领域之外，不能对外资企业施加额外的投资限制，这与过去中国通过外商投资指导目录进行正面列举的方式刚好相反。与此同时，美国在谈判中特别要求确立市场准入前的公平竞争，这不仅对美国企业有利，也有利于促进中国民营企业的长久发展。但考虑到我国的国有企业在国民经济中的重要支柱性地位，我国在后期谈判中，应明确要求美国对各类所有制企业以非歧视原则提供公平竞争的环

---

［1］《公司法》第64条第2款规定：国有独资公司，是指国家单独出资、由国务院或者地方人民政府授权本级人民政府国有资产监督管理机构履行出资人职责的有限责任公司。第65条规定：国有独资公司章程由国有资产监督管理机构制定，或者由董事会制订报国有资产监督管理机构批准。

［2］韩德培主编：《国际私法新论》，武汉大学出版社2003年版，第80页。

［3］龚刃韧：《国家豁免问题的比较研究——当代国际公法、国际私法和国际经济法的一个共同课题》，北京大学出版社2005年版，第164页。

境，包括对中国的国有企业与民营企业、主权财富基金与民营资本一视同仁，避免因矫枉过正造成反向歧视。[1]

三、国际投资仲裁中对国有企业特殊性的讨论

（一）国有企业作为仲裁申请人的特殊性

在当前的国际投资法律体系中，由于始终未能达成全面的多边投资条约，这使得双边条约和区域性条约成为投资法主要法律渊源。在现代化的双边和区域投资条约中，绝大多数都包含了专门的投资者与东道国争端解决条款。国际投资仲裁是解决投资者与国家间条约争端的重要手段，实践中最常用的投资仲裁机制主要是《华盛顿公约》体系下的国际投资争端解决中心仲裁、《ICSID 附加便利规则》仲裁、根据《联合国国际贸易法委员会仲裁规则》进行的专设仲裁。相比较而言，专设仲裁最具灵活性，国有企业和国家投资者可以与私人投资者一样采取此种仲裁解决投资争端。ICSID 仲裁是典型的机构仲裁，但值得注意的是，当国有企业以投资者身份在 ICSID 仲裁庭对东道国政府提出仲裁请求时，却可能面临仲裁管辖权方面的审查。投资仲裁的管辖权主要涵盖对事管辖权（in rem jurisdiction）与对人管辖权（in personam jurisdiction）两类。具体而言，仲裁庭在对具体的案件行使管辖权时，要确保产生争端的投资、争端当事人在条约保护的"投资""投资者"定义范围之内。

当国有企业以仲裁申请人的身份参与投资仲裁时，其特殊性更多体现在仲裁庭的对人管辖权方面而非对事管辖权方面。原因在于，国际投资条约中对投资的定义主要是对受保护的资

---

[1] 韩冰、姚枝仲：《冲突与趋同：中美双边投资协定谈判研究》，中国社会科学出版社 2016 年版，第 147 页。

产形态进行列明,而国有企业在对外投资时,其所投资的财产对象与纯私营企业并无本质区别,差异主要体现在主体本身的法律地位上。[1]在一国国有企业作出申请人提起的投资仲裁实践中,被申请人往往提出管辖权异议,辩称申请人属于另一国家的国家实体而非另一国的国民,因此不具有仲裁申请人的主体资格。而绝大多数国际投资条约的缔约宗旨,旨在吸引、促进、保护外国私人投资,而并非专门保护资本输出国国有企业以公共资本展开的对外投资。[2]《华盛顿公约》的序言和缔约准备资料中也明确,其旨在解决非国家的私人投资者与外国主权政府的争端。[3]由此可见,国家投资者及其附属机构很可能不具ICSID仲裁当事人的主体资格。[4]换言之,国有企业如提出投资仲裁请求,必须向仲裁庭证明其并非国家主体,否则,一旦国有企业在个案中被定性为国家机构,其与东道国政府的投资争端只能选择国家间仲裁,而非投资者与国家间仲裁。[5]

---

[1] 在判断国有企业是否满足仲裁当事人资格要件时,首先要考察其是否符合投资条约中的投资者定义。多数条约在定义法人投资者时,并未规定其必须以盈利为目的,而只是要求其按照东道国法律规定成立,例如日本与越南BIT第1条第1款b项、约旦与新加坡BIT第1条第2款。韩国与沙特阿拉伯BIT甚至明确规定国家机关亦可作为适格投资者。

[2] Paul Blyschak, State-Owned Enterprises and International Investment Treaties: "When are State-Owned Entities and their Investments Protected?" In Journal of International Law and International Relations, Vol. 6, No. 2, 2011, p. 19.

[3] Sarah Kramer, Public vs. Private: State-Owned Enterprises as Claimants in ICSID Arbitration, http://pennjil.com/-public-vs-private-state-owned-enterprises-as-claimants-in-icsid-arbitration, 17 October, 2017 last visited.

[4] Ji Li, State-Owned Enterprises in the Current Regime of Investor-State Arbitration, in The Role of the State in Investor-State Arbitration, edited by Shaheeza Lalani, Brill Nijhoff, 2014, pp. 380~404.

[5] 朱明新:"'被遗忘'的机制:投资争端解决的国家—国家仲裁程序研究",载《国际法研究》2016年第5期。

在 CSOB 诉斯洛伐克案[1]中，仲裁庭指出，应适用 ICSID 前秘书长布罗什（Broches）于 1972 年提出的认定标准。布罗什和其他参与公约起草的专家指出，对于受政府控制的企业所从事的行为是否应认定为政府行为，关键取决于该企业从事的具体行为是代表政府行为，还是纯商业行为，而不应当考虑行为的目的。[2]据此，本案仲裁庭指出，本案中的国有企业从事的是商事活动，因此不应否定其具有申请 ICSID 仲裁的权利能力。

（二）国有企业作为仲裁被申请人的特殊性

此外，国有企业以仲裁被申请人的身份参与国际投资仲裁时，其所从事的国际不法行为能否归因于其本国政府，这也是容易产生争议的未决问题。如前文所述，ICSID 仲裁旨在解决私人投资者与东道国国家之间的争端，而不是解决两个非国家行为体的争端，因此当外国投资者与东道国的国有企业发生争端提交国际投资仲裁时，被申请人可以就主体不适格向仲裁庭提出管辖权异议。此时，仲裁申请人有义务证明被申请人是主权国家或国家机构或政治区分单位，如果申请人无法证明被申请

---

[1] Československá Obchodní Banka, A. S. The Slovak Republic, ICSID Case No. ARB/97/4, Award, 29 December, 2004.

[2] 布罗什在 1972 年撰文指出：很多人仅仅关注于法人投资者的国籍认定问题，却忽视了另一个更重要的问题，即《华盛顿公约》所称的"他国国民"是否仅限于外国的私人投资者？该公约的首要目的是促进私人对外投资，公约序言也特别使用了"私人国际投资"的措辞。但现如今，传统理论对私人投资与公共投资的划分已经开始模糊，有许多公司将私人资本与公共资本加以联合，国有企业从事的活动在外观上也与私营企业没有本质差异。因此，不能绝对否定国有企业的投资者地位，而应当视其行为的主权性抑或商事性加以认定，除非国有企业以政府代理人名义行事或实质上承担政府职能，否则其可以作为外国投资者。See Mark Feldman, "The Standing of State-Owned Entities Under Investment Treaties", in Yearbook on International Investment Law & Policy 2010 ~ 2011, edited by Karl P. Sauvant, Oxford University Press, 2012, p. 622.

人构成国家行为体，那么必须要证明非国家机关的被申请人所实施的不法行为可归因于国家。

怀特工业公司诉印度案[1]是印度政府作为被申请人参与投资仲裁的第一起案件，在该案中，争点之一正是印度国有企业——印度煤炭公司实施的不法投资行为能否归因于印度。本案中，申请人根据《国家责任条款草案》第8条指出，印度煤炭公司是一家受印度政府控制的企业，不仅董事会成员由印度政府直接指派，而且两名董事正是前矿产管理局官员，企业受到政府的高度控制。但仲裁庭则指出，印度煤炭公司的违约行为并不能归因于印度政府，原因是：申请人提出的组织形式、董事任命方式、政府价格指导等问题，尚未达到《国家责任条款草案》第8条适用的"高门槛"；怀特工业公司与印度煤炭公司签订的合同完全是在私法领域内自愿签署的，不受印度政府的控制和介入。[2]

四、涉及国有企业的投资仲裁案件评析

随着国有企业参与对外投资规模的扩张，其与东道国政府产生的争端日渐频繁，相应的仲裁案件也逐步进入公众视野。

---

〔1〕 White Industries Australia Limited v. The Republic of India, UNCITRAL Ad Hoc Arbitration, Final Award, 20 November, 2011.

〔2〕 本案仲裁庭指出：《国家责任条款草案》第8条规定的企业行为归因于国家必须满足三个条件之一：指示、指挥、控制。而本案争论的重点是印度煤炭公司行为是否受印度政府的有效控制，仲裁庭参考了尼加拉瓜诉美国案后提出，若要认定企业行为受政府有效控制，不仅要证明企业在事实上受国家掌控（如国家控股、指派董事会人选、任命高管），而且要在此基础上证明企业的具体行为受国家指挥、出于公权力目的且违背平等自愿。崇雨晨："国际投资仲裁中企业行为归因于国家的认定标准及其实践——以 White Industries Australia Limited v. Republic of India 案为视角"，载《北京仲裁》2016年第4期。

就国有企业参与投资仲裁的争议焦点来看，主要是围绕前文所述的投资者地位、主权财富基金的可仲裁性、企业行为归因于国家而展开。值得一提的是，尽管国际投资仲裁中并不存在"遵循先例"的普通法传统，如何适用既判力原则也颇有争议，[1]但为了尽可能缓和"同案不同判"冲突裁决的出现，仲裁庭对已决先例中就相同问题发表的裁决意见多有参考或引用，这有助于促进类似问题的同一处理。基于此种考量，笔者择取三起涉及国有企业问题的典型投资仲裁案例，分别从不同角度对仲裁庭的意见进行归纳。

1. 北京城建集团诉也门仲裁案

在北京城建集团诉也门案中，被申请人向仲裁庭提出了五点管辖权异议，其中第一点即就申请人的私人投资者地位和仲裁申请人资格提出了质疑。被申请人的异议中指出：北京城建集团作为中国的国有企业，不仅是中国政府的代理人，更是在表面的商业交易背后实际行使政府职能，因此北京城建不构成《华盛顿公约》第 25 条第 1 款所规定的"另一缔约方国民"，也门与北京城建集团的纠纷转化为也门政府与中国政府的国家间争端，而非《华盛顿公约》第 25 条规定的国家与投资者争端。

仲裁庭通过三步走的方式处理属人管辖权异议：①明确《华盛顿公约》第 25 条不处理国家间争议；②明确投资者公私身份的认定参照布罗什标准，其核心是要求仲裁庭分析投资在特定情境中的商事功能；③逐项分析北京城建在工程建设中是否是中国政府的代理人、是否行使政府职能、是否有义务进行

---

〔1〕 傅攀峰："国际投资仲裁中既判力原则的适用标准——从形式主义走向实质主义"，载《比较法研究》2016 年第 4 期。

投资注册。[1]

首先,仲裁庭指出,《华盛顿公约》第 25 条第 1 款不能适用于国家间仲裁,仲裁庭对以政府代理人身份行事或行使政府职能的国有企业提出的仲裁请求无管辖权。其次,仲裁庭注意到,北京城建是中国政府持有的国有独资企业,其在投标书中已经对此作了披露,但《华盛顿公约》并未否认国有企业有权提起投资仲裁请求,决定其是否有权提出仲裁请求的并非企业治理结构,而是其在本案交易中的行为,以及在具体语境下企业行为所发挥的功能,而非行为的目的。根据现有的书面证据,仲裁庭认定,北京城建是以普通承包商的身份与其他私营企业公开竞标,且导致合同终止的真正原因是北京城建未能以商业可接受的标准提供机场相关的商业服务,而并非中国政府的政策导致合同终止。再者,中国与也门 BIT 并未要求对投资进行注册是投资享受条约保护的前提,因此注册与否不能影响仲裁庭对本案行使管辖权。最终,仲裁庭驳回了被申请人的属人管辖权异议,肯定了作为国有企业的投资者在本案中有权提出仲裁请求。[2]

2. 北京首钢矿业投资公司等诉蒙古案

北京首钢矿业投资有限责任公司、黑龙江国际经济技术合作公司、秦皇岛市秦龙国际实业有限公司诉蒙古案,是另一起由中国投资者根据双边条约起诉东道国政府的仲裁案件。本案中,被申请人针对仲裁庭的管辖权提出了七个方面的初步反对

---

[1] 王鹏:"北京城建诉也门:国有企业身份是否妨碍投资仲裁?",载新浪博客,http://blog.sina.com.cn/s/blog_6374a8090102xeyr.html,最后访问日期:2017 年 10 月 16 日。

[2] Beijing Urban Construction Group Co. Ltd v. Republic of Yemen, ICSID Case No. ARB/14/30, Decision on Jurisdiction, 31 May, 2017, at para. 47.

意见，就申请人的国有企业身份而提出的属人管辖权异议正是其中之一。具体而言，本案中的投资者北京首钢公司和黑龙江国际公司是中国国有企业，被申请人认为其不属于中国与蒙古BIT第1条第2款所定义的投资者。依被申请人的异议，BIT中规定的"经济实体"一词特指"私人、商事实体"或者"任何类型的、从事经济活动的实体"；此外，在中国过去缔结的若干BIT中，其以特定条文专门明确公共实体属于受保护的投资者范畴，这实际上表明了公共实体并不当然地属于"经济实体"。此外，被申请人认为这两家投资者并没有充分独立于其所有人，实际上是中国政府的准机构，并受到政府的直接控制，其投资仅服务于国家的对外政府目标。

但仲裁庭并未支持被申请人提出的属人管辖权异议。首先，仲裁庭在考察本案BIT第1条第2款对"投资者"所下定义的基础上指出，"经济实体"一词的措辞是宽泛的，并没有区分投资者的组织类型、商业目的、所有权、控制权，且《维也纳条约法公约》第31条第4款[1]规定了只有缔约方意图如此时，才能将特定的涵义赋予条约中的某一术语。由于缔约方并没有限制"经济实体"概念的适用，被申请人所提出的独立性、可分性等概念，并不能成为定义BIT中"经济实体"概念的要素。其次，仲裁庭反对被申请人通过列举中国单方面的个别缔约实践作为解释条约的手段，原因在于，本案BIT的缔结是中国政府与蒙古国政府的双方行为，根据《维也纳条约法公约》第31

---

[1]《维也纳条约法公约》第31条第4款规定：如果确定当事国意在把一个用语使用于某一特殊意义，就当认为其具有该特殊意义。

条第3款[1],仲裁庭可以在特定的情况下考虑缔约国后续的缔约实践,但本案被申请人并没有提供充分证据证明相关实践足以支持其进行限缩解释。最后,仲裁庭拒绝采纳被申请人将本案投资者归类为中国国家的准政府机构这一意见,被申请人并没有提供充分证据证明本案申请人是在中国政府的直接干预下服务于国家对外政策。基于此,仲裁庭将"经济实体"定义为"从事经济或商业活动的任何类型的法律实体",而本案中的三位投资者均符合这一定义,具有提出仲裁请求的法定权利。[2]

3. 维纳酒店诉埃及案

在维纳酒店诉埃及仲裁案中,EHC 的众多员工通过武力方式抢占了投资者的项目,引发了投资者与国家间争端。经调查,EHC 是一家埃及的国有独资企业,其唯一的股东是埃及中央政府,且公司日常经营管理的各方面也直接涉及国家参与。例如,该公司股东大会的主席由埃及旅游部部长出任,且主席有权力开除董事会成员。此外,政府发布的政策性指示是 EHC 运营的主要根据,且政府将 EHC 的资产视为公共财产。尽管在结构、职能、控制等各个方面都存在政府权力要素的介入,该案仲裁庭并未将 EHC 的不法行为归因于国家,而是以埃及政府保护不力的事实作为裁决的理由,其在裁决书中指出:仲裁庭认可维纳酒店提出的埃及政府违反 BIT 中的公正公平待遇、充分保护及安全义务的主

---

[1] 《维也纳条约法公约》第31条第3款规定:应与上下文一并考虑的尚有:①各当事国嗣后订立的关于该条约的解释或其规定的适用的任何协定;②嗣后在条约适用方面确定各当事国对条约解释的意思一致的任何惯例;③适用于当事国间关系的任何有关国际法规则。

[2] China Heilongjiang International Economic & Technical Cooperative Corp., Beijing Shougang Mining Investment Company Limited and Qinhuangdao Qinlong International Industrial Co. Ltd v. Mongolia, PCA Case No. 2010 - 20, Award, 30 June, 2017, at para. 415.

张,尽管尚不能确定直接参与抢占事件的是埃及政府官员还是 EHC 的领导层,但已有足够证据认定埃及政府事先已知晓 EHC 抢占酒店的意图,但并未及时、有效地采取任何措施予以阻止。[1]

现代国际法理论已在有限的范围内认可了个人的主体地位,这意味着法人可以部分地享有国际法上的权利能力和行为能力。作为参与国际经贸交往的重要主体,国有企业的治理结构具有一定的特殊性,但就其所从事的商事行为而言,又与私营企业具有共性特征。在国际投资争端解决实践中,处理国有企业问题要区分其是否以政府机构代理人的身份从事相关活动,以及其所从事的行为能否归因于国家政府。除非相关条约存在特殊限制,否则仲裁庭不应轻易否定国有企业的投资者地位。裁决作出后,国有企业财产的执行不受国家豁免的制约。正视国有企业参与国际投资活动的优越性,妥善处理国有企业与政府的关系,以竞争中立等规则促使国际经济环境的公平化,是实现全球治理法治化的重要内容。

本章小结

"一带一路"建设的不断深入,使中国兼具对外投资和吸引外资的双重身份。作为全球最大的发展中国家,中国在国际投资领域正处于转型期。[2]虽然早在 20 世纪 80 年代中国就启动了 BIT 的谈判工作,但中国投资者和中国政府参与的国际投资仲裁

---

〔1〕 Wena Hotels Ltd. v. Arab Republic of Egypt, ICSID Case No. ARB/98/4, Award, 8 December, 2000, at para. 84.

〔2〕 傅攀峰:"国际投资仲裁的中国参与",载《中国社会科学报》2018 年 9 月 12 日,第 5 版。

案件仍然屈指可数。在已有的涉华投资仲裁案件中，出现了一些特殊的法律适用问题，例如，中国中央政府缔结的 BIT 能否适用于港澳特别行政区并用来支持港澳投资者对外国政府提出国际投资仲裁的问题；再如，中国新旧 BIT 关于国际投资仲裁庭可予裁判的争端范围存在不同规定时如何处理时际法律冲突的问题；另外，中国的国有企业在对外投资的过程中遭遇争端，能否适用 BIT 中关于投资者的法律保护及争端解决程序寻求条约救济；最后，中国新近订立的 BIT 中的最惠国待遇条款能否用于扩张仲裁庭的管辖范围，也对协调不同条约的争端解决机制提出了拷问。这些问题，在今后仍然有可能再次成为困扰仲裁庭的焦点问题。对中国而言，如果能够在缔约过程中妥当处理这些问题，将大大有助于解决仲裁庭的疑难。与此同时，中国的仲裁机构在尝试制定国际投资仲裁规则的过程中，也要在既符合中国国情又遵循国际发展趋势的前提下设计法律适用条款，从而保障中国具备优质的争端解决服务，为中外投资者提供最为高效、专业、公平的法治化营商环境。

结　语

当前，国际经贸格局正在发生深刻的调整，各主要经济体在国际贸易与投资规则制定方面的博弈不断加剧，全球经济治理体系处于变革的关键期。在多边层面，美国、欧盟、日本贸易部长多次发布联合声明，积极推动世贸组织改革；区域层面，美国推动达成了《美墨加协定》，《全面与进步的跨太平洋伙伴关系协定》（CPTPP）自2018年12月30日生效，这些协定不仅持续推动货物、服务、投资市场的高度开放，更是在知识产权、数字贸易、劳工、环境、汇率方面设定新规则以巩固其优势；双边层面，中欧BIT、中美BIT谈判仍在持续推进中。在这一系列新兴国际经贸规则形成过程中，投资者与国家间争端解决机制的革新是其中重要内容，而法律适用是国际投资仲裁庭在案件审理中所不容回避的必经步骤。

在西方石油公司诉厄瓜多尔一案中，仲裁庭一针见血地指明了国际投资仲裁法律适用问题的复杂性："如上所述，本案争端与不同的准据法体系均有关联。首先，争端与当事人之间的投资合同有关……接下来，争端与厄瓜多尔的税收立法紧密相联;另外,争端的解决必须考虑安第斯共同体[1]所通过的具体决议,以及产生于 WTO 法律规则的特定焦点问题。特别应注意的是,争端与当事人根据条约及国际法所享有的权利及承担的义务不容分割。"[2]

有学者曾生动地将外商投资法比喻为洋葱,该学科由一般国际法、国际经济法的基本原则、该领域所特有的规则、相关国内法等多层次的法律规范体系所共同构成,需要逐层拨开方可探究其本源。[3]著名的国际投资法学者朔伊尔教授亦有类似表述:跨国投资关系既涉及国内法也涉及国际法,东道国的国内法规制多重投资技术问题,例如准入、劳动关系、税收、外汇、不动产等;而关于外国人待遇的国际最低标准、对外国人财产的法律保护(特别是对抗东道国的非法征收)、条约解释(尤其是双边投资条约)、国家责任及人权等内容则来源于国际法规范。[4]国际投资仲裁的法律适用问题,是一个兼及国际法规范体系化解释与国内法规则国际适用的复杂议题。作为国际投资争端的解决方式,国际投资仲裁因其混合属性和"非内国化"特征而著称,这使仲裁庭在处理法律适用问题时既不同于国际商事仲裁,亦不同于国际民事诉讼。ICSID 仲裁是最为典型的国际投资仲裁模式,《华盛顿公约》第 42 条确立了仲裁法律

---

[1] 安第斯共同体(Andean Community),是根据《安第斯条约》于 1969 年成立的南美自由贸易组织。

[2] Occidental Exploration and Production Company v. The Republic of Ecuador, LCIA Case No. UN3467, UNCITRAL, Final Award, 21 July, 2004.

[3] Alexandra Diehl, The Core Standard of International Investment Protection: Fair and Equitable Treatment, Kluwer Law International, 2012, p. 253.

[4] Christoph Schreuer, "International and Domestic Law in Investment Disputes: The Case of ICSID", in *Austrian Review of International and European Law*, Vol. 1, No. 1, 1996, p. 89.

适用的基本准绳,但却因措辞表述而引发了更多的争论。

实践中,如果当事人没有达成明示的法律选择协议,则国际投资仲裁庭通常首先根据有关要素推断当事人有意选择的法律,借助外部环境探询当事人是否具备选择准据法的合意。此类法律适用方法即默示的意思自治原则,也被称为隐含、推断或内含的选择。实际上,默示意思自治在很大程度上是国际投资仲裁中"家父主义"的投射,即仲裁庭在为当事人选择实体法,并将其归因于默示选择上,这涉及仲裁员在裁判过程中形成的某些特定的人为因素,而实际上当事人自己甚少或者根本没有考虑到期仲裁应适用的实体法问题。换言之,如果当事人既未作出明示的选择,也没有默示选择准据法的迹象,则仲裁庭就面临选择某种法律体系或者一套法律规则来裁判争议实体的问题。在意思自治缺位的情况下,仲裁庭若要正确地决定法律适用问题,必须首先判断其是否可以自由做出选择,抑或必须遵循仲裁地(seat)的法律适用规则,包括仲裁地的仲裁法(lex arbitri)及冲突规范(conflict rules)。事实上,尽管每个文明国家的法律体系中均包含国际私法意义上的冲突规范,但这些冲突规范主要是为法院地的法官裁判诉讼案件时指引准据法,欠缺对国际仲裁法律适用独特性的考虑,因此形成国际私法立法的"诉讼中心主义"。[1]换言之,一国国内立法机构制定的冲突规范,能否规制在该地进行的国际投资仲裁程序,尚存在可以进一步辩争的空间。[2]

---

[1] 宋连斌:"比照适用抑或特别规定:从国际商事仲裁的法律适用谈起——兼及中国国际私法立法及研究的'诉讼中心主义'",载《时代法学》2004年第5期。

[2] 鲁洋:"论《涉外民事关系法律适用法》在商事仲裁中的适用",载《北京仲裁》2015年第3期。

在晚近的国际投资仲裁实践中,最惠国待遇的适用问题与跨国投资者"挑选条约"行为的法律认定问题引起仲裁界的关注。这些现象,在很大程度彰显了国际投资法律秩序"碎片化"及不成体系化的状态。鉴于国际社会对这些新问题并没有达成广泛的一致意见,建议缔约国在未来缔结新约或重订旧约时明确最惠国待遇条款的适用范围、投资者国籍的认定、利益拒绝条款的解释等问题。当缔约国存在较大的分歧时,如果能在约文中解决相关问题,可以起到"一劳永逸"解决问题的效果。

对中国而言,在今后缔结新的国际投资条约及参与国际投资仲裁案件时,不仅需要关注仲裁庭的管辖权问题,而且应当重视法律适用问题的重要影响。尤其是,对港澳投资者的主体认定及中外 BIT 是否延伸适用于港澳特别行政区的问题、中外新旧 BIT 之间的属时适用问题、最惠国待遇条款对于投资争端解决程序事项的适用问题、BIT 中的争端解决条款对国有企业的适用等问题,是中国参与国际投资仲裁实践时最容易引发争论的常见问题。对此,如果能够通过缔结条约的方式进行解决,将有助于明晰仲裁庭法律适用的标准。此外,完善的投资仲裁法律适用规则体系,既要引入当事人意思自治原则,也要重视仲裁庭自由裁量权的适用与限制。要充分发挥中国 BIT 范本在对外缔约实践中的引导性功能,将不可仲裁事项中纳入例外条款,适度强化中外 BIT 对东道国法的补充和纠正作用,相对缩小用尽行政复议程序的争端范围,构建起完善且合乎国际趋势的国际投资仲裁法律适用体系,为全球投资治理贡献中国力量。

参考文献

一、中文类

（一）著作

1. 蔡从燕、李尊然：《国际投资法上的间接征收问题》，法律出版社 2015 年版。
2. 陈安主编：《国际投资法的新发展与中国双边投资条约的新实践》，复旦大学出版社 2007 年版。
3. 池漫郊：《国际仲裁体制的若干问题及完善——基于中外仲裁规则的比较研究》，法律出版社 2014 年版。
4. 邓婷婷：《国际投资协定中的公平与公正待遇研究》，法律出版社 2017 年版。
5. 丁夏：《国际投资仲裁中的裁判法理研究》，中国政法大学出版社 2016 年版。
6. 高臻：《国际投资争端的全球治理》，社会科学文献出版社 2018 年版。
7. 韩立余主编：《国际投资法》，中国人民大学出版社 2018 年版。
8. 何芳：《国际投资法律体系中的外资管辖权研究》，法律出版社 2018 年版。

9. 胡充寒等：《中国对非洲投资的国际法保护研究》，人民出版社 2016 年版。

10. 焦志勇：《中国外商投资法新论》，对外经济贸易大学出版社 2010 年版。

11. 寇丽：《现代国际商事仲裁法律适用问题研究》，知识产权出版社 2013 年版。

12. 李万强：《ICSID 仲裁机制研究》，陕西人民出版社 2002 年版。

13. 林恩玮：《国际私法理论与案例研究》，五南图书出版股份有限公司 2017 年版。

14. 梁咏：《双边投资条约与中国能源投资安全》，复旦大学出版社 2012 年版。

15. 漆彤：《"一带一路"国际经贸法律问题研究》，高等教育出版社 2018 年版。

16. 漆彤主编：《中国海外投资法律指南》，法律出版社 2019 年版。

17. 乔慧娟：《私人与国家间投资争端仲裁的法律适用问题研究》，法律出版社 2014 年版。

18. 田海：《最惠国待遇条约适用于国际投资争端解决程序问题研究》，中国社会科学出版社 2017 年版。

19. 佟占军：《国际投资设业权研究》，法律出版社 2012 年版。

20. 王贵国等主编：《"一带一路"争端解决机制》，浙江大学出版社 2017 年版。

21. 王淑敏：《地缘政治视阈下中国海外投资法律保护理论研究——以"一带一路"为契机》，知识产权出版社 2016 年版。

22. 王彦志：《新自由主义国际投资法律机制：兴起、构造和变迁》，法律出版社 2016 年版。

23. 杨慧芳：《外资待遇法律制度研究》，中国人民大学出版社 2012 年版。

24. 杨良宜等：《仲裁法：从 1996 年英国仲裁法到国际商务仲裁》，法律出版社 2006 年版。

25. 银红武：《中国双边投资条约的演进——以国际投资法趋同化为背景》，中国政法大学出版社 2017 年版。

26. 袁海勇：《中国海外投资政治风险的国际法应对——以中外 BIT 及国际投资争端案例为研究视角》，上海人民出版社 2018 年版。

27. 张生：《国际投资仲裁中的条约解释研究》，法律出版社 2016 年版。

28. 张建：《国际投资仲裁管辖权研究》，中国政法大学出版社 2019 年版。

29. 张正怡等译：《能源类国际投资争端案例集——能源宪章条约争端解决机制 20 年》，法律出版社 2016 年版。

30. 赵秀文：《国际商事仲裁现代化研究》，法律出版社 2010 年版。

（二）论文

1. 曹兴国："国际投资仲裁制度变革的中国应对——基于宏观视角的动因分析、立场厘定与路径举措"，载《社会科学辑刊》2018 年第 4 期。

2. 陈嘉、杨翠柏："国际投资仲裁中的国有企业投资者地位认定：构造、趋势与因应"，载《现代经济探讨》2018 年第 6 期。

3. 黄帅升、林谊勋："国际仲裁之新趋势——兼论国际投资仲裁",载《万国法律》2016年第8期。

4. 林彩瑜:"国际投资仲裁程序与公共卫生之关联:以药品控制争端为例",载《台湾大学法学论丛》2014年第3期。

5. 刘梦非:"国际投资争端解决平行程序的触发条款实证研究",载《法商研究》2018年第4期。

6. 刘梦非:"国际投资争端解决平行程序的诱因",载《政法论坛》2018年第4期。

7. 刘雪红:"'国家资本主义论'下的国企投资者保护——基于投资协定革新的视角",载《法学》2018年第5期。

8. 朴栽亨:"国际投资法上公正与公平待遇原则之研究",载《高大法学论丛》2017年第2期。

9. 孙南申:"国际投资仲裁中的法律适用问题",载《国际商务研究》2019年第2期。

10. 薛景文:"彰银经营权纷争所涉海外投资仲裁案件之实像与虚像——浅论 Surfeit v. Taiwan 案管辖权疑义",载《万国法律》2017年第10期。

11. 张庆麟:"论国际投资协定中东道国规制权的实践及中国立场",载《政法论丛》2017年第6期。

12. 赵玉意:"涉环境国际投资仲裁法律适用中规则选择的困境与出路——国际规则关系的维度",载《国际贸易问题》2019年第1期。

13. 梁咏:"国际投资仲裁中的涉华案例研究——中国经验和完善建议",载《国际法研究》2017年第5期。

14. 周园:"ICSID 仲裁中的准据法问题研究",武汉大学2015年博士学位论文。

15. 毛婵婵:"国际投资条约仲裁中公共利益保护问题研

究——以 ICSID 仲裁为视角",武汉大学 2013 年博士学位论文。

16. 林爱民:"国际投资协定争议仲裁研究",复旦大学 2009 年博士学位论文。

17. 杨弘磊:"仲裁程序法律适用的特殊冲突规则",载《人民司法》2006 年第 7 期。

18. 池漫郊:"刍议国际混合仲裁的法律适用——兼论 ICSID 仲裁庭在'谢业深案'中的法律适用",载《国际经济法学刊》2010 年第 3 期。

19. 池漫郊:"《美墨加协定》投资争端解决之'三国四制':表象、成因及启示",载《经贸法律评论》2019 年第 4 期。

20. 毕莹:"双边投资协定缔约国间仲裁争议理论与实践研究",载《北京仲裁》2018 年第 1 期。

二、外文类

(一) 著作

1. Baxter Roberts, Michael Feutrill, Kanaga Dharmananda, A Practical Guide to Investment Treaties: Asia Pacific, LexisNexis Australia, 2015.

2. Campbell McLachlan, Laurence Shore, Matthew Weiniger, International Investment Arbitration: Substantive Principles, Oxford University Press, 2017.

3. Chin Leng Lim, Jean Ho, Martins Paparinskis, International Investment Law and Arbitration: Commentary, Awards and Other Materials, Cambridge University Press, 2018.

4. Crina Baltag, ICSID Convention after 50 Years: Unsettled Issues, Kluwer Law International, 2017.

5. Eric De Brabandere, Investment Treaty Arbitration as Public International Law: Procedural Aspects and Implications, Cambridge University Press, 2014.

6. John Mo, International Commercial Law, sixth edition, LexisNexis, 2015.

7. Jorun Baumgartner, Treaty Shopping in International Investment Law, Oxford University Press, 2016.

8. Katia Yannaca-Small, Arbitration Under International Investment Agreements: A Guide to the Key Issues, second edition, Oxford University Press, 2018.

9. Krista Nadakavukaren Schefer, International Investment Law: Text, Cases and Materials, third edition, Edward Elgar Publishing, 2019.

10. Lucy Reed, Jan Paulsson, Nigel Blackaby, Guide to ICSID Arbitration, second edition, Kluwer Law International, 2011.

11. Monique Sasson, Substantive Law in Investment Treaty Arbitration: The Unsettled Relationship Between International Law and Municipal Law, second edition, Kluwer Law International, 2017.

12. OECD, International Investment Law: A Changing Landscape: A Companion Volume to International Investment Perspectives, OECD Publishing, 2005.

13. Todd Weiler, International Investment Law and Arbitration: Leading Cases From the ICSID, NAFTA, Bilateral Treaties and Customary International Law, Cameron May Ltd. , 2005.

(二) 论文

1. Andrea Giardina, International Investment Arbitration: Re-

cent Developments as to the Applicable Law and Unilateral Recourse, Law and Practice of International Courts and Tribunals, Vol. 5, Issue 1, 2006.

2. Antonio R. Parra, Applicable Law In Investor-State Arbitration, Applicable Law in Investor-State Arbitration, in Arthur Rovine, ed. , Contemporary Issues in International Arbitration and Mediation, Martinus Nijhoff Publisher, 2008.

3. Christoph Schreuer, Jurisdiction and Applicable Law in Investment Treaty Arbitration, McGill Journal of Dispute Resolution, Vol. 1, Issue 1, 2014.

4. Christopher J. Thomas, Harpreet Kaur Dhillon, Applicable Law under International Investment Treaties, Singapore Academy of Law Journal, Vol. 26, Special Issue, 2014.

5. Jarrod Hepburn, Applicable Law in TPP Investment Disputes, Melbourne Journal of International Law, Vol. 17, Issue 2, 2016.

6. Jean-Christophe Liebeskind, One Hundred Two Swiss Bilateral Investment Treaties: An Overview of Investor-Host State Dispute Settlement Clauses, ASA Special Series, Vol. 19, 2002.

7. Joshua Karton, Choice of Law and Interpretive Authority in Investor-State Arbitration, Canadian Journal of Comparative and Contemporary Law, Vol. 3, 2017.

8. Juan Marcos Otazu, The Law Applicable to Veil Piercing in International Arbitration, McGill Journal of Dispute Resolution, Vol. 5, 2019.

9. Juliane Kokott, Christoph Sobotta, Investment Arbitration and EU Law, Cambridge Yearbook of European Legal Studies, Vol.

18, 2016.

10. Stewart R. Shackleton, Applicable Law in International Arbitration under the New English Arbitration Act 1996, Arbitration International, Vol. 13, Issue 4, 1997.

11. Timonthy G Nelson, Going Dutch-the Many Virtues of the Netherlands Model BIT, Dispute Resolution International, Vol. 6, No. 2, 2012.

12. Vitek Danilowicz, The Choice of Applicable Law in International Arbitration, Hastings International and Comparative Law Review, Vol. 9, Issue 2, 1986.

13. Vivian Kube and E. U. Petersmann, Human Rights Law in International Investment Arbitration, Asian Journal of WTO and International Health Law and Policy, Vol. 11, Issue 1, 2016.

14. Walid Ben Hamida, Arbitration in the New Chinese Investment Law, International Business Law Journal, Vol. 35, Issue 2, 2019.

15. Wenhua Shan, Peng Wang, A Matrix Analytical Framework for Investment Disputes and Their Settlement, ICSID Review, Vo. 33, No. 4, 2018.

附件一
中国关于投资者与国家间争端解决机制改革的建议文件

一、背景情况

自1987年首起基于条约的国际投资争端发生以来，目前已知的国际投资争端已经发生940多起。现行投资者与国家间投资争端解决机制对保护外国投资者权益、促进跨国投资发挥了重要作用，也有利于国际投资治理的法治化建设，避免投资者与东道国之间的经济纠纷升级为国家间的政治矛盾。因此，中国认为投资者与国家间投资争端解决机制是一个总体上值得维护的机制。

2017年7月，联合国国际贸易法委员会（以下简称联合国贸法会）第50次委员会会议作出决定，授权第三工作组讨论投资者与国家间争端解决机制的现存问题、改革必要性和潜在的改革方案。经过两年的讨论，第三工作组认为当前的投资者与国家间争端解决机制存在需要改革的问题，决定同时研究制定多个潜在的改革方案，包括体制性改革方案。

中国欢迎此项改革动议。中国政府一直坚定奉行多边主义，积极促进"一带一路"国际合作，推动建设开放型世界经济，秉持共商共建共享的全球治理观，推动建设相互尊重、公平正义、合作共赢的新型国际关系。习近平总书记早在 2013 年举行的二十国集团领导人第八次峰会上就提出："要探讨完善全球投资规则，引导全球发展资本合理流动。"2016 年 9 月，二十国集团领导人杭州峰会达成了《全球投资指导原则》，提出"争端解决程序应公平、开放、透明，有适当的保障机制防止滥用权力"。上述努力为推进投资者与国家间争端解决机制改革进程指明了方向。

二、投资者与国家间争端解决机制存在的主要问题

从相关实践看，投资者与国家间争端解决机制的基本功能是解释条约、适用条约、确定国家责任，因此该机制属于国际公法性质的救济途径。投资仲裁是解决投资者与国家间争端的重要方式。尽管投资者与国家间争端解决机制对保护外国投资者权益、促进跨国投资发挥了重要作用，但该机制在实践中也产生了很多问题。中国认为，以下问题值得各方重点关注。

1. 仲裁裁决缺乏合适的纠错机制

当前的投资仲裁缺乏制度化、合理的纠错机制。在《华盛顿公约》项下，专设撤销委员会的审查范围局限于特定事项，谈判历史表明，缔约各方不认为撤销委员会是上诉机制。在联合国贸法会仲裁规则项下，当事方可以依据仲裁地的国内法将投资仲裁裁决诉诸国内法院，但由于仲裁地法院与国际仲裁庭在准据法、条约和法律解释、证据等方面适用不同规则，仲裁地法院的判决往往引起很多争议。

2. 仲裁裁决缺乏稳定性与可预期性

现行投资仲裁规则主要提供了专设仲裁庭的仲裁程序，不同案件可能由不同的仲裁员进行审理，不同案件的仲裁庭难以保证裁决的稳定性与可预期性。很多仲裁庭作出与以往案件不同的裁决，部分仲裁庭明确表示，协调以往和今后仲裁裁决的一致性不是仲裁庭的职责。投资仲裁机制存在诸多裁决不一致的现象，仲裁结果的不确定性已经严重影响了当事方预期，显然不能满足实现国际投资法治的要求。

3. 仲裁员的专业性与独立性受到质疑

现有投资仲裁体系借鉴了商事仲裁的实践经验，仲裁员指定过程未能充分反映投资仲裁所需要的国际公法专业要求。当前的投资仲裁领域缺乏针对仲裁员的行为守则，仲裁员指定机关的程序不够透明，仲裁员回避制度不够合理。投资仲裁领域还存在仲裁员与律师身份重叠的情形，可能存在利益冲突。投资仲裁的仲裁员和律师局限于少数专家的现象值得高度关注，投资者与国家间争端解决机制应该更加开放、更加具有包容性，增加发展中国家专家的参与度。

4. 第三方资助影响当事方权利平衡

投资仲裁中的第三方资助是近年来出现的、备受争议的一个现象。该做法产生于商事诉讼活动，可能导致仲裁员与资助方之间存在利益关联，甚至导致利益冲突。第三方和投资者往往居住在东道国境外，东道国政府既缺乏信息，又缺乏管辖权，因此需要国际间合作或协助。此外，东道国政府特别是发展中国家政府也面临投资仲裁的高成本负担问题，需要建立相应机制予以解决。投资仲裁案件平均审理时限为 3～4 年，《华盛顿公约》项下撤销程序平均时限近两年，冗长的程序使得当事方需要投入大量资源。在仲裁成本方面，最新数据显示仲裁当事方的法律服务成本合计平均超过 1100 万美元，给当事方造成严重负担。调解等替代性争端解决措施使用较少，未能充分发挥提高效率、降低成本的作用。

三、中国对此次改革的目标和方案的考虑

中国认为，在已经发现的众多问题中，部分制度性问题难以通过成员国彼此间的双边投资协定予以解决，而是需要通过完善投资者与国家间争端解决的多边规则和机制建设予以解决，研究、制定平衡的争端解决规则。此次改革应当弥补现行投资争端解决机制的主要缺陷，促进国际投资领域的法治化进程。改革方案既要维护东道国的合法监管权，又要保护投资者权益，增强争端当事方对投资者与国家间争端解决机制的信心。

中国对完善投资者与国家间争端解决机制的可能方案持开放态度。中国认为，目前可以考虑的方案包括但不限于以下方面：

1. 常设上诉机制

为解决投资者与国家间争端解决机制存在的主要问题，中国支持对常设上诉机制改革方案开展研究。设立基于国际条约的常设上诉机制，明确相应程序、机构、人员，对推动投资者与国家间争端解决的法治化进程具有重要作用，有利于完善纠错机制，增强投资争端解决的法律预期，约束裁判人员的行为，也有利于进一步规范和澄清程序，减少当事方滥用权利的行为。近期的国际投资协定（包括中国签署的投资协定）已经开始尝试对上诉机制作出规定，或制定与潜在上诉机制进行对接的条款。但相比较双边投资协定，通过制定多边规则规范上诉机制是更有效率的做法，能够最大程度降低制度性成本。从世贸组织争端解决机制的实践经验看，其上诉机制的效率较高，且运转成本适中。

2. 当事方指定仲裁员的权利

从国际仲裁传统实践看,当事方指定仲裁员的权利是国际仲裁的基本特征,也体现了当事方意愿。投资仲裁的参与各方(投资者、东道国政府官员、律师或仲裁员)普遍认为,该特征是国际仲裁核心的、最具吸引力的特征。在一审环节,由于投资争端往往涉及复杂的事实和法律问题,确定仲裁庭的组成需要考虑很多因素,例如仲裁员的法律背景、经验、国籍、精力投入及个案可能需要的特殊专业知识,因此当事方需要考虑仲裁员人选是否合适。值得注意的是,其他国际公法或国际经贸领域的争端解决机制大多保留了类似做法,允许争端当事方选择受到信任的专家审理案件。国际投资仲裁机制发端于投资保护,设置这一机制的初衷不能被忽视。在投资仲裁的一审环节,当事方指定仲裁员的权利是一项受到广泛接受的制度安排,对增强争端当事方特别是投资者的信心具有重要帮助,应该在改革进程中予以保留。

3. 与仲裁员有关的规则

在保留当事方指定仲裁员权利的同时,需要对仲裁员的资质、利益冲突、遴选和回避程序进行完善。中方注意到第三工作组与解决投资争端国际中心正在联合研究有关行为守则。考虑到投资者与国家间争端解决机制的公法属性,仲裁员应具有国际公法、国际经济法领域的专业知识,避免潜在的利益冲突,防止出现仲裁员不当兼任执业律师造成有失公平的情形。不同文化背景的国家对仲裁员的利益冲突或事项冲突往往存在不同理解,因此需要进一步明确利益冲突和事项冲突的具体内涵。本次改革还应完善仲裁员的遴选和回避规则,增加透明度和合理性。

4. 替代性争端解决措施

相比较投资仲裁，投资调解强调"以和为贵"，可以为东道国和投资者提供高度灵活性和自主性，调解员也有更多的机会采取具有创造性和前瞻性的方法来促进解决投资争端，有利于当事方达成双赢结果，并避免冗长的仲裁程序和高昂的诉讼成本。从更广泛的争端解决实践经验看，采用替代性争端解决措施将更有利于维护投资者与东道国政府的长期合作关系，有助于东道国通过合适的措施保护外国投资，从而起到定分止争、避免矛盾激化的作用。中国认为，应当积极探索建立更加有效的投资调解机制。

5. 仲裁前磋商程序

中国支持纳入仲裁前磋商程序，明确磋商主体为投资者和东道国的中央政府，并将磋商规定为双方的强制性义务。很多国际投资协定已经纳入了类似规则，并对化解投资争端产生了十分积极的作用。在启动仲裁程序前，3个月至6个月的磋商程序有助于解决投资争端。投资者与东道国可以利用该程序更清晰地了解彼此诉求，了解涉案措施和东道国法律规定，并探讨可能的解决方案，从而避免将争议升级到仲裁程序。

6. 第三方资助的透明度纪律

中国支持对第三方资助规定透明度纪律，相关方应持续披露有关资助情况，避免仲裁员和第三方资助者之间发生直接或间接的利益冲突。如未履行披露义务，应明确相关方承担的法律后果。

四、对推进第三工作组工作进程的建议

中国注意到，按照授权，此次改革进程由政府主导，并鼓励其他国际机构和公众参与。中国认为，制定多边规则需要成员国的共同努力，多边机制的生命力也取决于成员国的共同参加。中国支持各成员国在联合国贸法会项下通过多种方式推进改革进程，也支持联合国贸法会与其他国际组织就此问题进行合作。中方认为，联合国贸法会第三工作组同时考虑所有问题和解决方案建议是一个能够兼顾各方需求的务实安排，但需要在程序上保留一定灵活性，避免忽视部分重要的改革方案建议。

附件二
ICSID 投资仲裁撤销案件统计表[1]

案件名称	裁决语言	裁决日期	裁决结果
Amco Asia Corporation and others v. Republic of Indonesia（ICSID Case No. ARB/81/1）	1 ICSID Rep. 413（1993）（English）；Unofficial French translation in 114 J. Droit Int'l 145（1987）（excerpts）	May 16, 1986	Annulled in full
Amco Asia Corporation and others v.° Republic of Indonesia（ICSID Case No. ARB/81/1- Resubmission）	1 ICSID Rep. 569（1993）（English）；Unofficial French translation in 118 J. Droit Int'l 172（1991）（excerpts）	December 17, 1992	Annulment Rejected°（Supplemental Decision and Rectification annulled）

---

[1] ICSID, Decisions on Annulment, 载 https://icsid.worldbank.org/en/Pages/Process/Decisions-on-Annulment.aspx, 访问日期：2019年7月15日。

案件名称	裁决语言	裁决日期	裁决结果
Klöckner Industrie-Anlagen GmbH and others v. ° United Republic of Cameroon and Société Camerounaise des Engrais (ICSID Case No. ARB/81/2)	111 J. Droit Int'l 409 (1984) (French; excerpts); Unofficial English translation in 2 ICSID Rep. 9 (1994) (English)	May 3, 1985	Annulled in full
Klöckner Industrie-Anlagen GmbH and others v. ° United Republic of Cameroon and Société Camerounaise des Engrais (ICSID Case No. ARB/81/2) (Resubmission)	14 ICSID Rep. 8 (2009) (English); French version unpublished	May 17, 1990	Annulment Rejected
Maritime International Nominees Establishment v. Republic of Guinea (ICSID Case No. ARB/84/4)	4 ICSID Rep. 61 (1997) (English)	December 22, 1989	Annulled in Part
Compañía de Aguas del Aconquija S.A. and Vivendi Universal S.A. v. ° Argentine Republic (ICSID Case No ARB/97/3)	English & Spanish	July 3, 2002	Annulled in Part

续表

案件名称	裁决语言	裁决日期	裁决结果
Compañía de Aguas del Aconquija S. A. and Vivendi Universal S. A. v.° Argentine Republic (ICSID Case No. ARB/97/3) (Resubmission)	English & Spanish	August 10, 2010	Annulment Rejected
Víctor Pey Casado and President Allende Foundation v. Republic of Chile (ICSID Case No ARB/98/2)	English & Spanish	December 18, 2012	Annulled in part
Wena Hotels Limited v.° Arab Republic of Egypt (ICSID Case No. ARB/98/4)	English	February 5, 2002	Annulment Rejected
Patrick Mitchell v.° Democratic Republic of the Congo (ICSID Case No. ARB/99/7)	English	November 1, 2006	Annulled in full
Consortium R. F. C. C. v.° Kingdom of Morocco (ICSID Case No. ARB/00/6)	French (excerpts)	January 18, 2006	Annulment Rejected

续表

案件名称	裁决语言	裁决日期	裁决结果
Enron Creditors Recovery Corporation v. Argentine Republic (ICSID Case No. ARB/01/3)	English & Spanish	July 30, 2010	Annulled in part
MTD Equity Sdn. Bhd. and MTD Chile S. A. v. Republic of Chile (ICSID Case No. ARB/01/7)	English	March 21, 2007	Annulment Rejected
CMS Gas Transmission Company v.° Argentine Republic (ICSID Case No. ARB/01/8)	English & Spanish	September 25, 2007	Annulled in part
Repsol YPF Ecuador S. A. v.° Empresa Estatal Petróleos del Ecuador (Petroecuador ICSID Case No. ARB/01/10)	Spanish & English (unofficial translation)	January 8, 2007	Annulment rejected
Azurix Corp. v. Argentine Republic (ICSID Case No. ARB/01/12)	English & Spanish	September 1, 2009	Annulment rejected

续表

案件名称	裁决语言	裁决日期	裁决结果
Hussein Nuaman Soufraki° v. United Arab Emirates (ICSID Case No. ARB/02/7)	English	June 5, 2007	Annulment rejected
CDC Group plc v. Republic of Seychelles (ICSID Case No. ARB/02/14)	English	June 29, 2005	Annulment rejected
Sempra Energy International v. Argentine Republic (ICSID Case No. ARB/02/16)	English & Spanish	June 29, 2010	Annulled in full
Industria Nacional de Alimentos, S. A. and Indalsa Perú, S. A. (formerly Empresas Lucchetti, S. A. and Lucchetti Perú, S. A.) v.° Republic of Peru°° (ICSID Case No. ARB/03/4)	English & Spanish	September 5, 2007	Annulment rejected
M. C. I. Power Group, L. C. and New Turbine, Inc. v. Republic of Ecuador (ICSID Case No. ARB/03/6)	English & Spanish	October 19, 2009	Annulment rejected

续表

案件名称	裁决语言	裁决日期	裁决结果
Continental Casualty Company v. Argentine Republic (ICSID Case No. ARB/03/9)	English & Spanish	September 16, 2011	Annulment rejected
El Paso Energy International Company v. Argentine Republic (ICSID Case No. ARB/03/15)	English & Spanish	September 22, 2014	Annulment rejected
Suez, Sociedad General de Aguas de Barcelona S.A. and Vivendi Universal S.A v. Argentine Republic (ICSID Case No. ARB/03/19)	English & Spanish	May 5, 2017	Annulment Rejected
EDF International S.A. SAUR International S.A. and Leon Participaciones Argentinas S.A. v. Argentine Republic (ICSID Case No. ARB/03/23)	English & Spanish	February 5, 2016	Annulment rejected
Fraport AG Frankfurt Airport Services Worldwide v.° Republic of the Philippines° (ICSID Case No. ARB/03/25)	English	December 23, 2010	Annulled in full

续表

案件名称	裁决语言	裁决日期	裁决结果
Duke Energy International Peru Investments No. 1 Ltd.° v.° Republic of Peru° (ICSID Case No. ARB/03/28)	English	March 1, 2011	Annulment rejected
Total S. A. v. Argentine Republic (ICSID Case No. ARB/04/1)	English & Spanish	February 1, 2016	Annulment rejected
SAUR International v. Argentine Republic° (ICSID Case No.°ARB/04/4)	French & Spanish	December 19, 2019	Annulment rejected
Compagnie d'Exploitation du Chemin de Fer Transgabonais v.° Gabonese Republic° (ICSID Case No. ARB/04/05)	French (excerpts)	May 10, 2010	Annulment rejected
Sociedad Anónima Eduardo Vieira v.° Republic of Chile (ICSID Case No. ARB/04/7)	Spanish	December 10, 2010	Annulment rejected

续表

案件名称	裁决语言	裁决日期	裁决结果
Daimler Financial Services AG v. Argentine Republic (ICSID Case No. ARB/05/1)	English & Spanish	January 7, 2015	Annulment rejected
Malaysian Historical Salvors, SDN, BHD v. ° Malaysia (ICSID Case No. ARB/05/10)	English	April 16, 2009	Annulled in full
Rumeli Telekom A. S. and Telsim Mobil Telekomunikasyon Hizmetleri A. S. ° v. ° Republic of Kazakhstan° (ICSID Case No. ARB/05/16)	English	March 25, 2010	Annulment rejected
Helnan International Hotels A/S v. ° Arab Republic of Egypt (ICSID Case No. ARB/05/19)	English	June 14, 2010	Annulled in part
Ioan Micula, Viorel Micula and others v. Romania° (ICSID Case No. ARB/05/20)	English	February 26, 2016	Annulment rejected

续表

案件名称	裁决语言	裁决日期	裁决结果
Togo Electricité and GDF-Suez Energie Services v.° Republic of Togo° (ICSID Case No. ARB/06/7)	French	September 6, 2011	Annulment rejected
Libananco Holdings Co. Limited v.° Republic of Turkey° (ICSID Case No. ARB/06/8)	English (excerpts)	May 22, 2013	Annulment rejected
Occidental Petroleum Corporation and Occidental Exploration and Production Company v. Republic of Ecuador (ICSID Case No. ARB/06/11)	English & Spanish	November 2, 2015	Annulled in part
Joseph C. Lemire v.° Ukraine (ICSID Case No. ARB/06/18)	English	July 8, 2013	Annulment rejected
RSM Production Corporation v.° Central African Republic (ICSID Case No. ARB/07/2)	French (excerpts)	February 20, 2013	Annulment rejected
Tza Yap Shum v.° Republic of Peru° (ICSID Case No. ARB/07/6)	English & Spanish	February 12, 2015	Annulment rejected

续表

案件名称	裁决语言	裁决日期	裁决结果
Impregilo S. p. A. v. Argentine Republic (ICSID Case No. ARB/07/17)	English & Spanish	January 24, 2014	Annulment rejected
AES Summit Generation Limited and AES-Tisza Erömü Kft. v. Republic of Hungary (ICSID Case No. ARB/07/22)	English	June 29, 2012	Annulment rejected
Venezuela Holdings B. V. and others v. Bolivarian Republic of Venezuela (ICSID Case No. ARB/07/27)	English & Spanish	March 9, 2017	Annulled in part
SGS Société Générale de Surveillance S. A. v. Republic of Paraguay (ICSID Case No. ARB/07/29)	English	May 19, 2014	Annulment rejected
Caratube International Oil Company LLP v. Republic of Kazakhstan (ICSID Case No. ARB/08/12)	English	February 24, 2014	Annulment rejected

续表

案件名称	裁决语言	裁决日期	裁决结果
Alapli Elektrik B. V. v. Republic of Turkey (ICSID Case No. ARB/08/13)	English	July 10, 2014	Annulment rejected
Malicorp Limited v.° Arab Republic of Egypt (ICSID Case No. ARB/8/18)	English & French	July 3. 2013	Annulment rejected
Iberdrola Energía, S. A. v. Republic of Guatemala (ICSID Case No. ARB/09/5)	Spanish	January 13, 2015	Annulment rejected
Adem Dogan v. Turkmenistan (ICSID Case No. ARB/09/9)	English	January 15, 2016	Annulment rejected
Kılıç İnşaat İthalat İhracat Sanayi ve Ticaret Anonim Şirketi° v. Turkmenistan (ICSID Case No. ARB/10/1)	English	July 14, 2015	Annulment rejected
Antoine Abou Lahoud and Leila Bounafeh-Abou Lahoud v. Democratic Republic of the Congo (ICSID Case No. ARB/10/4)	French	March 29, 2016	Annulment rejected

续表

案件名称	裁决语言	裁决日期	裁决结果
Tidewater Investment SRL and Tidewater Caribe, C. A. v. Bolivarian Republic of Venezuela°（ICSID Case No.° ARB/10/5）	English & Spanish	December 27, 2016	Annulled in part
TECO Guatemala Holdings, LLC v. Republic of Guatemala（ICSID Case No. ARB/10/23）	English° & Spanish	April 5, 2016	Annulled in part
Tulip Real Estate and Development Netherlands B. V. v. Republic of Turkey°（ICSID Case No. ARB/11/28）	English	December 30, 2015	Annulment rejected
Gambrinus, Corp. v. Bolivarian Republic of Venezuela（ICSID Case No. ARB/11/31）	English & Spanish	October 3, 2017	Annulment rejected
Poštová banka, a. s. and ISTROKAPITAL SE v. Hellenic Republic（ICSID Case No. ARB/13/8）	English	September 29, 2016	Annulment rejected

续表

案件名称	裁决语言	裁决日期	裁决结果
RSM Production Corporation v. Saint Lucia (ICSID Case No. ARB/12/10)	English	April 29, 2019	n/a
Churchill Mining Plc and Planet Mining Pty Ltd v. Republic of Indonesia (ICSID Case No. ARB/12/40 and 12/14)	English	March 18, 2019	Annulment rejected
Venoklim Holding B. V. v. Bolivarian Republic of Venezuela (ICSID Case No. ARB/12/22)	Spanish	February 2, 2018	Annulment rejected
Tenaris S. A. and Talta - Trading e Marketing Sociedade Unipessoal Lda. v. Bolivarian Republic of Venezuela (ICSID Case No. ARB/12/23)	English & Spanish	December 28, 2018	n/a
RSM Production Corporation v. Saint Lucia (ICSID Case No. ARB/12/10)	English	April 29, 2019	n/a

后 记

本书是首都经济贸易大学 2019 年度科研启动基金项目"中国海外投资保护国际法体系现代化研究"的成果。自 2018 年进入首都经济贸易大学法学院工作以来，我先后为研究生与本科生开设过国际私法专题研究、国际商法、国际经济法律实务、仲裁理论与实务、世界贸易组织法等课程。《礼记·学记》曾言："学然后知不足，教然后知困"，教学工作的展开使我深感知识储备的严重不足，并推动了我进行有关的学术研究。在研读 ICSID 仲裁案例的过程中，我时常为仲裁庭的法律适用方法所困惑，在与案件有关的纷繁复杂的国际法与国内法之间、在多边与双边之间、在程序与实体之间，究竟应如何确定案件的准据法？在国际投资仲裁实践中，处理好法律适用问题意味着需要合理地解释并妥当地适用有关的国际法与国内法规范，这俨然已经成为我国海外投资者与政府部门参与国际投资仲裁案件时必须直面的现实问题。鉴于此，即使我不能十分肯定本著作中的论述均为正确，但我希望本书的写作能够起到抛砖引玉的效果，引发有关人士对该议题展开更为深入的思索。

工作两年多来，承蒙法学院领导与同事们的关心照顾，才让我在完成教学任务之余有精力从事自己感兴趣的研究。尤其是国际法教研室的同事们，他们孜孜不倦的工作热忱与严谨求实的学术态度时刻感染、激励着我。感谢我的家人与爱人,他们为我提供了源源不竭的精神支持,让我可以安心从事学术研究。还要感谢2018级法律硕士(法学)班的同学们,这是我从教以来接触的第一批学生,他们敏而好学、积极进取,非常优秀,为他们授课是一段珍贵的教学相长的过程。

本书得以顺利出版,要特别感谢中国政法大学仲裁研究院执行院长杜新丽教授,幸得恩师提携,将本书纳入仲裁研究系列著作丛书的一部分。此外,感谢我的好友何铁军教授、杨赟博士、李沣桦博士等人,我时常就国际经贸与投资规则的新发展与他们相互交流心得体会,这为我的成长提供了宝贵的对话渠道,也促使我能够更加耐心地读书、写作、思考。

2019年7月至8月,我有幸受邀前往位于意大利罗马的国际统一私法协会(International Institute for the Unification of Private Law, UNIDROIT)访学,这段期间,我对《国际商事合同通则》等国际法律文件在国际投资仲裁中的适用进行了研究, UNIDROIT图书馆内丰富的学术资料为本书的写作增色不少,特此致谢。

据加拿大著名海商法专家威廉·泰特雷教授所言:学者根本不应该出版其论著的第一版,因为其论述的第一版是其学术思想和学说的首次尝试,而解决这一问题的方法是将论著中的各章节以论文的形式在各类法学期刊和法学评论上发表,并尝试在各类讲座和研讨会上宣读以求证其观点。[1] 本文的部分观点曾经在学术期刊发表,这种尝试的好处是,能够通过投稿获取来自专业编辑和学术审稿人的意见,以及来自文章读者的评

---

[1] [加] 威廉·泰特雷:《国际冲突法:普通法、大陆法及海事法》,刘兴莉译,法律出版社2003年版,第5页。

论和交流,甚至即使收到某一刊物的退稿,其退稿理由也是详实且充分的,这对我撰写本书都颇有裨益,因此值得对我曾经投稿的刊物审稿人就其曾给出的建议表示感谢。

随着教学与研究工作的不断丰富,我愈发深刻地认识到,国际投资法作为一门博大精深、动态发展的学科,对其进行深入研究离不开相关法律学科的理论基础。在本书的写作过程中,我时常不得不查阅国际私法、仲裁法、国际环境法、国际贸易法、国际条约法等其他领域的著述,以便更准确地澄清有关概念,避免造成学术上的硬伤。即便如此,困于末学能力不济,谬误仍然在所难免,恳请方家不吝指正。无论如何,我期望本书的写作可以为有兴趣研究国际投资仲裁的同仁们提供知识和思路上的启发,并且鼓励更多读者进一步去深入探索这一引人入胜、充满魅力的国际法律领域。

张 建

2020年9月于首都经济贸易大学博远楼